edition suhrkamp 2411

Patrick Roths »wundervolle Erzählungen«, schreibt Hubert Winkels in der *Zeit*, »entfalten einen enormen Sog beim Lesen«. In diesen Poetikvorlesungen geht der Erzähler Patrick Roth seinem Schreiben nun auf den Grund. Ausgangspunkt ist ihm der Stoff, aus dem die Träume sind, die aus dem Unbewußten zugekommene »materia«, die er durch die Arbeit am literarischen Werk realisiert. Das Unbewußte mit dem Bewußten, das Numinose mit dem Individuellen, das Zeitlose mit dem ganz und gar Zeitlich-Alltäglichen in lebendige Beziehung zu setzen – das ist der Prozeß des Schreibens, dem hier mit poetischer Genauigkeit und Dichte nachgegangen wird. Vorstellungen der Alchemie und der Tiefenpsychologie dienen als Wegweiser auf dieser Passage durch die Erfahrungsräume von Literatur und Film hin zum Ort des Schreibenden, zur »Stadt am Meer«.
Patrick Roth, geboren 1953, lebt in Santa Monica, Kalifornien. Zuletzt erschien sein Erzählungsband *Starlite Terrace* (2004).

Foto: Armando Gallo

Patrick Roth
Zur Stadt am Meer

Heidelberger Poetikvorlesungen

Suhrkamp

edition suhrkamp 2411
Erste Auflage 2005
Originalausgabe

Satz: Jung Crossmedia Publishing, Lahnau
Druck: Nomos Verlagsgesellschaft, Baden-Baden
Umschlag gestaltet nach einem Konzept
von Willy Fleckhaus: Rolf Staudt
Printed in Germany
ISBN 3-518-12411-0

1 2 3 4 5 6 – 10 09 08 07 06 05

Zur Stadt am Meer

Dianne Cordic
und
Eva Wertenschlag-Birkhäuser
gewidmet

I

IM AUGENBLICK

Das Hohelied spricht von der
›Liebe ... stark wie der Tod‹,
eine Anspielung darauf, daß
die *coniunctio* außerhalb der
Zeit steht.

Edward F. Edinger

Nachdem es mir achtzehn Jahre lang so gut wie verschwunden, jedenfalls auch im Gespräch kaum je aufgefallen oder sonst in Erinnerung gebracht worden war, kam Thornton Wilders 1938 uraufgeführtes Stück »Our Town« – »Unsere kleine Stadt« – kürzlich gleich dreimal am selben Tag von verschiedenen Seiten her auf mich zu. Kam zu mir zurück. Wie eine Frau, die gnädig Einsehen hat, daß man vor Jahren zu jung war, Einsicht zu haben.

Es war am Morgen in meinem Café. Dexter, ein alter Obdachloser, erwähnte das Stück als erster. Wir hatten gerade von Grace Kelly geredet. Da behauptete Dexter, er sei mal – vor über fünfzig Jahren als Schauspielschüler der »American Academy of Dramatic Arts« – auf die Bühne gerufen worden, eine Szene mit einer Mitschülerin zu proben. Die Neunzehnjährige: sei Grace Kelly gewesen. Andere im Café wandten sich schon ab, glaubten Dexter kein Wort, da sah ich den Ansatz für eine Geschichte und fragte Dexter: »Aus welchem Stück denn?« – Er: »Was für ein Stück?« – Ich: »Die Szene, die ihr geprobt habt, aus welchem Stück soll die gewesen sein?«

Hier also fiel der Titel nach langer Zeit zum ersten Mal wieder. »Our Town«. Aber ich registrierte ihn nur als Detail, das zunächst austauschbar war. Abends wollte ich mir die DVD von Hitchcocks »Rear Window« (»Das Fenster zum Hof«) ansehen – Grace Kelly wegen –, schob die Bücher von der Fernsehcouch und hatte plötzlich eine CD von »Unsere kleine Stadt« in der Hand. Eine Hörspiel-CD, die ich mir beim letzten Deutschlandbesuch gekauft – und gleich wieder vergessen hatte.

Was ich dann hörte, war 1945, ein halbes Jahr nach Kriegsende, von Helmut Käutner inszeniert und von »Radio Hamburg«, einer »station of the Allied Military Government«, gesendet worden. Seltsam, wie sich, beim Zuhören im Halbdunkel meines Wohnzimmers in Los Angeles, Perspektiven gewisser Ruinen einstellten, in denen wir als Kinder in Karlsruhe Versteck gespielt hatten. Als hätte es solche Ruinen auch in Grover's Corners gegeben, jenem Kaff, dessen Alltagsszenen Käutner, als Spielleiter des Stücks, gerade lässig auf der CD kommentierte. Warum wollten britische Offiziere damals, daß sich die Deutschen das anhören, dachte ich und hörte weiter.

Käutner stellte anfangs zwei Familien vor, die Webbs und die Gibbs, Nachbarn in Grover's Corners. Schon im ersten Akt fielen mir zwei, drei Szenen auf – kurze Gespräche zwischen der Webb-Tochter Emily und dem Gibb-Sohn George –, die Grace Kelly und Dexter damals geprobt haben könnten. Verstehen Sie: Ich war ja noch beim Ausgraben einer möglichen Geschichte.

Wilders zweiter Akt spielt drei Jahre später: Emily und George heiraten. Die übliche Aufregung vor der Kirche, Beruhigung in letzter Minute, Trauung. Auch wird im Rückblick jene Szene eingeholt, die über die Zukunft der beiden jungen Leute entschied: Ein Gespräch zwischen Emily und George auf dem Nachhauseweg von der Schule, das dann im Ice-Cream-Parlor endet, wo George für beide strawberry ice-cream sodas bestellt und sie einander schließlich gestehen, daß sie sich ein Leben ohne den anderen nicht vorstellen können, nicht vorstellen wollen.

Im dritten Akt, dem letzten, sind neun weitere Jahre vergangen. Die Szene spielt auf dem Hügel vor Grover's

Corners, dem Friedhof. Ich werde vom Stück überfahren. Emily ist gestorben. Ihre Beerdigung findet gerade statt. Sie tritt zu den anderen Toten, die hier längst warten. Hier warten worauf? Auf etwas Großes, sagen die Toten. Sie warten hier auf dem Friedhof, bis das Andere dann eintreffe, sie ganz holen werde. Jedenfalls schenkt man den Lebenden, den Trauernden, schon kaum mehr Aufmerksamkeit. Emily spricht mit der Mutter von George, die schon vor Jahren starb und die auch hier wartet, geduldig wartet. Mutter Gibbs verspricht Emily, die junge Tote werde die Welt der Lebenden bald schon vergessen haben. Das sei auch besser so.

Die Stimmen von Käutners »Toten« klingen, als hörte man sie am anderen Ende der Telefonleitung. Mich erinnert es an Träume, in denen man manchmal mit Längst-Toten »Verbindung hat«. Drüben, am »anderen Ende«, sind sie so gut hörbar, daß man sie gleichsam vor sich sieht und erst nach dem Aufwachen etwas wehleidig erkennt, daß man ja »nur am Telefon« mit ihnen gesprochen hatte.

Ich breche hier vorzeitig ab, um das Stück nochmals kommen zu lassen. Ich war nämlich, noch ziemlich benommen vom letzten Akt des Hörspiels und dem Schluß, aus dem Apartment gegangen, die Treppe hinab, um meine Post aus dem Briefkasten zu holen. Bis zu diesem Zeitpunkt, muß ich gestehen, war mir lediglich ein »großes Stück« wieder gegenwärtig geworden, eine »tolle Inszenierung«, auch Hörspiel-Nostalgie. Ich hatte's konsumiert, *thank you very much*. Im Briefkasten dann Reklame, Rechnungen und – ein Päckchen von Showtime, einem Pay-TV Kanal. Es war eine Videokassette, eine »review-copy«, von »Our Town«. Man hatte die Broadway-Produktion, hieß es in der Beilage, die ich noch auf der Treppe las, vor ein paar Monaten mit Paul Newman als »Spielleiter« in New York aufgezeichnet.

Das war das dritte Mal.

Und hier endlich verstehe ich, nein, zunächst: *sehe* ich, kann nicht umhin zu sehen – es spielt sich ja alles »vor mir« ab, auf dem Bildschirm vor mir ab –, was ich im Hörspiel nur ungenau mitgehört hatte, nicht konsequent genug mitgestaltet, nicht dreidimensionale Gestalt hatte annehmen lassen.

Es ist die Szene im letzten Akt, die Szene auf dem Friedhof, als beide Welten, beide auf *einer* Bühne, nebeneinanderstehen. Hier die Stühle, auf denen die Toten warten, ihre Gesichter allesamt ein wenig seitwärts, weg von den Lebenden orientiert, und daneben die Gruppe der Trauernden, die Emilys Sarg zu Grabe tragen. Emily sitzt schon bei den Toten, wird hier begrüßt und, zwei Schritte weiter, von der Trauergemeinde bejammert – und ich, allein vor dem Bildschirm, also gleichsam draußen im Zuschauerraum, sitze in einer dritten Welt, von der aus ich beide jetzt sehe, beide Welten: die der Lebenden und die der Toten, beide als einander nahezu unbewußt erkenne, Schattentäler beide, nämlich in ihrer Geschiedenheit voneinander, in ihrer Blindheit voreinander. Und doch, paradox, nebeneinander stehen die Gegensätzlichen, sind auf dieselbe Bühne gebannt.

Und dann, plötzlich, gegen den ausdrücklichen Rat der anderen Toten, bittet die jungverstorbene Emily, die das Getrenntsein zwischen den Welten nicht aushält, den Spielleiter, einen Tag ihres Lebens noch einmal leben zu dürfen, und wählt ihren 12. Geburtstag. Emily sieht ihrer Mutter zu, wie sie Frühstück macht fürs Geburtstagskind, ihr ein paar Geschenke überreicht, den Vater herbeiruft, dabei auf dem Herd, wie man sagt, nichts anbrennen läßt.

Hier wird Emily vollends bewußt, was es heißt, den Tag nicht nur noch einmal leben zu dürfen, sondern ihn *bewußt* zu erleben, das heißt, im Bewußtsein, daß all das längst vorüber ist. Sie versucht – da ist der Moment, auf den ich hinerzählt habe, der Moment, den ich sehen sollte, hier, was ich *leben* sollte: Emily versucht, die ganz im Alltag verhaftete Mutter anzuhalten. Sie will, daß sie einmal herschaut zu ihr, länger herschaut, sie – Emily – zu *sehen*, jetzt zu erkennen, daß *sie* es ist. Ich zitiere die Worte, die Emily da spricht: »Mama, schau mich doch einmal an. So als wenn du mich *wirklich* sähst. Mama, vierzehn Jahre sind vergangen, ich bin tot. Du, Mama, bist Großmutter. Ich habe George geheiratet, George Gibbs, Mama. Wally ist auch gestorben. Es war schrecklich für uns, erinnerst du dich nicht? Aber gerade jetzt sind wir für eine Weile alle beisammen, gerade jetzt sind wir eine Weile glücklich, Mama. Einer soll den anderen *ansehen* jetzt.«

Und Mrs. Webb, Emilys Mutter, summt vor sich hin, ja lacht nun sogar über etwas, das ihr einfällt, wendet sich Emily zu – und plappert weiter. Kurz darauf bricht Emily ab, ihren Wunsch ab, ihr Wiedersehen ab. Sie sagt: »Ich kann nicht. Das geht alles zu schnell. Wir haben nicht einmal Zeit, uns anzusehen. Ich hab mir das nicht so vorgestellt. So also war das. Und wir hatten es nie bemerkt.« »I didn't *realize*«, sagt sie im Amerikanischen. »So *all* that was going on and we never noticed!« Da läßt sich Emily vom Stage Manager, dem Spielleiter, ein paar Schritte nach links zu den Toten zurückführen.

Aber nochmals zu diesem Moment, um den es mir geht, als Emily verzweifelt sagt: »Schau mich doch einmal an. So als wenn du mich *wirklich* sähst (...) Einer soll den anderen ansehen jetzt.«

Ich frage mich, wie man Emilys Wunsch – es ist ein uns allen zunächst unbewußter Wunsch, so unbewußt, daß Wilder die Worte eine Tote sprechen läßt –, wie man einem solchen Wunsch, vom anderen wirklich gesehen zu werden, »jetzt«, noch im Leben, nachkommen könnte; und was er denn eigentlich bedeutet. »Sehen« wir denn nicht immer, werden nicht immer »gesehen«, jetzt zum Beispiel, hier in diesem Saal, jetzt, auf diese Seiten blikkend?

Aber *solches* Sehen würde der toten Emily nicht genügen. Nicht darum bittet sie. Sondern um ein Angesehenwerden, »jetzt«, in vollem Bewußtsein, worauf dieser »Augen-Blick« gründet.

Worauf er gründet, ist, im Deutschen zumindest, noch etymologisch aufzudecken. Unser Adverb »jetzt« trägt in den ersten beiden Buchstaben, im »je«, noch Erinnerung ans germanische »*aiwin« (gotisch »aiw«): »jemals, immer«. Das Wort, lese ich, ist eine Kasusform zu germanisch »*aiwi-« (gotisch »aiws«): »Zeit, Ewigkeit«. »Je« ist mit »ewig« auf die gleiche Grundlage zurückzuführen; unser »ewig« verwandt mit dem altgriechischen αἰών (aion), dem Wort für »Lebenszeit, Zeitalter« und »Ewigkeit«.

Das klingt im »jetzt« noch mit, und darauf soll er gründen, der Augenblick – der Blick der Augen »jetzt« –, die Ewigkeit darin einsehbar werden. Das hätte Emily zu geben, das gab sie nie, das wünscht sie sich jetzt. Das sollte er bringen, der Augenblick. Das soll gesehen werden, wenn man sich wirklich ansieht.

Aber das so zu sehen – *so* zu *sehen* –, scheint den Lebenden derart fremd geworden, daß es eine Tote wieder einklagen, daß es bei Wilder erst eine Tote *realisieren* will. Daß es nämlich so ist: Die Lebenden, »they're sort of shut up in little boxes, aren't they?«, wie Emily es vom Grab aus sieht. Wie in Kistchen, wie in kleine Särge gesperrt, sieht sie uns, eingeschlossen, diese »Lebenden«, die sich nicht mehr auf den Augenblick verstehen, sich nicht mehr wirklich ansehen können. Denn so ein Augenblick, der aufs Ewige durchsieht, wäre Wiedersehen – noch vor der Trennung. Auferstehung vor dem Tod.

Der Augen-Blick, den Emily sich wünscht, ist Wiedererkennung. Alle Wiedererkennungsszenen, alle Bilder der Rückkehr, Heimkehr, gründen auf ihm. Ein Kreis: tief innen wird er geschlossen: »Jetzt« weiß man, daß es ihn gibt; daß das Zusammengehören Wirklichkeit ist. Man hat die Ankunft berührt – in einem Augenblick.

Es war sicherlich schon nach Mitternacht, die Videokassette, die ich mir ansah, das Tape von »Our Town«, ging dem Ende zu, da sprach das Stück noch einmal anders zu mir. Es war, als schätze es mein Mitgefühl für Emily – die von ihrem angebrochenen 12. Geburtstag, von ihrer Familie, von dieser Welt der Lebenden sich endgültig abgewandt, soeben (rhetorisch naiv, aber desto liebevoll-mitreißender) Abschied genommen hatte (»Goodbye, world!« [...] »Goodbye to clocks ticking«) –, es war, als schätze Wilders Stück in diesen letzten Minuten mein Mitgefühl überhaupt nicht. Als sage es: »Jaja, das große Goodbye, die Heulszene, typisch, du hast mitgeschluchzt, wo die meisten feuchte Augen bekommen. Aber wenn du dich jetzt nicht zusammenreißt, hast du letztlich nur einen »good cry« gehabt, die Tränensäcke geleert, *thank you very much*, nur: überhaupt nichts verstanden. Jetzt sieh her, jetzt geschieht das Geheimnis.«

Es war nämlich längst still geworden auf dem Friedhof. Die Trauergemeinde, die Emily begraben hatte, war heimgegangen, längst schon zu Hause, unten in Grover's Corners. Die Toten saßen ruhig auf ihren Stühlen, Emily wieder auf dem Stuhl an der Ecke der Gruppe, neben Mutter Gibbs. Man sah sich den Nachthimmel an, plapperte über diesen, jenen Stern, Entfernungen, das Wetter und, etwas schadenfroh, über die große Enttäuschung, die Emilys Besuch ihr bei den Lebenden eingebracht hatte. Da sehe ich, wie Emily, die eigentlich mit den anderen in dieselbe Richtung blicken sollte, im Augenwinkel etwas erhascht. Auch ich – ich da draußen, im Zuschauerraum meines Wohnzimmers kurz nach Mitternacht an der Westküste der Vereinigten Staaten – sehe etwas, sehe einen Einzelnen die Bühne betreten...

Es ist George, sehe ich. Emily sieht ihn. Und ich denke: »Was will denn der noch hier? Es ist doch schon alles vorbei, seine Frau längst begraben.« George kommt ziemlich weit vor, zur Mitte der Bühne hin. Keine Angst, er sieht die Toten nicht. Sie sehen ihn auch nicht. Sie sehen, wie ich schon sagte – manche etwas eingebildet, geradezu besserwisserisch –, in die andere Richtung, in Richtung »Großes Ereignis«. Aber da kommt eben nichts. Noch nichts. Jedenfalls jetzt nichts. Das einzige Ereignis ist dieser Einzige, Einzelne, der da noch kommt, den Hut in der Hand. Er kniet vor Emily hin und fällt langsam vorwärts, Gesicht nach unten, zu Boden, aufs Grab. Auch sein Weinen: ganz haltlos, konvulsiv. »Goodness!« rügt eine der Toten, »That ain't no way to behave!« – »So benimmt man sich aber nicht!« Man gibt Emily den Rat, gar nicht erst hinzuschauen. Das Stück ist so gut wie zu Ende, da... – da schaut sie noch einmal her. Emily.

Und diese beiden, die in völlig verschiedene Richtungen blicken – sie, verstohlenen Blicks nach unten zu ihm, und er, der sich weggestohlen, von der längst heimgekehrten Trauergemeinde, der »community«, weggestohlen hatte, hierher zurück an ihr Grab zu kommen –, diese beiden ... diese beiden wissen sich nicht »zu benehmen«. Und daher – und darin –: *sehen* sie einander, ohne einander zu sehen.

In diese Tragik der einen Bühne, auf der die Welten der Lebenden und der Toten, des Bewußtseins und Unbewußten, aber *getrennt* stehen; in diese höllische Sicht auf die Getrennten von meinem Stuhl im Wohnzimmer aus, wo ich unrettbar war und keine der beiden einander zu retten gewußt hätte; in diese Tragik, daß beide Welten sich den Rücken gekehrt haben, ohne einander mehr bewußt zu sein; in diesen Wahnsinn, der ja nicht aufhören will: bricht dieser ungehörige Blick Emilys. Und diese benimmlos-einsame Trauer von George.

Dieser Augenblick, vielleicht wiegt er sie alle auf. Denn an seinem Blick entlang spinnt sich ein Faden, hält sich ein Faden hinüber in beide Welten. Den glaubte ich da zu sehen. Das Geheimnis, das Lebende und Tote teilen, bestünde darin: in einem solchen Akt Einzelner, die sich wegstehlen zueinander, füreinander, in ein Anderes; in einem solchen Akt, der durchaus als Bild auch sonst in unser Leben hineingetragen werden könnte, am konkreten Ort ja nicht haften bleiben soll.

Denn es gibt keine Trennung zwischen den Welten, das ist das Geheimnis. Die Trennung ist nicht total, der »Benimm« nicht perfekt. Etwas geht unsicher hin und her, bindet noch, gerade noch, gefährdet, gefährlich, schwach, leugbar, übersehbar, gering, lächerlich, zufällig, kaum zu glauben; und geht grazienlos-stur, immer wieder, anonym lichtgeneigt, dunkelsüchtig, aber: »jetzt«

hin und her zwischen den Welten. Etwas hält, ungehörig, das Paar zusammen, dieses Ur-Paar: der Lebenden und der Toten. Umspinnt es mit seinem ungesicherten Faden.

An solchem Faden hängt – »augenblicklich« – die Welt.

II

TRAUM UND ALCHEMIE

Dies ist es, was die Alchemie für die Tiefenpsychologie so wertvoll macht. Sie ist ein Schatzhaus von Analogien, die die objektive Psyche und die Prozesse, die sie in der Entwicklung durchmacht, verleiblichen oder verkörpern. Dasselbe trifft auf die Religion und die Mythologie zu. Die Wichtigkeit der Analogie für die Realisierung der Psyche läßt sich kaum überbewerten. Sie verleiht dem, was zuvor nicht sichtbar, nicht tastbar, noch nicht koaguliert[1] war, Form und Sichtbarkeit.

Edward F. Edinger

Ein Jahr ist es her, da wurden mir und den anderen Mietern des Apartment-Komplexes im »Valley«, dem Tal im Norden von Los Angeles, in dem ich über zwanzig Jahre gelebt hatte: die Wohnungen gekündigt. Wohnungen, wie Sie sie, auch in ihrer Anordnung um den dort typischen »Innenhof mit Pool«, in »Starlite Terrace« beschrieben finden.

Es war, im Privaten, das Ende einer Ära, eines Bewußtseins, das sicherlich bestimmend gewesen war und in dem wir uns eingerichtet hatten, uns einigermaßen sicher glaubten.

Im Traum und im Märchen wird das »herrschende Bewußtsein«, das für den Träumer, wenn er morgens erwacht, das bestimmende ist, oft durch einen König dargestellt – einen Vater oder Übervater, eine Gestalt hoher Autorität, einen Präsidenten, Papst – einen Repräsentanten des kollektiv herrschenden Bewußtseins. Die Alchemie nennt diese Figur, dieses »herrschende Prinzip«, den »Rex«, also den »König«. Sie kennen das universale Motiv vom »kranken König«, vom »sterbenden König«, vom König, der sterben *muß*, sich zu erneuern, einem neuen Prinzip – einem neuen Bewußtsein, das kollektiv herrschen wird – zu weichen.

Seit der Erdbebennacht vom 17. Januar 94 – auch damals fand ein Bewußtseinswechsel statt, kam ein neues Bewußtsein, das den Alltag beherrschte, auf –, hatten sich die Bewohner meines Gebäudes enger zusammengeschlossen, kannte bald jeder jeden. Aus den Nachbarn, die bis dahin eher anonym geblieben waren – wiedererkannte Gesichter, mehr nicht – wurden Freunde. Wir hatten das Beben überlebt, jeder hatte jedem geholfen, auch war die gemeinsame Nähe – unsere Masken und Prätentionen hatte das Earthquake heruntergerissen – eine Zeitlang wenigstens ohne Falsch: Man hatte nichts voreinander zu verbergen. Die Fenster waren eingeschlagen, in jedem Zimmer lagen die Trümmer, alle Wände und Dächer hatten Risse. Wer kann da noch sein, was er – offen-sichtlich – nicht ist. Das Erdbeben war, paradox, Grundlage für ein neues Bewußtsein, einen Neubeginn, Erneuerung unserer Sicht auf die Welt und einander.

Neun Jahre danach, wie gesagt, letztes Jahr, hieß es, das Apartmentgebäude sei nun verkauft worden. Unsere Apartments sollten in Eigentumswohnungen verwandelt, noch vor unserem Auszug – gegen den wir uns natürlich wehrten – überall neue Fenster und Türen eingesetzt, die Außenwände neu verputzt, die Schutzschicht der Dächer teilweise abgezogen und frisch geteert, diverse Bäume abgeholzt, der Pool geleert, seine Wandung aufgemeißelt, zementiert und gestrichen, die Einfahrt und Parkplätze vollständig umgebaut, unsere Wohnstätte während der Frist- und Vorfristmonate also in eine einzige Baustelle verwandelt werden. Absicht der neuen Hauseigentümer war es, uns durch das entstehende Chaos noch *vor* Ablauf der Frist loszuwerden.

Und so kam es dann auch. Wir mochten uns noch so oft abends am Pool treffen, uns zu beraten, einander Mut zu machen, zukunftsgewiß planen – »Wir bleiben hier!« –, weil einer wieder mal Hoffnungsvolles von Dante gehört hatte (Dante, so hieß er tatsächlich, der Anwalt, der uns zunächst kostenlos beriet, weil er ein mögliches Verfahren gegen die neuen Eigentümer witterte). Letztlich wurde von all den Plänen und Hoffnungsprojektionen doch nur die große Abschiedsparty wahr, auch ein *hangover-garagesale* aller *must-move*-Verschworenen, der tags darauf zustande kam und niemanden reicher, aber alles etwas tragbarer machte.

Das Valley – so wurde mir damals, als ich zum Handeln gezwungen war, klar – ist mein »Tal der Schatten«, wie es das Tal auf der anderen Seite der Hügel, Hollywood, für den alten Lou Sederman, von dem ich in Frankfurt erzählt hatte, einst gewesen war. Das Valley war ... – wo man eben war, wo man lebte, allzu fraglos, »Another day in paradise!«, wie Meahan, ein Nachbar – Ire aus der Bronx, der damals für eine Speditionsfirma arbeitete –, immer sagte, wenn jemand frühmorgens, noch barfuß, in Shorts oder Badehose, mit dem Müllsack am Poolrand vorbeibalancierte, während *er*, im eng sitzenden Dreiteiler-mit-Krawatte, den Wagen vor der langen Fahrt zur harten Arbeit warmlaufen ließ. »Another day in paradise!« rief er uns zu und blickte auf seine Uhr.

Ein »Paradies« war das Valley: das heißt, ein Ort der Unbewußtheit, ein Tal, in dem man ohne weiteres nistete, die Jahre gar nicht mehr zählte, weil es eigentlich ewig so weitergehen konnte.

Man sieht das helle Tal »wie immer« vor sich – und plötzlich wird es dunkel. Alles verdunkelt sich. Soll – noch im Dunkeln – auseinandergerissen, versprengt, überschwemmt werden.

Soll *enden*.

Der »König«, dieses Bewußtsein, aus dem heraus du fraglos lebst – so umfassend ist es, daß es dir erst jetzt, da es sich verdunkelt, bemerkbar wird –, dein König stirbt.

Alles *beginnt* aber im Dunkeln. Die Alchemisten bezeichneten diese Phase ihres Werkes, ihres *opus alchemi-*

cum, als Anfang. Der Anfang, das ist die Schwärze oder Schwärzung: die *nigredo* – von der der Alchemist sagt: »Wenn du siehst, daß deine Materie schwarz wird, freue dich, denn das ist der Beginn des Werkes.«

»Freue dich«, heißt es, und die Freude – dieses »Licht«, das man da *in der Dunkelheit noch* begreifen soll, ohne von Finsternis übermächtigt und blind geschlagen zu werden –, diese Freude bezieht sich auf den Sinn des Werkes, die Richtung, die es nimmt, auf das Ziel, das alle, die »alchemisch arbeiten«, anzieht.

Das Ziel ihrer Arbeit – das Ziel ihres Lebens – nannten die Alchemisten den »Stein«, den *lapis*. *Er* ist es, in dem alle Gegensätze eins werden, ein höchster Wert, ein Numinosum – dabei ganz im Irdisch-Chthonischen aufbewahrt: Überall sichtbar ist er, der *lapis*, doch von niemandem gesehen; oder anders gesagt: von jedermann gesehen, aber von niemandem erkannt.

Der Stein ist etwas, so heißt es, das »in stercore invenitur« – und um das Lateinische ganz deutlich, abschrekkend-skandalös zu übersetzen, sage ich: »Den Stein findest du im Scheißhaufen.«

Ich hätte »in stercore« mit »im Misthaufen« übersetzen können, aber dann hätten manche noch »Bauernhöfe« vor sich gesehen: Erinnerungen an die Ferien vor einem Jahr, die friedlich grasenden Kühe, die handgemalte Holztafel: »Hier gibt's frische Milch«, das »Frühstück auf der Terrasse«.

Die erste Übersetzung ist eher unverdaubar; hoffentlich auch für die, die sich von der Alchemie okkulte Strategien und Techniken zur Mehrung ihrer Macht, Macht über andere, erwarten.

Man will nicht recht hinsehen, schon gar nicht: nachsehen »in stercore«. Ja, man »dächte nicht im Traum daran«, *dort* nach etwas zu suchen.

Und doch würde ich behaupten, daß jeder, der sich an Träume erinnert, schon mal schlecht bedient wurde »dort unten«: Abscheuliches auf seinem Teller vorfand und das dann im Traum auch noch *essen* sollte.

Die Regel ist: Was einem im Traum aufgetischt wird, sollte gegessen werden – auch wenn's besonders übel aussieht. Gerade *das* sollte einverleibt, von uns verdaut, integriert werden.

In stercore invenitur.

Das heißt: der Schatz liegt im dunkelsten Dunkel. Psychologisch gesprochen: in uns selbst, im eigenen Schatten. Dort, wo wir uns innerlich hassen, verachten, für nichts achten, am schwächsten, abscheulichsten, am unmenschlichsten sind. Das ist nicht schon der Schatz; aber aus solcher *materia* – aus solchen psychischen Inhalten, die uns so verachtenswürdig erscheinen –, muß ihn der Einzelne zu gewinnen suchen. Es gibt keinen anderen Weg zu ihm. Diese dunkelste *materia* selbst muß langsam – ein Leben hindurch – bearbeitet und gewandelt werden.

Jeder achte also auf das, was in ihm selbst – in ihr selbst – das Verachtete ist, verschwiegen werden muß vor sich selbst, oder, es gilt eben auch nach außen und gerade da: Jeder achte darauf, was ihm außen, in der Welt, Abscheu und Ekel erregt, wen oder was er haßt oder verleugnet, wer sein Todfeind ist, und wo und warum er gerade da oder dort »Das Reich des Bösen« erkennt: »the evil empire«.

Denn das ist – und deshalb eben so grauenhaft schwer zu erkennen, immer wieder verleugnet von unserem Ich –, das ist alles innen, findet sich alles *auch in uns*.

Also: *Da* liegt das Werk, da der Schatz, da, im eigenen tiefsten Abgrund: der Stein. Unser Schatten – transformiert durch das *opus* – wäre das Rettende, der Retter, »das göttliche Wasser«.

Das ist die grundlegende alchemische Vorstellung.

Manche erkennen die Parallele zum »Gottesknecht«, dem »Allerverachtetsten«, Häßlichen, »Unwertesten, voller Schmerzen und Krankheit«, jenem anderen »Nichts«, anderen »Niemand«, in dem der Prophet Jesaja den Messias sah, ihn ankündigte: diesen, den wir »nichts achten«.

Ich halte den Traum nicht nur für das wichtigste Tor, das wir zum Unbewußten haben. Ich glaube, er ist als ein Aspekt des »Steins« selbst zu verstehen. Wie der »Stein« ist der Traum – nächtlich – »vor aller Augen«, bei Tag aber gleichsam unsichtbar, vergessen, unansehnlich-verkannt, scheinbar »Abfall des Tages«, »nichts«.

Die Alchemie ist eine *Erfahrungs*kunst. Man kann letztlich nicht nur darüber reden.

Man muß sie ausprobieren.

Man muß experimentieren.

Und die *materia*, mit der man das Experiment beginnt?

Es gibt nur eine.

Man hat nur sich selbst.

Nur an sich selbst läßt sich etwas wirklich testen. Alles andere ist Hörensagen, Leben und Erfahrung anderer.

Man soll – hat Carl Gustav Jung einmal gesagt (ich zitiere aus der Erinnerung) –, man soll »das Abendmahl mit sich selbst feiern, sein eigen Fleisch und Blut essen«.[2] Eben: den eigenen Schatten, die Nahrung, die wir am meisten scheuen. Ein grauenhaftes Bild, aber es trifft genau, worum es hier substantiell geht.

Mit jedem Stück Schatten, das ich heraufrette, mit dem

ich also ringe, oder: dem ich in solchem Kampf zwar unterlegen bin, dem ich aber, wenn es mir glückt, nicht ohnmächtig-unbewußt, sondern bei vollem Bewußtsein unterliege; mit jedem Stück Schatten, das du dir sichtbar machst, ins Bild und damit ins Bewußtsein ziehst, wird ein Teil des »Steins« inkarniert.

Er wird Fleisch – wirklich – und wird wirklich Fleisch: *dein* Fleisch, von dir in dich hineingenommen.

»*Was* wird da ›inkarniert‹, um Gottes willen?« fragt man.

Eben: Derselbe. Der Wille Gottes wird da: unser Fleisch. Denn wir haben Ihn »im Geringsten«, das heißt eben auch: in *unserem* Geringsten erkannt und uns Seiner angenommen, erbarmt.

Im August vergangenen Jahres, wie gesagt: mitten im Chaos jener Ereignisse, die mich und meine Apartment-Nachbarn zwangen umzudenken, auseinanderzugehen, neu aufzubrechen, uns mit Sack und Pack eine andere Bleibe zu suchen, erhielt ich die Einladung zu diesen Heidelberger Poetikvorlesungen.

Ich dachte: Worüber könnte ich, aufbauend auf den Frankfurter Vorlesungen, reden, wenn ich, neben der Arbeit an »Starlite Terrace«, je wieder Ruhe, Schreibtisch und feste Wohnung haben sollte?

Zwei Tage darauf kam mir – ich sah ihn als Antwort – der folgende Traum.

Ich war wieder in der Filmschule – in einem stillen schattigen Raum des Cinema Department, das ich 1975 an der USC in Los Angeles besucht hatte. Ich hatte gerade eine Frage an einen alten Kameramann gerichtet. Statt mir Antwort zu geben, trat der Alte auf die Filmkamera zu, die nur ein paar Schritte neben uns in Augenhöhe – ihr Objektiv nach links gerichtet – aufgebaut war. Rasch öffnete er ihr Gehäuse und ließ mich, an seiner Schulter vorbei, hineinsehen: Der Film war eingelegt, die Kamera scheinbar »ready to shoot«. Er aber zog einen längeren Streifen unbelichteten Materials aus dem Kasten und hielt ihn vor sein Gesicht, als wolle er betrachten, was doch noch gar nicht aufgenommen war: Bilder, die sich dem Film, der Emulsion, erst noch einschreiben müssten – wir hatten ja noch gar nichts gedreht. Da sah ich, daß er nicht mit Augen betrachtete, sondern – ich höre noch sein sorgsames Ein-, sein langsam-nebliges Ausatmen – ihn behauchte, den Film, ihn auf beiden Seiten mit seinem Atem bestrich.

Was macht man nun mit einem solchen Traum?

Denn das ist der Fund.

Das ist ein Stück aus dem »Tal der Schatten«, das ist ein Bild, das ich nicht »gemacht« hatte, das zu mir kam, plötzlich im Traum vor mir stand.

Es ist aus der Unterwelt Heraufgerettetes – (wenn ich's retten kann), dem Unbewußten entrissener »Stoff« (wenn ich die Kraft habe, nicht loslasse). Denn – Sie kennen das –: Kaum war ich erwacht, wollte es sich auflösen, das Bild, die wenigen Bilder der kleinen Szene wollten entkommen, sich wieder verlieren – in nichts. Und waren ja auch »nichts« ... nichts weiter.

Oder?

Er ist nichts, dieser »Stoff«, zu flüchtig ist er. Flüchtig ist er – und, flüchtig, ist er ... nichts.

Da liegt der Denkfehler. Denn »flüchtig« ist er, ist in Sekunden *wieder* nichts: Ist wieder, wo er *her*gekommen war, wieder im Unbewußten – in das wir, eben: meist nur durch unsere Träume Einblick haben.

Nochmals zurück: Da war also nichts, oder? »Komischer Traum, was war da?« denkt man. »Was war da noch?«

Die Bilder des Traums – dieses »Nichts«, an dem man so leicht vorbeigeht, das man allmorgendlich wegwirft, beiseite kehrt – »Was war da noch? Ach, Blödsinn, war ja nichts« –, seine Bilder wären mir sicher entkommen, wenn ich mich gleich nach dem Erwachen zu schnell bewegt, die Augen zu früh geöffnet oder das Fliehende im Halbschlaf gierig zu erinnern gesucht hätte. So aber konnte ich's unter dem Lid noch fixieren:

Das Gefühl »Filmschule« war noch da, der schattigkühle Geruch jener alten Holzbaracken der Schule, die damals, 75, im Viereck um den kleinen *patio* standen, den lichten Innenhof mit dem riesigen Dosenautomaten, in dessen Schatten wir *Dr. Pepper* tranken, wenn die Jungs im *stock room* uns zu lange auf Lampen und Stative warten ließen.

Sind die eigentlichen Traumbilder schon in Auflösung oder dir so gut wie verschwunden: dann bleibe beim Gefühl, das der Traum zurückläßt. Verharre bei jenem Gefühl. Brüte ein wenig darüber.

Also: Wie fühlte sich das an, dort zu stehen, im Schatten, die Luft aus dem leeren Unterrichtsraum einzuatmen? Wie fühlte sich das an, das ungeduldige Warten, daß man dir aushändige, was du brauchst für dein Projekt: Kamera, Stative, Lampen? Diese Angespanntheit, Aufregung vor dem eigentlichen Arbeitsbeginn. Die Filmschule – das waren ja nicht nur die Lehrer, war ja immer: das nächste Projekt, der nächste kleine Film, das nächste kleine Drehbuch, in dem das Neue, Immer-Neue bewältigt werden mußte. Und dabei dieses Gefühl: Noch gar nichts zu wissen. Was war man schon gegen die Alten, die Meister, die das Licht noch mit dem Auge schätzen konnten, ohne *light meter*, »Belichtungsmesser«. Ein wenig davon war noch da, ein wenig von jenem *spirit* der Zeit des Anfangs, war noch in dieser Baracke, dem holzgezimmerten Raum, in dem du standst im Traum.

Tritt jetzt hinein ... in diesen Raum, den schattigen Raum. Tiefer hinein. Du hörst – schon beim ersten Schritt – das Holz der Planken unter deinen Füßen. Da steht ... das Bild des Alten wieder vor dir. Er wartet nur wenige Meter entfernt, im Schatten, hat dich gehört und tritt nun zur Kamera hin ...

Jaja, »gehört« hat er dich, du hattest ja gerade eine Frage an ihn gerichtet. Was war da, wie lautete deine Frage? Was fragt man einen Kameramann? Wie er zu seinen Bildern kommt, würde ich ihn fragen – das könnte sie gewesen sein, die Frage. Sie ist in der Antwort enthalten. Denn jetzt antwortet er ja, der Alte, indem er »öffnet«. Er öffnet das Kameragehäuse. Du siehst den Film, den er aus dem Kasten, dem Kameragehäuse, zieht ... und den er jetzt – wie seltsam, spinnt der da? –: behaucht.

Der ganze Traum steht nun wieder vor dir. Du hast ihn wieder. Unterm Lid.

Jetzt photographierst du ihn, den Traum. Fixierst ihn. Wie?

Du gehst ihn fühlend ab, du gehst die Bilder auf und ab, bis sie sich vor dir abspielen. Zwei, vielleicht drei Minuten sind »realiter« im Bett vergangen.

Wenn Du jetzt aufstehst – jetzt, mit diesem Fund, mit nichts als diesem jetzt Fixierten –, hast Du den Unterschied zwischen Tag und Nacht. Du hast ihn quasi in der Hand. Du hast die Leiter zum Traum hinab – und wieder herauf. Du hast die Verbindung zwischen zwei Welten, die sonst auseinanderstünden.

Du hast etwas, das zu dir kam, sich dir zu zeigen – warum sonst wäre es dir erschienen? Nur *dir* gilt dieses Bild.

Jetzt gehst du in den Tag, es aufzuschlüsseln. Oder... du läßt es. Läßt es fallen.

Und sagst damit: Es kam umsonst. Kam ohne Grund. Du sagst damit: Es hat sich aus Milliarden möglicher Bilder, die sich mir hätten zeigen können, umsonst gezeigt. Es bedeutet mir nichts, ich denke nicht weiter daran. Was soll's? Komisches Bild.

Aber wenigstens *hast* du's jetzt, das Bild. Hast es *noch*! Und damit die Wahl. *Bewußte* Wahl. Nein, mehr, unendlich mehr: die Wahl, dir über das, was das Bild zu sagen hat, *dir* zu sagen hätte, *bewußt* zu werden – oder unbewußt zu bleiben.

»Tag« und »Nacht« – du hast die Wahl zwischen beiden.

Sie kennen das: »Muß ich nicht wissen. Was soll's? Brauch ich nicht. Weg damit. *Next*!«

Weiter im Tag, weiter, *next*! Oder, peckinpahmäßig: *if it moves, kill it.* Aber er bewegt sich nicht mehr, der Traum, bleibt ganz ruhig. Bleibt vergessen. Und wenn er sich nochmal regen sollte, hast du das nukleare »Nur«. *Baaamm, just nuke it*! Das nukleare Nur, das ihn dann restlich auflöst. In nichts. War »nur« ein Traum.

OK, sagen wir, Du hast es *nicht* so gemacht. Du hast die rote Pille statt der blauen genommen – ja, du hast »The Matrix« gesehen, du würdest wirklich gerne wissen, »was los ist«, was los war, vor allem warum, was du eben noch wegwerfen wolltest, so überaus wichtig, so enorm wichtig sein soll für *dich*.

Was hast du jetzt an dieser kleinen Sequenz aus Traumbildern?

Du hast Bilder aus einem Bereich, in dem du nicht Herr bist. Nicht Herr warst. Nie Herr sein wirst.

Hier stehen manche auf, innerlich zumindest – verlassen den Saal.

Wenn das Ich sich in seiner Macht bedroht fühlt, sich eingestehen soll, daß es irgendwo, in irgendwelchen Bereichen nicht das Sagen hat, schon gar nicht das letzte Wort, dann läuft es eiligst davon. »Nicht mit mir! *Die* Pille ist zu bitter, die schluck ich nicht.«

Jede Nacht aber wird dir beim Einschlafen die Macht entzogen. Regierungssturz. *A bas le roi*, der König »Ich« steht ohne Kleider da, hier gilt ein anderes Gesetz. Bewußtseinswechsel: Ein anderes Bewußtsein, eine andere Welt zieht ein und baut sich so gewaltig auf, es ist, als gäbe es nur diese *ihre* »Logik«, die dieses Traums – der ewig währen wird; die dieser Nacht, die grad so tut, als gäb es nichts als sie und die kein Ende nehmen will! Denn aus der Perspektive des Unbewußten ist jener »Tag«, den du gerade zu Ende gelebt hast, ein »Traum«, ein Flüchtigstes, das vor der Ewigkeit, mit der ein Traum zu rechnen fähig ist ... – nichts ist. Vielleicht kaum mehr als eine »R. I. M.«-Episode, ein »Rapid-›*Ich*‹-Movement«, ein kurzer Tag im Leben eines langen Traums.

Also. Nochmal: Was hast du jetzt an dieser Bildersequenz, dem Traum, den du fixiert, erinnert hast?

Vom Ich aus gesehen: Das Dokument einer Entmachtung. Aber auch das Dokument einer Macht: die jetzt *zu dir spricht*. Des Unbewußten, das sich an dich wendet: In diesen seinen Bildern, in dieser seiner Sprache.

Was sagt es?

Was es sagt, würde dir durch diese Bilder gesagt.

Was sagen dir also diese Bilder? Was sagt dir dieses, jenes Bild des Traums, wenn du ihn durchgehst, sie nacheinander durchgehst. Was sagen sie?

Auch das: Fixier es! Mach es bewußt! Umgib das ins Bewußtsein Gezogene – den fixierten Traum – jetzt mit benachbarten Bildern (den »Assoziationen«), umlagere ihn, reichere ihn an. Und mach ihn hier und jetzt: lebendig.

Mach ihn lebendig.

Mundöffnung der Bilder – laß sie reden!

Und höre.

Was sagt dir jener alte Mann, der im Traum das Gehäuse der Kamera öffnete?

Ich sehe ihn noch vor mir. Einen drahtigen, weißhaarigen kleinen Mann. Beim Aufwachen war ich an Karl Struss erinnert, einen alten amerikanischen Kameramann, den ich 1975, kurz nachdem ich in L. A. eingetroffen war, ja, eben: in einer der Holzbaracken des USC-Cinema-Department, einem kleinen Projektionsraum, in dem sonst nur Klassen über *Sound* abgehalten wurden, kennengelernt hatte. Er zeigte einer Handvoll Leuten und mir – ich war während der Semesterferien, als der Campus fast leer war, eher zufällig in den *Soundroom* hineinspaziert –, er zeigte uns den letzten großen Stummfilm, den er 1927 mit Murnau gedreht hatte. Der Film hieß »Sunrise«. Der alte Kameramann Struss und mein damaliges Filmerlebnis, ja das Wort »Sunrise« selbst: Sonnenaufgang, sind in meiner Erinnerung immer miteinander verbunden.

Und das Behauchen des Films?

Was ich davon im Traum beobachtet hatte, erinnerte mich an den Schöpfungsvorgang in Genesis. Sie kennen das Bild: Gott bläst dem Stoff – dem Klumpen Erde – lebendigen Odem ein, behaucht-beseelt so das Leblose, holt's aus dem Dunkel: »Sunrise« des Menschen.

Was heißt das?

Das Unbewußte – in der Person dieses alten Kameramanns – sagt mir im Traum: Erst mußt du ihn seelisch beleben, den Stoff. Noch bevor du mit dem Drehen, dem »Bilder-Aufnehmen«, der Arbeit, beginnst, ist entscheidend: deine seelische, deine innere Einstellung zum Stoff.

Wie stellt man sich also zum Stoff, an dem man arbeiten will?

Man verfährt, wie wir eben verfuhren, als wir den Traum besprachen, seine Bilder durchgingen. Dein »Atem«, das ist schon die sorgende Hingabe, wäre dein Hörenwollen, was der Traum sagt.

Noch die Bearbeitung dieses Traums, mein Versuch, ihn für mich zu interpretieren, fällt mir da auf, ahmt seinen Inhalt nach. Denn schon beim Erinnernwollen, schon beim Wiederaufspüren des Traums, war ich »Schüler« – wie im Traumbild selbst –, war ich Schüler des Bilds, Schüler der »Schule der Bilder«, und habe erfahren, Erfahrung gesammelt, wie man das Tote beseelt. Als ich den scheinbar toten Traum zusammensammelte – da war er noch ohne Sinn für mich –, aus Stücken ihn wie einen Leichnam zusammensetzte, auch um die Sammlung meiner Assoziationen zu einzelnen seiner Teile bemüht war, eben: seinen *Sinn finden* wollte, da habe ich den Stoff belebt. Ihn damit, *so handelnd*, gleichsam beatmet. Die Sehnsuche: *die* war mein Atem.

Dabei *kann* es zu einer Wandlung kommen, der paradoxen Vereinigung der Gegensätze: Das dir Tote – der tote Stoff, der scheinbar sinnlose, »verrückte« Traum – wird dir lebendig, er hat jetzt tiefen Sinn, gibt dir lebendige Richtung.

Nicht unbedeutend scheint mir, was sich während einer aktiven Imagination zum letzten Bild des Traums später ergab. In dieser Übung – die Jung erfand und die es erlaubt, mit Träumen im Wachzustand weiterzuarbeiten, ihrem Sinn nachzugehen (Kapitel 4 der Frankfurter Vorlesungen geht ausführlicher auf sie ein) –, in dieser aktiven Imagination, hielt mir der Kameramann den gerade behauchten Filmstreifen hin, aus dessen dunklen Bild-Feldern sich allmählich – vor meinen Augen – Bilder entwickelten. Sein Atem hatte das Bildfeld fruchtbar gemacht, die Bilder aus den dunklen Feldern hervorgerufen. Wie der hinabgestiegene Sonnengott Re auf seiner Fahrt durch die Unterwelt die Götter aus dem Dunkel hervor-ruft, sie mit seinem Rufen lebendig macht, bevor er an ihnen vorbeizieht, seiner Erneuerung, dem »Sunrise« entgegen, so hatte mir dieser Alte die Bilder, die im Stoff aufbewahrt lagen, heraufgeatmet.

Schon bald nach den Frankfurter Poetikvorlesungen – vielleicht bereits angekündigt in »Magdalena am Grab« und in »Der fremde Reiter«, jener Geschichte aus der letzten Frankfurter Vorlesung – wurde also, ich sagte es schon, mein Leben unter dem Einfluß gewaltiger Spannungen und Konflikte, die vieles, was ich bisher nur unbewußt gelebt hatte, in ein neues Licht rückten, auch die eigene Arbeit – die an »Starlite Terrace« – in Frage stellten, unter Druck gesetzt und verändert.

Man glaubt ja immer, man schreibe aus Vergangenem. Letztlich hält man das Erinnerte oder – wie ich es in Frankfurt beschrieb – das »Tote«, das tief in uns liegt und das wir heraufzuretten und in uns wiederzubeleben fähig sind, für »Vergangenes«, man rechnet es der Vergangenheit zu – auch so, als sei es »eigentlich abgeschlossen«.

Das Gegenteil ist der Fall.

Wofür denn wären wir auch hinabgestiegen? Wozu wäre »aufgekommen«, was wir da schreiben? Warum hätte es sich heraufgearbeitet – zu uns, bis in unser Bewußtsein, bis in unsere Finger hinein, die's aufnotieren, bis wir seinen Sinn, seine Wahrheit, nicht nur auf dem Bildschirm in flimmernden Zeichen, sondern, nun bewußt, im gelebten Leben wiedererkennen.

Das uns scheinbar Vergangene hat ein Doppelgesicht. Es sieht zurück – ins Tal der Schatten – und erhält dort, von dort, die Sicht nach vorn: zur Stadt am Meer.

Das war die nächste Station, das nächste Ziel, von dem ich damals noch nicht wußte. Das war der *Dissolve*, der sich anbahnte, sich und die einhergehenden Spannungen in Träumen ankündigte.

Die »Stadt am Meer«, in die ich, Sherman Oaks und das San Fernando Valley verlassend, vor einem Jahr zog, heißt Santa Monica.

In einem Baedeker für die USA aus dem Jahre 1909, als die Bevölkerung von Los Angeles sich »seit der Jahrhundertwende wieder einmal verdoppelt« hatte – der Baedeker schätzt atemlos »von 100,000 auf 200,000« Einwohner –, widmet man der kleinen Stadt am Meer, Santa Monica, immerhin einige Zeilen. Mit der »Southern Pacific Railway« fuhr man damals die siebzehn Meilen von downtown Los Angeles bis zum Strand in achtundfünfzig Minuten. Heute ist es nicht ungewöhnlich, es im Rush-Hour-Verkehr auf dem Santa Monica Freeway kaum schneller zu schaffen. Für einen round-trip, von downtown nach Santa Monica und zurück, zahlte man 1909 fünfzig Cent, auch Straßenbahnen fuhren alle halbe Stunden. Über das Gebiet *zwischen* downtown und Santa Monica geht der Baedeker in einer halben Zeile hinweg. Da heißt es: »On the way we pass Hollywood, a suburb of charming houses«.

Das war's. Das war es damals noch.

»Zur Stadt am Meer« aber bedeutet mir – als Titel für diese Vorlesungen – vor allem ein bleibendes, ein noch immer unerreichtes Ziel, ein Ziel, auf das hingelebt wird: im übertragenen Sinn. Im alchemischen Sinn.

Denn auch wenn ich eines Tages nicht mehr physisch an diesem Ort arbeiten sollte, wäre »die Stadt am Meer«: Bild für einen Zustand, den ich – arbeitend, lebend –, für mich, für mein Inneres, in meiner Welt zu verwirklichen, zu realisieren suche.

Wenn im Bild vom »Tal der Schatten« – einem Bild für das Unbewußte, das uns von allen Seiten umgibt – die Übermacht der Dunkelheit, die Gefahren, mit denen das Ich, das Individuum, zu leben und zu *arbeiten* hat, beschrieben wurden, so soll dieses zweite Bild, »Zur Stadt am Meer«, eher das Ziel bezeichnen, das mich in die rechte Beziehung zum Dunklen, zum Unbewußten setzt.

Dieses Ziel ist: die unterschiedene Nähe.

Die »Stadt am Meer«, das ist mir besiedeltes »Land«, ist »Grund und Boden« eines Bewußtseins, Ich-Bewußtseins, ganz nah – aber unterschieden vom »Meer«, das für das Unbewußte steht. Der Übergang ist oft klippengleich scharf, abgründig an vielen Stellen, aber an manchen auch fließend, ein fließendes *give-and-take*: am Strand zum Beispiel, wo man sich Ebbe und Flut ohne weiteres anpaßt; einem Strand, breit genug, auch von größeren Stürmen überflutet zu werden ohne größten Schaden für die »Stadt«. »Die Stadt am Meer«, das ist – noch im Entstehen – ein Stück werdender Kultur, die sich ganz nah am Unbewußten ansiedelt, um mit ihm im Gespräch zu bleiben – es im Auge zu behalten, daran zu leben, auch wenn es schwer fällt.

Der Traum vom sturmzerrissenen »Rex« zum Beispiel, der in »Der Mann an Noahs Fenster« beschrieben wird, war der Grundstein zu »Starlite Terrace«. Dieser Traum von herabgestoßenen Wolken, die sich vor *Noah's*, meinem Frühstücksladen auf dem Ventura Boulevard, sammelten und immer schneller zu kreisen begannen, dieser Sturm, der dann die 12-Uhr-mittagsleere Straße von West nach Ost durchbrauste und »Rex« mitriß, kam mir Monate bevor sich alles merklich veränderte, mich mitzureißen drohte, war der Dissolve, der unter der altgewohnten Oberfläche meines Valley wartete, ja, der Dissolve, der, wie gesagt, bereits in jenen Frankfurter Vorlesungen Thema gewesen, scheinbar »sicher verarbeitet« war.

Die Zerstückelung des »Rex Iudaeorum«, unseres alten Bewußtseins, durch einen Sturmgeist, der aus dem Unbewußten (»von links«) in Richtung Bewußtsein dringt (nach Osten, »rechts«), ist ein Bild, das seine Kreise zieht. Eben nicht nur in den Folge-Kapiteln von »Starlite Terrace« – jenem Jahreskreis von Juni 2002 bis Juni 2003, der in vier Schichten/Geschichten gegliedert ist –, sondern vor allem im Leben dessen, der es im Geschichtsgefäß selbst zu fassen sucht, im Buch mitzuformen sucht, also gleichsam schreibend »Hand anlegen« will an die »Hand«, deren Wirklichkeit Hand an ihn legt.

Mir wurde bewußt, daß ich eigentlich – ob außen, im Alltag, oder innen beim kreativen Arbeiten, dem Schreiben – immer am selben arbeite, nach demselben »Stein« suche. Bewußt, daß das Buch, an dem ich zu arbeiten begann, ein Gefäß darstellte. Ein Gefäß, das fassen konnte, was aus meiner Alltags-Realität und meinem Unbewußten hineinfloß. Ein Drittes war im Entstehen, dort, im

Gefäß Buch. Eine neue Verbindung, ein langsam aus Bildern herauftreibendes neues Bewußtsein war da am Kochen, das nun seinerseits Einfluß hatte. Indem ich an den »Starlite Terrace«-Geschichten von Rex, Moss, Gary und June arbeitete, wurde meine Sicht auf die Spannungen, die Konflikte, die jeder Tag brachte, verändert: Der Umbruch, der Aufbruch, der ganze erzwungene Exodus aus dem Valley, hatte jetzt einen Sinn, eine Richtung, war in einen Prozeß gestellt, den ich – schreibend, fühlend, beobachtend – ertragen und, bis zu einem gewissen Grad, durch solche Aufmerksamkeit, das bewußte Wägen der Worte und Bilder des Buchs, mitbeeinflussen konnte.

Das Buch war zum Gefäß meiner Individuation geworden. Sein Inhalt, seine *materia*, war *meine* – die sich, einem vierstufigen symbolischen Prozeß unterworfen, wandeln sollte. Die Vier-Stufen-Terrasse des Prozesses entspricht den vier Elementen – Wasser, Luft, Feuer, Erde –, denen jeweils eine alchemische Grundoperation zugeordnet ist:

- dem Regen (Wasser), in dem mein »Rex« gelöst wird: Die alchemische *Solutio*.
- dem Geist (Luft), der meinen »Moss« (Moses) der Realität entfernt: Die *Sublimatio*.
- Dem Feuer, das meinen »Gary« treibt, ihn in Leidenschaft verzehrt: die *Calcinatio*.
- Der Erde, die meine »June« sich in einem göttlich spontanen Akt von neuem erschafft: die *Coagulatio*.

Das heißt aus dem »Wasser« des sterbenden Rex ist die »Erde« der neugeborenen June-Juno geworden. Ein neues Bewußtsein taucht auf mit ihr. Es ist die Stadt am Meer.

Ende letzten Jahres, wenige Wochen nachdem ich eine neue Wohnung in Santa Monica gefunden hatte, sah ich folgenden Film, ein Videoband, das man mir geliehen hatte und das ich mir bisher nur einmal ansehen konnte. Hier sind die Notizen, die ich, gleich nach dem Abschalten des Geräts, in ziemlicher Eile machte, den Eindruck des Gesehenen festzuhalten. Der Film hieß: »Wo ist das Haus meines Freundes« und wurde von dem Iraner Abbas Kiarostami inszeniert. Hier also, abschließend, nochmals ein Beispiel für das, was mir Alchemie ist:

Ein Klassenzimmer in einer iranischen Volksschule. Ein Junge wird ausgescholten, weil er die Hausaufgaben schon dreimal nicht in sein Heft, nur auf lose Blätter geschrieben hatte. »Noch einmal und du fliegst von der Schule«, warnt der Lehrer den Achtjährigen. Neben ihm sitzt sein Freund – der, in der nächsten Szene, nach Hause kommt, feststellt, daß er versehentlich auch das Schulheft des Banknachbarn mitgenommen hat. Wenn er ihm heute nicht mehr das Heft aushändigt, die Hausaufgaben darin einzutragen, wird der Junge morgen der Schule verwiesen – das weiß er.

Der Freund will ihm das Heft zurückbringen, aber die Mutter läßt ihn nicht, hält seine Bitte für Ausreden. Die Hilflosigkeit, das An-die-Erwachsenen-Ausgeliefertsein in solchen Situationen, kommt mir in Erinnerung. Der Freund wohnt in einem entfernten Dorf jenseits des großen Hügels: ein Zickzackweg führt den Hügel empor.

Der Junge soll Brot holen, nimmt aber heimlich das Heft des Schulkameraden mit und macht sich auf die Suche nach dessen Haus in der fernen Ortschaft.

Hin und, aufgehalten, zurück und dann nochmals hin.

Schließlich bekommt er dort Hilfe von einem alten

Schmied, der sich bereit erklärt, ihm das Haus des Freundes zu zeigen. Er kennt die Häuser vieler Leute, sagt der Alte, auch das Haus des Vaters des Jungen, weil er Türen macht. Türen und Fenster. Jetzt aber wollen viele Eisentüren, sagt er, und die Nachfrage nach seiner Arbeit habe abgenommen.

Der alte Mann geht sehr langsam, es ist mittlerweile schon dunkel geworden. Er hält an einem Brunnen im Dorf, etwas zu trinken. Bereits mehrere Male hatte ihn der Junge gebeten, sich zu beeilen, er müsse doch auch wieder zurück, den Weg zurück in sein Dorf. Der alte Mann trinkt genüßlich vom Brunnenwasser und reicht, bevor er aufsteht, dem Jungen eine kleine Blume, die er eben gepflückt hat.

»Hier, für dich«, sagt er, »für dein Heft.«

Und der Junge schiebt sie ungeduldig zwischen zwei Seiten des Hefts, das er abgeben will, nur um den Alten zu beschwichtigen und endlich weiterzukommen.

Im entscheidenden Moment aber, als sie am Haus des Freundes ankommen, weht der Wind so stark, ächzen die Lampen, die im Dunkel vor dem Haus hängen und, hin- und hergerissen, diesen, jenen Fleck gespenstisch beleuchten, daß der Junge den Mut verliert und nicht anzuklopfen wagt. Er steckt das Heft ein, rennt wieder zum Alten zurück.

Ein-, zweimal versucht er ihm vorauszueilen, den Weg allein zu finden, aber er kommt nicht voran – die Angst vor bellenden Hunden hält ihn immer wieder auf –, so daß ihn der Alte, der langsam geht, immer wieder einholt, ihm dann die Angst nimmt.

Dann sieht man ihn wieder zu Hause bei seinen Eltern. Er hat keinen Hunger. Der Vater dreht an einem Transistorradio, die Mutter stellt das Essen weg. Er soll in ein anderes Zimmer, wenn er noch Hausaufgaben machen will, befiehlt sie. Bringt ihm dann aber noch etwas vom Essen nach.

Der Junge kniet und beginnt abzuschreiben. Da wird die Seitentüre, die nach draußen führt, vom Wind aufgerissen – und lange starrt der Junge hinaus in die Nacht.

Am nächsten Tag fehlt er in der Schule. Der Lehrer prüft, eine Bank nach der anderen abschreitend, die Hausaufgaben der Schüler. Der Junge, der sein Heft nicht hat, befürchtet das Schlimmste.

Im letzten Augenblick, gerade bevor der Lehrer zur Bank des Schülers tritt, kommt der Freund ins Klassenzimmer, entschuldigt sich, daß er zu spät kommt. Man sieht: Der Finger, mit dem er sich zu Wort meldet, ist tintenschwarz.

Schnell zwängt er sich in die Bank, flüstert dem Nachbarn zu, daß er die Hausaufgaben für ihn gemacht hat, zieht beide Hefte hervor.

Der Junge, der bis eben noch ohne sein Heft gewesen war, muß es dem Lehrer schon im nächsten Augenblick reichen.

Nein, sagt der Lehrer, das sei das Heft seines Nachbarn. Er sieht sich das Heft an, fordert das zweite.

Er schlägt die Seiten auf, sein Kuli fährt rasch-prüfend die Zeilen entlang und schlägt das Blatt um. Da liegt, in der Mitte des aufgeschlagenen Hefts: die kleine Blume.

Der Lehrer – wir hören nur seine Stimme – ist mit dem Geschriebenen zufrieden: »Good boy« (sagt er im Untertitel).

Und sofort ist der Film zu Ende.

Diese Blume ..., die wir da eben sahen – wir alle haben sie gesehen –, wir sahen sie jetzt anders, in neuer Bedeutung. Nicht mehr: die Blume, die der Alte am nächtlichen Brunnen dem Jungen gegeben hatte, sondern: die Frucht all der Dunkelheit, durch die sich der Junge innen und außen durchgearbeitet hatte, seines Sich-Abmühens, seines Muts, seines Opfers, in dem er das widerstreitend Gegensätzliche zu vereinen, zu fassen, zusammenzuhalten wußte.

Verstehen Sie: Ob der Junge das im entferntesten so sieht, ist nicht von Bedeutung. Kiarostami schneidet ja *nicht* auf den Jungen zurück, nicht zurück auf sein Gesicht oder zurück auf den neben ihm stehenden Lehrer. Sondern bleibt mit dem letzten Kamerabild ganz im Schulheft, auf dieser Blume, die gepreßt zwischen den Seiten liegt.

Und es ist sein, aber auch *unser* Blick, das Auge des Zuschauers, der es so sieht und sie, jetzt gewandelt, wiedererkennt.

Alles geschah – jenes letzte Kamerabild beweist das – vor allem *in uns*.

Da ist die Wandlung. Atemwende.

Traum und Alchemie wissen um sie, streben sie an.

Denn die Wandlung sagt zum Betrachter: *Du* warst der Film, bist *materia* und Blume.

III

SUSPENSE

Außerdem ist mir ein schlimmer Fehler unterlaufen: der kleine Junge, der die Bombe transportiert. Wenn jemand eine Bombe transportiert, ohne es zu wissen, wie ein einfaches Paket, versetzen Sie das Publikum in eine sehr starke Suspense. Während seines Weges ist die Figur des kleinen Jungen dem Publikum so sympathisch geworden, daß ich es mir eigentlich nicht leisten konnte, ihn sterben zu lassen, bei der Explosion der Bombe im Autobus.

Hitchcock zu Truffaut über »Sabotage«

Der unkoagulierte Geist ist frei, er kann folgenlos jedes Bild durchspielen. Doch ein konkret verwirklichtes Ich sein heißt, daß man an das Kreuz der erschaffenen Welt genagelt ist.

Edward F. Edinger

Lassen Sie mich zusammenfassen, worüber ich in der letzten Vorlesung, »Traum und Alchemie«, sprach.

Ich beschrieb, daß die Auflösung der kleinen Welt im Valley, in der ich mich mit einigen Freunden und Nachbarn seit dem Erdbeben 94 eingerichtet hatte, letztes Jahr einen Bewußtseinswechsel verursachte.

Solche Umwälzungen, solche Konflikte aktivieren immer den eigenen Schatten: das heißt, in solchen zermürbenden Krisen – auch in den kleineren Konflikten des Alltags läßt sich das beobachten – werden *die* Aspekte des eigenen Charakters wach, mitreißend wach, die wir uns immer zu sehen weigern, die deshalb »unsichtbar« sind, unbewußt waren, es leider meist auch bleiben: weil diese Inhalte – alles, was wir hassen, fürchten, beschämend finden – uns immer und vor allem *an anderen sichtbar* werden.

Da sind sie zu sehen. »*Die*« haben es. Die *sind's.*

Unser »Schatten« – das sind zunächst »immer die anderen«. Und auf die schlägt man dann drauf, *die* verfolgt man, deren Eigenheiten verhöhnt man, zieht sie in den Dreck, für den man im eigenen Innern stockblind ist.

Jene neuen Hauseigentümer zum Beispiel, die uns letztes Jahr die Frist setzten, uns zum Auszug zwangen, das waren, ich verwende jetzt bewußt diese Bezeichnung, das waren »two Israelis«. Die Tatsache sprach sich schnell herum, die beiden waren ja auch jeden Tag zu sehen, jeden Tag auf der Baustelle, in die das Apartmenthaus zu unser aller Ärger noch vor dem Auszug verwandelt wurde. Sofort hieß es, »die Israelis« sind hier. Das Apartmenthaus war nun – indem man die beiden so bezeichnete – von ihnen »illegal besetztes Gebiet«. Die Projektion damit perfekt. Jeder Schritt dieser Leute auf »unserem Gebiet« war Aggression. Die *mußten* natürlich in unsere Wohnungen kommen, mußten ausmessen, inspizieren, »die Israelis«. Sie unterhielten sich miteinander, sehr laut, sehr »aggressiv«, schien uns, in einer Sprache, die »niemand verstand«.

In einer solchen Situation kann man – zum Beispiel – den eigenen Machtschatten beobachten. Aber man sieht ihn natürlich nur an anderen. Im Verlauf der Frustrationen, der wirklichen Leiden über das Ausziehen-Müssen, der Verzweiflung bei vielen über das Wohin und das »Was kann ich mir denn überhaupt leisten?« – die Mieten »da draußen« waren in den letzten zehn Jahren enorm gestiegen –, kamen Ängste, Schwächen, Ungeheuer zu Tage. Aber man sah sie nur als von diesen Immer-Anderen in uns hineingelegt, uns aufgezwungen.

Die alchemistische Sichtweise (es noch einmal zu wiederholen) stellt das Ich an das Gefäß, in dem »all das schwarze Zeug« kocht, all die jetzt und in solcher Zeit in uns erregten Schatteninhalte. Verstehen Sie: Wir reden von psychischen Inhalten, dem Schatten, der da – in Wut, Verzweiflung, Frustration – aufkocht, wenn so ein Konflikt akut wird. Das Gefäß, in dem das geschieht, ist Aspekt und langsam reifender Teil unserer Psyche selbst. Entscheidend dabei ist – vom Ich aus gesehen – die *Einstellung*, die wir solchen Schatteninhalten gegenüber haben. Nur durch die richtige Einstellung ist der Schatteninhalt annähernd »gefaßt«, kann sich – über Jahre, ein ganzes *opus* hin – eine symbolische Auffassung heraus»bilden«, die zum *rechten* Gefäß heranwüchse – einem Gefäß, das den Schatteninhalten letztlich »gewachsen« wäre –, weil es sie »hält« und damit eine Voraussetzung *dauerhafter* Wandlung erfüllt.

In meiner alchemistischen Vorstellung stellen Sie das Ich an die Seite eines – selbst immer neu zu prüfenden – Gefäßes, um *einerseits* in Beziehung zu Ihrem schwarzen Inhalt zu bleiben, ihn eben *nicht* zu meiden, nicht zu fliehen, nicht wegzusehen oder in anderen zu sehen, sondern ihn auszuhalten, diesen nun »kochenden«, Gift spuckenden Schatten, der da in Ihnen aktiviert wurde; um *andererseits* aber auch, würde ich sagen, nicht mit hinein *ins* Gefäß zu fallen.

Wenn das Ich ins Gefäß fällt – nicht mehr von außen zu beobachten oder einzugreifen fähig ist, den äußeren Standpunkt also aufgibt –, dann kommt es zu einer Identifikation des Ichs mit dem Schatten. Dann werden *Sie* das »kochende Chaos«, dann »laufen Sie über«, entladen sich, »geraten außer sich« und werden vom Schatten mitgerissen: sehen nur noch »schwarz«.

An der schwarzen *materia* selbst, die Sie zu wandeln begannen, werden Sie nun nichts ändern. Denn alles ist unbewußt geschehen. Man ist eben »ausgerastet« vor Wut, hatte sich »nicht mehr im Griff«.

Die Wandlung, die Transformation Ihres im psychischen Gefäß gefaßten Schattens, kann aber nur geschehen, solange das Ich in reger Beziehung zum Schatten bleibt – das heißt, ihn bewußt erleidet durch Introversion, durch das Aushalten der eigenen Unsicherheiten, der jammernden, klagenden, wütenden Gefühle, die jede kleine Krise, jeder Konflikt in uns wachruft. Denn das ist unser Schatten, ist der »Stoff«, die *materia*, der Schatz; wäre letztlich, gehoben-geläutert: der Stein – der *filius philosophorum*, wie er genannt wird, weil er gleichsam gezeugt wird von denen, die nach ihrer innersten – dunkelsten – Wahrheit streben, die Vereinigung der Gegensätze stets im Auge behalten und sich um die Wandlung des eigenen Stoffs bemühen.

Alchemistisch denken hieße also, daß ich mir zunächst ganz einfach: immer dieses einen Bildes bewußt bleibe, es mir – ab und zu wenigstens – ins Gedächtnis rufe: Mein Ich steht neben dem Gefäß, in dem mein Schatten durch eine Serie von Prozeduren (das ist: was ich im Leben bewußt »mitmache«, das sind die Krisen, die Frustrationen, Leiden, unerfüllte Liebe) langsam, sorgsam, immer wieder angesehen, gekocht, gekühlt, sublimiert und letztlich gewandelt, transformiert wird. Mein Ich beobachtet und greift korrigierend, experimentierend ein: in das, was *wird* im Gefäß, sich dort zeigt, an Schatteninhalten einerseits klar zu erkennen, andererseits geduldig auszuhalten ist.

Wenn es mir gelingt, den Sinn (alchemisch gesprochen: den Geist) aus meiner »schwarzen *materia*« zu ziehen, zu gewinnen – den »Sinn«: das kann schon ein Bild sein, ein Bild, das aufkommt, während ich den Inhalt des Gefäßes im Auge behalte, über ihm brüte: ein konkretes Bild zum Beispiel für ein Gefühl, eine Sehnsucht, die mich bis dahin nur immer quälend-diffus durchzogen hat, jetzt aber sichtbar würde: im Bild! –, dann ist im Moment solcher Sinnfindung, Bild-Findung, ein Kräftezuschuß spürbar. Eine Freude ist plötzlich da, alles hellt sich »irgendwie« auf.

Da ist die Gefahr wieder am größten.

Welche Gefahr?

Der Prozeß, der alchemische Prozeß, beginnt hier von neuem, führt weiter in eine neue Schlaufe der Individuations-Spirale. Und in so einem euphorischen Moment: fällt man meist wieder ins Gefäß, stürzt in den eigenen »Schatten«, hält sich wieder für »it«, den großen Macher, den größten, der klarsieht und »weiß, wo's langgeht«.

Aber *das* Risiko ist es wert. Muß es immer wieder wert

sein, denn man wird diesen Fehler tausendmal machen – ja, er ist Teil, vielleicht sogar notwendig Teil des Werkes.

Das Bild vom Alchemisten, der neben seinem Gefäß steht, ist selbst so ein Fund. So ein Bildfund. Denn wenn wir uns seiner in der Not noch erinnern, könnte es uns – dieses Bild – aus dem Gefäß ziehen, die Kraft geben, uns, unser Ich – mit allem, was wir an Ratio und Bewußtsein besitzen – wieder *neben* unser Gefäß zu stellen, die Identifikation mit dem Schatten wieder zu lösen, ohne ihn als »hoffnungslos« – ohne *uns* als hoffnungslos – aufzugeben. Neben das Gefäß, sage ich: wo der Alchemist hingehört. Dann hat das »Außer-sich-Sein« wieder ein Gegenüber, das es bewacht, befragt und bewußt bearbeitet, um – erneut – Sinn aus ihm zu ziehen.

Es ist, Sie werden es bemerkt haben, das Bild einer *unterschiedenen Nähe*, das der arbeitende Alchemist so selbst darstellt, »dramatisiert«. Er selbst gleicht jener »Stadt am Meer«, ist derjenige, der, ohne vom Wasser des Unbewußten überflutet-hinabgezogen zu werden, seine Nahrung gerade dort, aus dem Dunkel der Wasser, auf deren Oberfläche er sich spiegelt, heraufzieht.

In der Alchemie habe ich eine Beobachtungsweise gefunden, die es mir erlaubt, die eigene *materia* – den Stoff des Schriftstellers, der zunächst mal ein *psychischer* ist: meine Erfahrungen innen und außen – zu beobachten, das heißt, sie symbolisch lesen zu lernen, sie einer Reihe von Prozessen zu unterwerfen oder unterworfen zu sehen und dabei, von außen, aktiv einzugreifen.

Mein alchemisches Gefäß ist das Buch im Entstehen, im Reifen. Darin sammelt sich meine *materia*: liegt in den verschiedenen Aspekten der Charaktere verschlossen, die mich zunächst »irgendwie faszinieren«, »mich verfolgen«, mit denen ich leide, die »mich nicht in Ruhe lassen«. Die Tatsache aber, daß ich diese Gefühle der *materia* gegenüber in einen *Prozeß* hineingestellt sehe – die Wandlung der Charaktere in ihrer Geschichte, die Geschichte in ihren Geschichten zu transformieren beabsichtige –, richtet das Buch auf ein Ziel aus.

Und öffnet es schließlich. Macht es selbst zur Passage. Ziel wäre nie schon das Buch. Aber Richtung, Sinngebung könnte es sein: den Weg, der *hinter* dem Buch liegt, freizulegen. Mir und dem Leser. Eine Passage, die eben nicht nur zu anderen Büchern, sondern vor allem zum eigenen Schatten führt, dem eigenen ungelebten Leben, den eigenen ungesehenen Bildern, den eigenen nie bedachten Träumen, die sich nun melden, die endlich auferstehen, vielleicht zum ersten Mal sichtbar-hörbar werden.

Wenn Sie den Standort des Alchemisten – neben dem Gefäß – vor sich sehen, ihm einerseits die Möglichkeit, aktiv in den Prozeß einzugreifen, *nehmen*, das Gefäß andererseits durch einen *screen* ersetzen – einen Monitor oder eine Filmleinwand zum Beispiel –, dann haben Sie den Kinogänger vor sich. Der mehr oder weniger – im Sessel, nicht stehend oder kniend – aber durchaus mit Sorge, mit Spannung verfolgt, was er da sieht.

Wenn es spannend ist, was er sieht, dann hat der Regisseur – sagen wir Hitchcock oder jemand, der behauptet, er habe ein *Hitchcockian movie*, einen Thriller oder gar einen psychologischen Thriller vorgelegt –, dann hat dieser Mann, alchemisch gesprochen, dafür gesorgt, die im Stoff, jener Filmstory, enthaltenen Gegensätze längs einer Spannungskurve so klar dem Zuschauer zu Bewußtsein zu bringen, das heißt, wiederum alchemisch gesprochen: sie so deutlich zu separieren, zu trennen, also zum

Beispiel uns wissen zu lassen, was für die einzelnen Charaktere *at stake* ist, was sie riskieren, was sie verfolgen und von wem ihnen Gefahr droht, – daß das Spannungsfeld zwischen den diversen Gegensätzen maximal aufgeladen, »die Spannung zum Zerreißen« ist.

Ich erinnere mich noch gut an eine Serie amerikanischer Radiosendungen, die Ende der Sechziger, Anfang der Siebziger jeden Abend um halb sieben über AFN ausgestrahlt wurde. Die Reihe hieß »Suspense«. Und am Anfang, noch über der Ansage des Titels der jeweiligen Suspense-Story, war so ein langer tiefer Ton zu hören, klang wie das Nebelhorn eines Schleppkahns im New Yorker Hafen, der »im Dunkel an einem gerade Ersäuften vorbeigleitet...«. Mich fror, ich zog die Beine auf den Sitz und drückte mich tiefer in den schwarzweiß-karierten Ohrensessel, in dem mein Großvater gestorben war...

Und dann sprach – jenes unheimliche Nebelhorn war noch nicht verklungen – der amerikanische Ansager die immergleiche *tag line*, den Untertitel, den jede dieser Geschichten hatte:

»A tale well calculated to keep you in...« – er hielt den Atem an – »... suspense!«

Dieser Satz entzückte mich immer von neuem. Es war das herrliche Versprechen: »Suspense!« Das Bild, das dieses Wort im Lateinschüler wachrief (suspendere, suspendo, suspensi, suspensum), sprach von einer Macht, die dich – das fühlst du im Bauch – »vom Boden erheben« und irgendwo über einem Abgrund, wahrscheinlich an der prekär durchgebogenen Dachrinne eines zwölfstöckigen Hauses, »hängen lassen« konnte: Du wagst nicht, dich zu bewegen, du »zuckst« nur unwillkürlich, einmal... – da bricht die Dachrinne noch tiefer durch! Eine weitere Bewegung: und du fällst von der Traufe in den Abgrund.

Also: »Wie komm ich hier wieder raus ...?«

Das war Suspense.

»Spannung« war eben nur die deutsche, die ungenaue Übersetzung, aber, fühlte man, auch eher eine Sache zu ebener Erde: »Das Seil spannt sich«, weil die einen eben hierhin, die anderen dorthin zerrten. »Achtung Hochspannung«: doch da hat man natürlich gar nicht erst hingelangt. Nur Idioten wollten an *dem* Kasten schrauben.

Suspense aber, Am-Kragen-Gepacktwerden, Über-dem-Abgrund-Schweben – wer »kann« das? Womit ich, als Zuhörer, meinte: Wer kann das so mit mir machen? Da war also jemand, da war einer, ein Team vielleicht, die sich was ausgedacht hatten; die hatten »well calculated«, hatten alles so *berechnet*, daß ich die nächste halbe Stunde *nicht* rechnen konnte, nicht auf die Uhr schaute. Die kannten meine Schwächen, hatten das alles kalkuliert – wußten, wo sie nachgeben, zugeben müssten, mich *in suspense* zu halten. Immer eine halbe Stunde lang: Suspense. Die Show begann und du hattest die drei hocherhitzten »s« noch im Ohr: *SuSpenSe*: die Lunte, gezündet, ssssste heran, auf dich zu ...

»*Es war Mittag, als ich erwachte. Die Hitze, mein Gott, die Hitze ...*« – Es war immer ein »first person singular«-Erzähler, der da erzählte, und zwar immer in »präsenter Vergangenheit«. Ich wußte, ich war betrunken ins Bett gekrochen, wurde also »mit Kater« in der Stimme gesprochen: *»Ich wußte, ich... war betrunken ins Bett gekrochen ...*«, besaß also das bißchen Gegenwart – *well calculated* –, das der Zuhörer einerseits brauchte, um mit dem Erzähler aufzuwachen: die *Gefahr* der Gegenwart; gab ihm andererseits das *security blanket* gleich mit: die Sicherheit *überstandener* Vergangenheit. Die Amerikaner wollten ja »unterhalten« – niemanden am Radio »live« ausrasten lassen, wie Orson Welles das mit seinem »War of the Worlds« getan hatte.

Ein Mann erzählt also mit verkaterter Stimme, daß er gestern Nacht betrunken in sein Bett fiel, Bett eines Motels, in irgendeinem kleinen Hundert-Seelen-Kaff in der Wüste. Er hatte »*wegen Motorschaden halten müssen*«, sagt er, hatte »*nur noch vage...*« – man hört die Kopfschmerzen in der Stimme – »*Erinnerungen an den Abend*«, den er einsam in einer Bar gegenüber vom Motel verbrachte hatte. Man hört das Quietschen des Motelbetts, das Kissen, das er... – »*Hey*!«, sagt er da, »*so allein war ich also doch nicht*«, sagt er. »*Da... da schlief eine Frau neben mir. Eine junge Frau, ihr blondes Haar überm Gesicht, den nackten Schultern und... Hey, hey... Was war das*?« – Jetzt kam's natürlich – »*Hey, Blut, mein Gott... Blut!... Die Frau...*« – hier brach die Musik ein, irgendwas Kataklysmisch-Frenetisches – »... *war... war tot*!!« –, das dann nochmals im Nebelhorn endete, als wollte man sagen: Wir hatten euch ja gewarnt! Denn jetzt – wurde erstmal auf einen Commercial geschaltet. Jetzt hing man natürlich, war »aufgehängt« – *in suspense* –, schwebte mit diesem Mann »überm Abgrund«. Er war unschuldig, das war klar – das glaubte man seiner Stimme anzuhören: *Der* hatte wirklich keine Ahnung, wie die tote Frau in sein Bett gekommen war. Andererseits: das fremde Kaff. Da glaubt ihm ja niemand, da kennt er ja niemanden, der für ihn bürgen, der für ihn einstehen würde, der ihn für unschuldig hielte, wenn man ihn... – mit dieser Toten im Bett entdeckt.

Knock-knock-knock.

Es klopft! Klopft an der Motelzimmertür – kaum ist

der Commercial vorüber – und erinnert uns, daß *we're not off the hook*: wir immer noch hängen.

Hitchcock, auch das sollte gesagt sein, unterscheidet klar zwischen dem Effekt der »Surprise« (»Überraschung«) und dem viel folgenreicheren der Suspense. Nehmen wir ein Beispiel, das aus einem seiner frühen Filme stammen könnte:

Ein Junge, der in einem Londoner Bus sitzt und nicht weiß, daß unter seiner Sitzbank eine Bombe tickt. In drei Minuten – wir sehen die eingebaute Uhr – wird die Bombe hochgehen.

Wenn wir, die Zuschauer, das *nicht* wissen, die Bombe plötzlich explodiert – das wäre »Surprise«, sagt Hitchcock mit einigem Understatement. Ein Schock, der dann letztlich schnell abklänge, meint er.

Wenn uns die Kamera aber zeigt: was unter dem Sitz des Jungen tickt, dann zurückschneidet zum Jungen, der ahnungslos aus dem Fenster blickt, SCHNITT: nochmals nach unten zu seinen Schnürstiefeln, die hin- und herschaukeln und die Bombe jetzt beinahe berühren, SCHNITT: zurück zum Jungen, der das Ticken gar nicht hören *kann*, weil sich zwei Männer neben ihm laut übers Wetter unterhalten ... –, dieses immer unerträglicher werdende Hin und Her zwischen Ahnungslosigkeit und höchster Gefahr, ist dann Suspense: ein im machtlosen Zuschauer so – durch die auseinderklaffenden *opposites* – entstandener psychischer Spannungszustand.

So eine Szene ist dehnbar, weit über die drei Minuten der ablaufenden Realzeit hinaus. Die Gegensätze sind klar erkannt, klar geschieden, *wir*, die Zuschauer sind uns ihrer bewußt und tragen diese Gegensätze jetzt in uns, ja: halten sie aus. Leiden, *in suspense*, anstelle des ahnungslosen Kindes, das von der Gefahr nicht weiß. Wir hoffen, daß sie einer bemerkt, daß sich das Kind oder einer der anderen im Bus ... der Gefahr bewußt wird, bevor das Ding hochgeht. Immer noch tickt die Bombe, tickt – und nur *wir* hören sie, wissen, wie wenig Zeit bleibt. Selbst der belanglose Dialog der zwei Männer, die beim Jungen stehen, wird jetzt wichtig – der Zuschauer hört auf jedes Wort, das die Wende herbeiführen könnte. Der Bus hält – ruckartig –, da fällt einem der Männer die *Times* aus der Hand. Er bückt sich nach der Zeitung – hätte jetzt Gelegenheit, die Bombe unter dem Sitz des Jungen zu bemerken –, wird aber von den naßglänzenden Beinen einer jungen Frau, die gerade zusteigt, abgelenkt. Erhebt sich errötend – ohne die Zeitung. Der Junge: greift vom Sitz seitlich nach unten, hebt sie ihm auf – die *Times*, sie lag unmittelbar vor der tickenden Bombe, sehen *wir* – aber der Junge sah's nicht.

Und wir: können nicht eingreifen. Auch heute noch hören Sie Leute im Kino, die dann mit sich – mit der Leinwand – Gespräche führen: »Achgottpaßauf!« sagt einer, wenn Grace Kelly, in Hitchcocks »Bei Anruf Mord«, im Negligé am Telefon steht und den Mörder, der hinter ihr auftaucht, nicht bemerkt.

Im alchemisch-psychischen Wandlungsprozeß ist solche Suspense von hohem Wert. Sie wurde erzeugt durch den Prozeß einer *separatio* – das ist der alchemische Begriff für die Trennung der Gegensätze, gegensätzlichen Elemente, die die *materia* enthält. Der Prozeß der *Trennung* der Gegensätze entspricht ihrer allmählichen *Bewußtwerdung*: Du wirst dir des Konflikts, der sich – jetzt nicht mehr auf der Leinwand, sondern: – in dir abspielt, bewußt. Du weißt, daß die Gegensätze an dir ziehen und daß – wir hatten im zweiten Teil dieser Vorlesungen darüber gesprochen – jetzt der eigene Schatten, das heißt, unbewußte Inhalte aktiviert werden.

Ich bin ganz und gar für Suspense, für eine Rehabilitierung dieser Kunst, die es dem Zuschauer, Zuhörer, Leser fast unmöglich macht, die Last der Gegensätze nicht zu tragen. Ihn also gewissermaßen reif macht für eine Lösung, eine »Vereinigung der Gegensätze«: eine *coniunctio oppositorum*, wie der Alchemist sagt. Denn nur da wandelt sich etwas, verwandeln sich beide: die Feinde, befeindeten Gegensätze, oder Natürlich-Gegensätzlichen (Männliches, Weibliches) in ein Drittes, entsteht also wirklich Neues.

Aber. Bei Hitchcock werden Sie das nicht finden. Insofern haben viele seiner Geschichten letztlich den *thrill-appeal* seiner »*elevator-story*«, die ich zu Beginn der Frankfurter Vorlesungen zitierte: Hitchcock erzählt einem Journalisten im Hotellift – als bemerke er gar nicht, daß die anderen Gäste im Lift zuhören –, wie er, vor wenigen Stunden, in ein Zimmer trat, eine Bekannte zu besuchen. Er fand sie in der Küche und – »sie lag am Boden, in einer riesigen Lache Blut.« Völlig entsetzt geht er auf die röchelnde Frau zu ... »Mein Gott, was ist geschehen?« fragt er sie. Und sie – mit letzter Kraft, so leise, daß er sich zu ihr hinabbeugen muß –, antwortet ihm, daß ... – Hitchcock timte seine Elevator-Story immer so, daß der Fahrstuhl genau an dieser Stelle im Hotelfoyer hielt. Die Hotelgäste also aussteigen mußten und – natürlich nicht aussteigen *konnten*: Jeder wollte wissen, »wie's weiter geht«.

Solche Fahrstuhlgeschichten hat Hitchcock erzählt, uns, die Zuhörer, in Suspense zu versetzen. Aber das war's dann auch. Ein Thrill – ein Spaß, den Hitchcock sich mit den Leuten erlaubte. *That's it. That's all there was.*

Überhaupt wird Suspense im Film – in allem, was wir heute dem reinen Entertainment zurechnen – immer wieder kurzgeschlossen. Suspense bei Hitchcock kappt den Sinn, übergeht ihre eigentliche Bedeutung, ihre Aufgabe.

Den Prozeß, für den Suspense »wie geschaffen« ist, nämlich: das mitleidende Ich, die Psyche des Zuschauers, auf ein Neues vorzubereiten, auf ein Bild der *coniunctio* nämlich, auf das Bild einer paradox-richtigen Gegensatzvereinigung – »richtig«, weil sie eben nicht »gemacht«, nicht »konstruiert«, nicht aufgesetzt, nicht gewollt, nicht manipuliert, sondern aus dem Unbewußten heraufgekommen wäre, so mächtig-gebietend wie ein Traum selbst oder: wie ein Symbol, das wir, ohne es rational rechtfertigen zu können, einfach als »richtig« empfinden, als bestmöglichen Ausdruck für das, was da geheimnisvoll-richtig uns als Lösung erschien, als Erlösung von der Spannung der Gegensätze, die uns, unser Ich, zu zerreißen drohte –, diesen Prozeß bricht Hitchcock vor dem entscheidenden Stadium ab. Schließt ihn kurz, wie gesagt.

Bei dem, was er Lösung nennen würde, dem Ausgang der Story, Ende des Films, kommen ganz andere Erwägungen ins Spiel. Kommerzielle sehr oft. Jedenfalls herrscht eine Ratio, die weiß, was sie will: Die Manipulation bis zur letzten Sekunde. Das Ich Hitchcocks herrscht, dessen Absicht es nun einmal ist, einen »erfolgreichen Film« in die Kinos zu bringen.

Es ist aber gerade dieses letzte Stadium, auf das die Suspense eigentlich zielt, das bei Hitchcock fehlt und seinen Film letztlich in eine Maschine verwandelt, die *well calculated* ist *to keep you in suspense*. Eben bis zum Schluß, bis zum letzten Bild, völlig durchdacht und von der Ratio durchmustert. Eine Maschine, eine *ride*, *thrill ride* – die dem Zuschauer aber, würde ich sagen, das Beste vorenthält.

Nehmen wir einen der großen Hitchcock-Filme, einen, den manche von Ihnen kennen: »Vertigo« (»Aus dem Reich der Toten«). Der Film kam 1958 heraus, mit James Stewart und Kim Novak in den Hauptrollen.

In »Vertigo« wird James Stewart Zeuge eines Selbstmords – so scheint es. Die Frau, die er im Auftrag ihres Ehemanns beschatten sollte, Kim Novak (im Film heißt sie »Madeleine«) – Stewart hatte sich nach den ersten Tagen in sie verliebt, sie auf Händen aus dem Wasser der San Francisco Bay getragen, vor dem Ertrinken gerettet (unvergeßlich: sein *telltale* geständig-zartes »Madeleine!, Madeleine!«, als er die gerettete Frau im Schatten der Golden Gate Bridge auf den Sitz seines Wagens legt) –, diese Frau stürzt sich Tage später von der Spitze eines Glockenturms und fällt zu Tode. Stewart gibt sich die Schuld – seine Akrophobie (Höhenangst) hatte ihn daran gehindert, die Frau auf der Glockenturmtreppe noch einzuholen. Ein Jahr später – Stewart hatte nach dem Tod Madeleines einen Nervenzusammenbruch erlitten – trifft er, scheinbar zufällig, auf der Straße eine Frau, die Madeleine ähnlich sieht. Stewart wirbt um sie, überredet sie – obwohl sie sich sträubt –, sich auch in Kleidung und Frisur, ja noch in kleinsten Details ihres Make-ups, Madeleine, seiner toten Geliebten, anzugleichen. Madeleine soll vor ihm auferstehen – und aufersteht. Äußerlich zumindest ist die Illusion perfekt. Wir ahnen längst, daß es sich nicht um eine Doppelgängerin handelt, sondern um dieselbe Frau, um Madeleine – um die, die sich damals so nannte. Als Stewart hinter ihr Geheimnis kommt – ihm klar wird, daß er vor einem Jahr Zeuge des Tods einer anderen Frau war, der wirklichen Frau seines Auftraggebers –, will er Novak zu einem Geständnis zwingen. Nochmals steigt er mit ihr die Treppe des Glockenturms empor – jetzt gegen seine Angst, die Höhenangst, ankämpfend, in Haß jetzt, in Wut, in wütender Liebe zu dieser Frau, die ihn – das sehen wir, das ist uns längst klar – doch ebenfalls liebt, ihm nicht ausgewichen war, als Stewart sie, scheinbar zufällig, wiedergetroffen hatte, sich ihr näherte und nicht *sie*, sondern immer nur jene Frau, die er für tot hielt, wiederbegehrte. Machtlos letztlich, machtlos wie Stewart, machtlos aus Liebe, die jeden Plan durchkreuzt, hatte sich Madeleine in größte Gefahr begeben: die Tote zu spielen, nur um, als eine andere geliebt, in Stewarts Nähe zu leben.

Der Schluß aber, die letzten Sekunden des Films, scheinen mir unbefriedigend, »billig«: Eine Nonne, die durch die Bodenluke den Glockenstuhl des Turms erreicht, tritt plötzlich aus dem Dunkel auf Stewart und Novak zu – und erschreckt Novak damit. Novak strauchelt, stürzt rückwärts vom Turm und fällt diesmal wirklich zu Tode. »Er« – Stewart, so schreibt Truffaut in seiner Synopse des Films – »ist nicht glücklich, aber wenigstens befreit.«

Blödsinn, dieser Kommentar. Er ändert auch nichts daran, daß es sich bei diesem Filmende um Surprise handelt – *nicht* um die Lysis der ungeheuerlich aufgebauten Suspense, für die solche Lösung gesucht wurde. Hitchcock wirft hier weg, was mühsamst, 120 Minuten lang, aufgebaut worden war: bis zur zweiten Ersteigung des Turms nämlich (der »Turm« ist in der Alchemie ein Symbol fürs Gefäß!), bis zum »Geständnis« im Turm, einem dramatischen Von-Angesicht-zu-Angesicht der Gegensätze, der ganzen um eine *coniunctio* ringenden Welt – Welt dieser beiden –, die Hitchcock dem Zuschauer auferlegt hatte und die der Zuschauer trug. Diesen konstruierten »*Let's wrap it up and send 'em home shuddering*«-Schluß, dieses aufgesetzte Ende, hatte gerade dieser Film nicht verdient.

Ich weiß, Hitchcock würde sagen: »Patrick, it's only a movie.«

Genau da gehen die Wege auseinander. Hitchcocks Slogan »Manche Filme sind ein Stück Leben, meine Filme sind ein Stück Kuchen« sagt es. Er hat nach bestem Rezept gearbeitet: und herrliche Kuchen gebacken.

Warum nicht.

Ich sage ja auch nur, daß der so grundlegende Prozeß – Suspense –, den Hitchcock meisterhaft in Gang setzt, den er sich aufzubauen bemüht und der so wirksam ist, wenn es darum geht, den Konflikt der Gegensätze in den Zuschauer hineinzuverlegen: weitaus mehr herstellen kann als »Kuchen«. Wenn man ihn nicht kappt, nicht kurzschließt.

Auch am Ende von Chaplins »City Lights« (Lichter der Großstadt) haben wir einen vergleichbaren Moment der Suspense:

Wir wissen, daß das Blumenmädchen, das nun sehen kann, den Tramp, der vor ihrem Schaufenster steht, nicht erkennt. Wir sehen, daß *er* dagegen, sie gerade erkannt *hat*, sich – aus Scheu, aus Furcht vor tiefster Beschämung – nicht zu erkennen gibt. Wie könnte er auch? Wer würde dem Tramp glauben? Sicherlich nicht das Mädchen, das – auch das wissen wir – der Meinung ist, ein reicher junger Herr (nicht irgendein Tramp!) habe ihr das Geld verschafft, die Augenoperation ermöglicht.

Sie wissen, wie Chaplin diese Gegensätze zur Lösung bringt.[3]

Chaplin – hier ist der Unterschied – wußte es nicht, hatte kein »Rezept«. Er hat Monate gearbeitet, gerade an dieser Szene. So ein Ende »konstruiert« man nicht. Es gibt kein Rezept dafür. Man ist ihm – dem Problem, das es stellt – hilflos ausgesetzt. Man erträgt es, bis die Lösung vor Augen kommt. Im Traum, einem »Einfall«, einer »Idee« – oder einer Probe. Einer Schauspielprobe zum Beispiel – wie in »Magdalena am Grab«[4] –, bei der man plötzlich »etwas sieht«.

Plötzlich, unter dem enormen Druck, den man durch die Aktivierung der Gegensätze auszuhalten gezwungen ist, wird etwas sichtbar. Eine Lösung, an die man vorher nie gedacht hätte, wird sichtbar. Die *coniunctio* – Vereinigung der Gegensätze – fordert einen qualitativen Sprung: Licht aus dem Unbewußten, *lumen naturae*.

Geben wir ein weiteres – ein ganz anderes – Beispiel.

Sagen wir, es ist 1962. Sie haben einen Film über ein junges Paar gedreht, in herrlichem Schwarzweiß. Die beiden haben sich erst vor Tagen kennengelernt, gestern schliefen sie zum ersten Mal miteinander. Unausgesprochen aber fühlbar ist, daß keiner von beiden weiß, ob er die Beziehung überhaupt weiterführen will. Trotzdem: Die beiden verabreden sich. Auf morgen abend, heißt es. An einer Straßenkreuzung um sieben.

Da kommt das Ende des Films. Nein, eben nicht das Treffen der beiden, eben nicht die Beantwortung der Frage: Wird das jetzt was mit denen? Eben nicht der erwartete gemeinsame Abend, Sommerabend, das Schlußbild.

Sondern?

Ich weiß auch nicht, wie ihm einfiel, was er dann gefilmt hat, Antonioni. Es ist eine der ungewöhnlichsten, aufregendsten Szenen, die mir je vor Augen gekommen sind.

Ich hatte bei der Abfassung der Vorlesung leider weder das Drehbuch noch ein Tape dieses Films – »L'Eclisse« heißt er – bei mir, um den Ablauf dieser letzten Bildersequenz detailgetreu wiederzugeben. Meine Erinnerung daran soll genügen, Sie werden sehen, was ich meine:

Antonionis Kamera zeigt also, dem Ende des Films zu, den Ort, an dem sich das Paar treffen will:

Eine Straßenecke in einer italienischen Vorstadt.

Nach Feierabend.

Man sieht: In der Gegend wird überall noch gebaut.

Auch an dieser Ecke: Ein Gebäude, das tagsüber verputzt wird. Luftige Bahnen aus durchsichtigem Kunststoff umhüllen das große Baugerüst.

Die Ecke selbst: menschenleer.

Sekunden so.

Da kommt, eiligen Schritts, ein junger Mann ins Bild.

Rennt über die Straße.

Ist schon nicht mehr zu sehen.

Stille.

Aus der Ferne hört man ein Moped.

Das näherkommt.

Vorbeiknattert.

Das Geräusch verweht.

Da!

Ein Passant...

Geht durchs Bild ohne zu halten.

Bei der Ecke am Bordstein:

Steht eine Tonne.

Eine Regentonne, denkt man. Gehört sicher zum Bau.
Jemand tritt ins Bild und –
auch er läuft vorbei.
Nein, nicht ganz.
Jetzt bleibt er stehen, sieht sich um.
Zögert...
Dann geht er weiter.
Geht aus dem Bild.
Wir sehen: Die Regentonne.
Näher jetzt: Sehen schräg in sie hinein.
Sie ist mit schwarzem Wasser gefüllt.
Darüber: ein Rauschen... ein sanftes Brausen.
Als atme jemand tief aus.
Wir sehen: Windgefüllt bauschen sich spielend
jene Hüllen ums Neubaugerüst.
Da hält der Wind still.
Als halte alles den Atem an.
Ein Fahrradfahrer fährt auf die Ecke zu.
Der junge Mann?
Nein, er biegt um die Ecke, tritt aufs Pedal.
Die Fahrradklingel ist kurz zu hören.
Stille.
Über der Regentonne.
Wir sehen auf ihren Wasserspiegel hinab.
Da treibt ein Stück Holz.
Ein kleines Stück Holz auf dem schattigen Wasser.
Bewegt es sich?
Unmerklich fast.
Ja, treibt aus dem Schatten.
Nochmals: Die Straßenecke.
Menschenleer.
Sekunden so.
Dann ist der Film aus.[5]

Das ist ungeheuer. Eine Ungeheuerlichkeit. Ich frage mich – als hätte er sie gerade gedreht, diese Szene: Wie hat er das gemacht, Antonioni? Eben: *nicht* im Sinne der Übersetzer Truffauts: »Mr. Hitchcock, wie haben Sie das gemacht?« – sondern: Wie haben Sie es angestellt, Michelangelo Antonioni, so frei zu sein, dieses Bild aus dem Unbewußten nicht zu verwerfen? Diese Idee: »Wir gehen mit der Kamera hin und filmen, wo sie sich *nicht* treffen.« Dieses »Nichts« – denn »es geschieht ja nichts« –, wie fanden Sie den Mut, das nicht zu verwerfen, sondern ihm nachzugehen bis auf den Grund, ihm *dieses* Ende zu widmen? Diesem »nichts«. Denn das ist neu, ist »unerhört« – das heißt: wurde bis dahin nie zugelassen. Dieses Nichts.

Ich kann meiner Begeisterung dafür gar nicht genug Ausdruck geben: Wie kommt der dazu, da zu sein, wo niemand ist?

Wir wollten uns, während wir diese letzten Bilder sahen, immer wieder einhaken in die Konvention einer Liebesgeschichte, die sich im Film doch gerade anzubahnen schien. Wollten gerettet werden von der Handlung, den beiden, dem Liebespaar, das sich hier treffen soll, treffen wird … sicherlich noch, denkt man.

Aber es kommt niemand.

Doch … doch, es kommen welche, ab und zu. Aber nicht die Erwarteten.

Die Körper, die du erwartest, sind nicht da, aber: *du* bist da. Aber du bist da, du – nicht körperlich, aber als etwas, das du noch nie warst.

Ich muß mich weigern zu sagen, was das bedeutet.

Du bist allein gelassen mit der *materia*, *deiner materia*, *materia* deiner Hoffnung, deiner erhofften Bilder, die nicht kamen.

Was bleibt jetzt, was siehst du noch ...?

Da, das Stück Holz, das fast unmerklich auf dem Wasser treibt. Das Atmen des Winds hinterm Stoff.

Was siehst du noch, was bist du noch, wenn das Erhoffte nicht eintrifft? Du bist noch etwas ... siehst du, fühlst du, alleingelassen, aber präsent. Gegenwärtig, ja: Gegenwart selbst. Du stehst, wo niemand steht – wo niemand stehen *kann*, niemand als du: Du stehst vor deinem Gefäß.

Das ist unerhört – das heißt: das bisher Un-Erhörte wird nun *gehört*. Eine neue Musik, die da aufkommt.

Un-erhört, diese Bedeutung, die das Wort eben *auch* hat – die Vorstellung, daß etwas zu uns sprechen wollte, dem wir unser Gehör aber bisher verweigerten, das wir nicht sehen wollten, für »nichts« hielten –, hatte Goethe, der die Novelle als »unerhörte Begebenheit« definiert, vielleicht nicht mitbedacht, als er so definierte.

Aber auch in seiner »Novelle« kommen, dem Ende zu, bis dahin un-erhörte Stimmen, un-erhörte Aspekte zu Wort, eine Einigung der Gegensätze scheint auf, das Licht der Natur und das Licht des Geistes finden zu einer gemeinsamen Sprache.

Das Bild, in dem die Un-Erhörten bei Goethe symbolisch zusammenfinden, das unerhörte Bild, in das diese Begebenheit mündet – physisch ist es ja das Gefäß jenes alten Schloßhofs, den Goethe beschreibt; psychisch: das *Gefäß unserer Einstellung* zum Konflikt der Handlung –, ist ein Bild der Suspense: Über dem Schloßhof – dem »Gefäß« – warten und beobachten wir mit den Akteuren: sehen den Knaben, der seine Flöte spielt, in die Höhle des Löwen gehen und ... –

Sie müssen das nachlesen, das darf man nicht nacherzählen.

Die *coniunctio* jedenfalls, die dort, in solchem Gefäß, zu Stande kommt, wird am Ende – ihren qualitativen Sprung auch sprachlich zum Ausdruck zu bringen – in Gedicht, in Gesang verwandelt:

Denn der Ew'ge herrscht auf Erden,
Über Meere herrscht sein Blick;
Löwen sollen Lämmer werden,
Und die Welle schwankt zurück;
Blankes Schwert erstarrt im Hiebe,
Glaub' und Hoffnung sind erfüllt;
Wundertätig ist die Liebe,
die sich im Gebet enthüllt.

Das ist die Sprache nicht der Logik, nicht des Tags, aber auch nicht des Chaos, des Unbewußten mehr, obschon sie von dort kam, das Bild, die letzten Bilder sicherlich dort ihren Ursprung haben. Sie ist die Sprache der Unerhörten, denn sie spricht für sie und, das ist das Wunderbare, spricht im Einklang mit uns, faßt uns darin verwandelnd.

Wir sprachen über Suspense, das hohe Ziel, das sie, wenn wir sie aushalten, uns letztlich vor Augen führen könnte; wenn wir den Sinn des Aushaltens der Gegensätze nicht verwerfen, der Regisseur oder Autor ihn nicht im *thrill* verkommen läßt, nicht beim *entertainment* bleibt, auch nicht im Ästhetischen luxurierend versackt, nicht im tödlichen, Leben schlachtenden »nur«, das der Suspense vorzeitig ein Ende bereitet: *Hey, it's »only« a movie!*

Was soll das heißen?

That it was a joke? That I should take it easy?

Was denn nun?

»Vertigo«: das wären »nur« zwei Stunden meines Lebens im Dunkeln gewesen? Der Tod jener Frau: »only a movie«? Die Schuld, die jener Mann sich gab, vor dessen Augen sie vom Turm zu Tode stürzte – nur ein *plot point* in einem raffiniert gebauten Drehbuch? Es sind ja Schuldgefühle, wie wir sie auch selbst schon empfunden haben. Zum Beispiel im Traum: Wie oft hat man die eigene Anima dort mißachtet, gequält, unterdrückt, oder »halbtot aufgefunden«, umkommen lassen, gar getötet?

Diese Anima, die *nicht* überlebt, diese zu Tode fallende Frauengestalt, sie ist auch Bild der Zuwendung, die man sich selbst verweigert; sie ist der eigene Traum: unterdrückt, ist der Traum, dem man nicht nachgehen, nicht Statt geben will; ist die Idee, die Hoffnung, die wir *nicht* auszusprechen wagen. Sie, diese »Frau«, ist das Weibliche, ist die Anima in der Psyche des Mannes. Sie ist dein Wunsch nach Liebe, nach Beziehung, dem du nicht Statt gibst, aus Blindheit, Arroganz, Verstiegenheit, aus Angst und trotz deiner Versuche, solche Angst zu überwinden. Du bist wie dieser Mann, der Orpheus der Eurydike, der Mann der Frau in Murnaus »Sunrise«, wie Stewart in »Vertigo« – und »sie« ist in dir, sie fällt in dir, fällt wieder ins Unbewußte, *another Eurydike*, liegt tot in dir, es sei denn ... – du hältst sie, im letzten Augenblick, hältst sie noch vor dem Fall, erkennst sie in letzter Sekunde, ziehst sie ans Licht.

»Only a movie!«

Mit solchen Sprüchen ist die Psyche, die all das – *in suspense* – mitgelebt, mitgelitten hat: sofort – und für immer – gewarnt. In den Augen der »Vernünftigen«, der »Macher«, des Kommerzes zumal, ist auch sie, die Psyche: »only pictures«. Als bestünde sie, wie Filme, die

»only movies« wären, »nur« aus Bildern, die letztlich nicht ernst zu nehmen sind.

Man sollte sich einmal darüber klarwerden, daß das zentrale Bild dieser unserer westlichen Zivilisation: ein Bild der Suspense ist.

Ich spreche vom Kreuz.

Vom Kreuz und dem ans Kreuz größter Gegensätze Fixierten, Genagelten, Aufgehängten.

Er hält die Gegensätze aus, die uns zerreißen – denn das ist das Kreuz –, ist zwischen ihnen aufgehängt, hängt über seinem-unserem Abgrund, um in seinem Innersten das unerhörte, ungesehene »Schwarze«, in seiner Dunkelheit am Kreuz unser aller Dunkel auszuhalten, zu durchstehen, zu ertragen und im Gewandeltwerden, dem Prozeß einer ungeheuerlichen Qual, höchster Verzweiflung, höchster Not, Erleidens solcher Gegensätze: uns zu wandeln.

Unser Dunkel zu wandeln, der Menschensohn. Sein Gefäß: der Kelch, an dem er nicht vorübergehen konnte.

Er trinkt ihn aus.

Das Bild der *coniunctio*, der qualitative Sprung, in dem sich diese Wandlung zeigt, wahr wird und nicht mehr die Sprache der Ratio spricht, aber auch nicht mehr die Sprache des Chaos und völligen Dunkels des Todes, aus dem sie, gewandelt, hervortaucht: ist die Auferstehung.

Das ist die Mitte des Kreuzes – wo sich die Gegensätze vereinen. Das ist der Ort, die Schnittstelle, ist der Anfang im Ende: das neue Leben.

Das neue Leben, das in uns ist. In uns allen – und überhaupt deshalb erst zu diesem für unsere Kultur so bestimmenden Bild werden konnte.

Nicht nur in unserer, der christlichen, das wissen Sie, auch in anderen Religionen liegt und lag dieses Bild als zentrales Symbol bereit. Es mag unerhört sein – dieser Tage. Un-erhört, unverstanden.

Aber es *ist*.

Es wartet, beunruhigend nah.

Hängt über uns, in uns, unter uns Aufgehängten.

Ein Schatz im Unbewußten. Ein Licht im eigenen Dunkel.

IV

SONNENUNTERGANG

Eros ist ein kosmogonos, ein Schöpfer und Vater-Mutter aller Bewußtheit. Es scheint mir, als ob der Conditionalis des Paulus ›und hätte der Liebe nicht‹ aller Erkenntnis erste und Inbegriff der Gottheit selber wäre. Was immer die gelehrte Interpretation des Satzes ›Gott ist die Liebe‹ sein mag, sein Wortlaut bestätigt die Gottheit als ›complexio oppositorum‹.

Carl Gustav Jung

Suspense, sagte ich in der letzten Vorlesung, ist also ein durch Separatio, das heißt: Trennung der Gegensätze, erreichter Spannungs-Prozeß im Gefäß, dessen auseinanderstrebende *opposites* der Alchemist sich müht auszuhalten. Suspense – im Gegensatz zur Spannung, auch zur Surprise – impliziert immer ein Ich, das sich der Gegensätze bewußt ist und sie, gleichsam zwischen ihnen gekreuzigt, erleiden soll.

Das heißt, der kreativ Schaffende muß die Suspense des eigenen kreativen Prozesses aushalten.

Das Erdulden der Suspense zeugt die Antwort, sagt dir »mit einem Mal«: wohin der Abschnitt, an dem du schreibst, führt, wer oder was die Figur, die du beobachtest, im Innersten treibt, und wie sich die Geschichte, an der du arbeitest, entwickeln soll.

Der Alchemist oder Künstler hat also einen – wenn auch begrenzten – Einfluß auf die widerstreitenden psychischen Inhalte, solange er bei Bewußtsein bleibt. Der Zuschauer im Kino, der Leser im Buchladen: hat das nicht. Ein zunächst gewaltiger Unterschied. Denn das Buch, der Film, den Sie da miterlebt haben, bleibt unverändert.

Die *materia* des Zuschauers/Lesers allerdings – das heißt, das Ausgangsmaterial für eine Arbeit an sich selbst – könnte sich, unter dem Druck der *opposites*, i. e. der Suspense, gewandelt haben. Und auf diese seine *materia* könnte er nun, der Zuschauer/Leser, – kaum ist das Buch gelesen, das Kino verlassen – allerdings Einfluß haben. Hier beginnt nämlich das unsichtbare Kino, das ungelesene Buch des Lesers, die Kopfinszenierung des eben Erfahrenen: auf einer Bühne, die gänzlich aus seiner eigenen Schatten-*materia* besteht.

Ein Film oder ein Buch, die heftige Emotionen in uns auslösen – wir hören uns dann zu anderen sagen: »Tödlich langweilig«, »Einfach ekelhaft«, »Hab's in die Ecke geworfen«, »Sowas müßte verboten werden«, »Genial, das Buch«, »Das Beste, was ich in letzter Zeit gelesen habe« –, machen mit solchen Affekten *auch* Material sichtbar, das sich in *unserem* Gefäß befindet. Nur ist es dort, wie gesagt, noch nicht identifiziert, von uns noch nicht gesichtet worden. Man trifft dabei eben auch auf den *positiven* Schatten – auf eigene kreative Anlagen, die wir besitzen und die wir, aus welchen Gründen auch immer, »wie die Pest meiden«. Es sind immer die anderen; in diesem Fall: andere, die kreativ sind und auf die wir die unbewußten Inhalte projizieren. Wenn uns die Bedeutung unserer Bewunderung für sie bewußt würde, wäre an ihnen der eigene Schatten – in diesem Fall: das eigene Ungelebt-Unverwirklichte – zu erkennen. Solch eine Entdeckung könnte das *opus alchemicum* des Kinogängers, des Buchlesers einleiten. Und wäre kein Iota weniger wert als die im Buch oder Film geleistete Arbeit des Autors.

Worin besteht nun meine Aufgabe als Schriftsteller?

Immer wieder darin, das Unbewußte, Unpersönlich-Numinose und Zeitlose mit dem Bewußtsein, mit dem Persönlich-Individuellen, mit dem ganz und gar Zeitlichen in Beziehung zu setzen, Schnittstellen der Bewußtwerdung dieser uns alle bestimmenden Gegensätze zu schaffen, zu entdecken, freizulegen. Das Buch nicht als Ziel, sondern als Passage, eine mir im Buch *wirklich gewordene* Passage durch die *»sea of the uncon-*

scious«, die Wasser des Unbewußten. Das Buch als Durchgangs-Ort, an dem die Zusammenführung der Gegensätze im Individuum, das heißt: die Wandlung, beginnen kann.

Ich erinnere Sie an den großen Traum des amerikanischen Tiefenpsychologen Edward Edinger, über den ich in der vierten Frankfurter Vorlesung sprach. Edinger träumte damals, Anfang der siebziger Jahre, er befinde sich in einer Kirche:

»Ein besonderes Ritual muß [dort] zelebriert werden, um zu gestatten, daß die geweihte Abendmahl-Hostie den Boden berührt. Das ist notwendig, da mitten in der Feier des Abendmahls eine Gruppe Terroristen in die Kirche eindringen und ein Drittel der Gemeinde niedermetzeln wird. Und wenn das geschieht – genau in diesem Moment –, muß der zelebrierende Priester die Hostie zu Boden fallen lassen und auch selbst zu Boden fallen und die Hostie mit seinem Körper schützen – wie ein Football-Spieler den Football, der seinen Händen entglitt. Und dies muß getan werden, um die Hostie davor zu bewahren, daß während des Massakers Blut auf sie fällt.«

Dieser Traum zeigt: Die Hostie muß geerdet werden. Solche Erdung des Heiligsten – ein Symbol für die Zusammenführung der Gegensätze – wendet die Not. Die Hostie, die den Schmutz der Erde während des Rituals nicht berühren darf, berührt sie nun, »in stercore invenitur«, der »Schatten« darf ans Licht, das Irdisch-»Sündige«, Verteufelt-Teuflische-in-uns umarmt werden. Denn Unerhörtes hat – in solcher Berührung – nun statt, das Un-Erhörte neue Stätte gefunden: in unserer »Erde«, *materia*, in unserem Irdischsein noch wird das Zerrissene geeint, eint uns Zerrissene: die Wandlung.

Das ist die neue Messe – nichts Neues. Nur ein vergessener Aspekt, in Bildern fixiert, der bei größter Gefahr noch vermitteln könnte.

Ihn zu berücksichtigen wäre not-wendig Teil der Messe, notwendig neuer Gebrauch ihres Sinns, den Edingers Traum in Bildern ausagiert. Und wir müssen sie, diese »Hostie«, diesen innersten psychischen Kern, unseren *Seelenstoff*, mit unserem ganzen Körper, mit allem, was wir haben, mit unserem ganzen Bewußtsein: zu schützen wissen. Denn wir befinden uns in einer Zeit der Auflösung, in einer Welt größter auseinanderstrebender Gegensätze, die das bewußte Ich zu zerreißen, das heißt: gänzlich ins Unbewußte zu stürzen drohen.

Wo die Zusammenführung, das Vermitteln zwischen den Gegensätzen nicht betrieben wird, vom Ich nicht bewußt gefördert wird, kann das Unbewußte auch nicht in seinem vermittelnden, seinem heilenden Aspekt zur Wirkung kommen, kann kein zusammenführendes Drittes zeitigen. Das Unbewußte würde sich dann – in diesen Gegensätzen – gewaltvoll entladen und uns bewußtseinsüberflutend vernichten.

Die augenfällig größte Gegensatzspannung – Suspense: im Moment, da wir uns ihrer *bewußt* werden – herrscht zwischen Leben und Tod. Letztlich sind sie Synonyme für das Gegensatzpaar, von dem eben die Rede war: also für unser Bewußtsein und das Unbewußte.

Und was wäre der Sinn dieser *ultimate suspense*?

Ja, warum sollten wir hier nicht, wie bei allen anderen Suspense-Anordnungen, nach dem Sinn fragen, beachten, wo wir uns um ihn betrügen, den Prozeß vorzeitig kappen?

Bei Suspense geht es – in ihrem wichtigen letzten Stadium, das die Unterhaltungsindustrie ignoriert – um die Zusammenführung der Gegensätze: nach ihrer bestmöglichen Separatio nämlich. Aus solcher Einung (coniunctio) kommt neuer Sinn, denn das Getrennt-Gegensätzliche ist auf neuer Ebene ganz geworden.

Die Frage ist doch: Ist etwas aus diesem Leben hinüberrettbar? Ein Sinn? Etwas, das bliebe, von uns bliebe, nicht das Ich selbst, aber eine individuelle Spur davon, ein Wert, der dem Sinn des vom Ich Gelebt-Erlittenen entspräche?

Bleibt etwas – »von uns«? Eine Spur? Gibt es Bilder dafür?

Die Separatio, die zwischen den Gegensätzen Leben und Tod besteht, läßt in den Regionen der Ent-Scheidung Bilder-des-Übergangs entstehen. Bilder, die mir »packend«-sinnvoll erscheinen, weil sie, noch im äußersten, zwischen den Gegensätzen hin- und herführende Motiv-Fäden spinnen, über die Sinn vermittelt wird.

Kein »objektiver« Sinn. Denn gerade der Tod, der zu allen kommt, unter den alle müssen, ist ja nicht kollektiv – nur in Geschichtsbüchern und Berechnungen der Statistiker ist er das. Sondern da kommt, verkleidet als »Der nach Jedermann ruft«, ein Eigenster, gibt uns in den letzten Sekunden das Leben, wie es uns nie gehört hat: indem er es nimmt. Nimmt, indem er eins wird mit ihm. (Aspekte davon sind nachzulesen – *vor*zulesen, wenn Sie so wollen – in Tolstois »Der Tod des Ivan Iljitsch«).

Was immer da kam – wir nennen es den Tod –, eins zu werden mit dem Leben, kann nun auch nicht mehr sein, was es zuvor gewesen war. Wie das Leben, so stürbe also auch der Tod: in dieser letzten Vereinigung der Gegensätze. Das Dritte, das aus beiden entsteht – entstehen muß –, kennen wir nicht.

Aber es gibt, wie gesagt, Bilder, die das Ich nicht gemacht hat – das heißt: Material aus dem Unbewußten, das über gewisse Aspekte dieses Dritten, Aspekte seines Zustandekommens und unserer Aufgabe dabei, allerdings etwas aussagt.

Letztes Jahr im August, es war während der Wochen vor dem Auszug aus dem Valley, hatte ich einen Traum von Lou. Lou Sederman – war mein Nachbar gewesen, ich hatte von diesem achtundneunzigjährigen Mann in der ersten Frankfurter Vorlesung erzählt, war damals mit ihm über die Hügel, die das Valley von Hollywood trennen, ins »Tal der Schatten« zurückgefahren, sein Tal, ein Hollywood, das er seit einem Vierteljahrhundert nicht mehr betreten hatte. Lou hatte mir am Ende unserer Reise den Feigenbaumzweig des »brown turkey fig tree«, den er aus seinem wiedergefundenen alten Garten geraubt-und-gerettet hatte, vor Augen gehalten. Es war, als sage Lou zu mir: *So* kommst du aus dem Tal der Schatten wieder ans Licht: Du greifst dir etwas – im Unbewußten –, erfaßt etwas vom Längstvergessenen-»Toten«, das dir einst neue Wurzeln treiben wird. Er hielt mir den Feigenbaumzweig hin und meinte: »If you stick that in a bottle of water it'll root.«

Manche erinnern sich vielleicht: Lou war ein »no fiction«-Mann. Seit den fünfziger Jahren hatte er sich keine Filme mehr angesehen, auch keine Romane, keine *fiction* mehr gelesen. Da liege, so meinte er, das Geheimnis seiner geistigen und körperlichen Gesundheit.

Ich kam damals, einige Wochen nach den Vorlesungen, aus Frankfurt nach Sherman Oaks zurück und sah, daß man Lous Apartment während meines Aufenthalts in Deutschland ausgeräumt hatte. Den Angehörigen waren seine gesundheitlichen Krisen – »*emergencies*«, die sich plötzlich mehrten – zuviel geworden, man hatte ihn, letztlich mit seiner Zustimmung, hieß es, in ein teures Pflegeheim auf dem Ventura Boulevard nach Encino verfrachtet. Dort hatten wir, seine ehemaligen Apartment-Nachbarn, und ein paar alte Jungs seiner Freimaurerloge, die in voller Uniform gekommen waren, noch seinen 100. Geburtstag gefeiert.

Als mir der Traum kam, hatte ich Lou fast sechs Monate – eben seit seinem 100. Geburtstag – nicht mehr gesehen.

Im Traum stand ich mit einigen anderen am Schalter einer amerikanischen Bank an. Die Schalter selbst besaßen noch, wie in den zwanziger Jahren, kleine altmodische Gitter. Ansonsten erinnerte mich das Innere eher an meine heutige Bank, die »Bank of America« in Sherman Oaks. Alle Schalter rechts von uns – drei oder vier blinde Fenster – waren geschlossen. Hier stand niemand. Nur der Schalter ganz rechts, der letzte Schalter in der Ecke, war geöffnet. Aber da, wußte ich, wurden ausschließlich »safe-deposite-box«-Geschäfte getätigt. Eine Frau bediente dort einen einzigen älteren Kunden. Sonst stand niemand an.

Dieser Kunde war Lou, erkannte ich jetzt. Er sah gut aus, etwa so, wie ich ihn vor fünfzehn Jahren kennengelernt hatte.

Lou reichte der Frau gerade einen dicken braunen Umschlag unter dem Gitter durch – sah aus wie ein »Manuskript« oder »wichtige Papiere«. Auf dem Umschlag selbst hatte er etwas notiert, das die Bankangestellte uns allen nun vorlas. Ihre Stimme klang freundlich, jenem Kunden gewogen. Sie las – ich erinnere mich nur noch an Teile davon:

»Ich habe dieses Konto seit 1910 besessen. Ich werde jetzt ausbezahlt. Ich werde mir Land kaufen«.

Lou selbst hatte sich, während sie sprach, zu mir hergewandt, sah still und feierlich zu mir herüber. Bei ihren letzten Worten: »Ich habe ein gutes Leben gehabt«, lächelte er und schlug mit der flachen Hand auf den Bankschaltertresen, als wolle er sagen: That's right, that's it!

Da wandte er sich von mir ab, der Frau wieder zu.

Das war der Traum. Ich dachte sofort, noch im Halbschlaf: *He's buying the farm* – ein Idiom für das Sterben, den Tod. Die »Farm«, das »Land«, das man da kauft, liegt im Jenseits. Ich war beunruhigt, traurig – aber auch unbestreitbar froh: Sah Lous freudiges Gesicht vor mir, als die Frau seine Worte an uns verlas: »Ich habe ein gutes Leben gehabt«. Ich dachte: Es ist, als sei er – mit dieser Nachricht, Traumnachricht – gerade hier gewesen, jetzt, bei dir gewesen, dich das wissen zu lassen, sich so noch einmal zu zeigen. *So*. Denn: »That's it«, das war's – du siehst ihn nicht wieder.

Ich ging den Traum mehrfach ab. Was mich faszinierte, war das Bild jener Abgabe eines Individuell-Eigenen, eines letzten Wertes – im Traumbild ähnelte er ja einem Umschlag, in dem sich ein Manuskript befinden mochte –, einer Weitergabe unter der »Schranke« durch, durch die Gitter-Öffnung »hinüber«, zur anderen Seite. Das Bild einer Übergabe des letzten Wertes – *for safekeeping*; das heißt: es wie in einem Safe aufbewahrt zu wissen –, das Bild so einer Übergabe an eine unbekannte

Frau – die in den Träumen eines Mannes, wie wir wissen, das Unbewußte personifiziert, die Anima –, spricht, wenn ich es recht bedenke, von einer Ungeheuerlichkeit, einer ungeheueren Möglichkeit für uns, für unsere Arbeit, unser Leben.

»Was war im Umschlag?« könnte man fragen. Und den Kern dieser Ungeheuerlichkeit, die das Bild darstellt, leichthin übersehen. Denn *daß überhaupt etwas* »for safekeeping« *durchgegeben* wird, unter der Schranke hindurch, daß also – hier, im Bild des Traums gesprochen (denn nicht »ich« spreche ja, nicht Lou, sondern dieser Traum, ja das Unbewußte selbst, indem die Anima Lous Worte verliest) –, daß also etwas aufbewahrt würde »von uns«, »safe« wäre, ja: ein *Wert* wäre – wert genug, aufbewahrt zu werden: im Zeitlosen nämlich, im Unbewußten selbst –, *das* ist das Ungeheuere.

Also anders gefragt: Warum würde überhaupt etwas »abgegeben« werden *for safekeeping* – wenn das Bild ein Ende darstellt, Lous Ende, seinen Tod?

Was immer es war, Lou reicht es durchs Fenster des »safe-deposit«-Schalters. Es ist etwas-von-ihm für den »safe«. Für einen »Kasten«, in dem er Papiere, Werte, aufbewahren läßt, die nicht verlorengehen sollen.

Wir sind jetzt beim Bild eines »Kastens« – verschließbaren Gefäßes –, in dem ein letzter – individuell bestimmter – Wert deponiert wird, *gefaßt* werden soll, am Ende.

»Wie verrückt«, könnte man sagen. »Was soll ein Toter, ein Sterbender, denn ›abgeben‹ außer ... – sein Leben?«

Das Leben oder ein Teil dieses Lebens, ja selbst ein Augenblick »nur«, in dem das gekreuzigte Bewußtsein es zuläßt, daß ein Bild der Vereinung der Gegensätze wahr wird – im eigenen Kopf, im eigenen Gefäß: real wird, lebendiges Fleisch –, muß, im alchemischen Sinne, als *opus* verstanden werden.

Das Ich, das es bewußt durchlebt, wäre dann Stätte einer Wandlung geworden. Ein Teil des unermeßlichen Unbewußten: wäre hier in ihm – in diesem Ich – bewußt geworden. Aus Wirren, Leiden, Kreuzigungen heraus: hätte ein Menschen-Ich etwas gezogen, geläutert, gewandelt – oder (was dasselbe ist) wäre gezogen, geläutert, gewandelt worden.

Und *das* würde nun abgegeben.

Das gäbe der Sterbende ab.

Wenn sein opus gelingt, bleibt etwas. Ja: Etwas von ihm. Nicht hier im Vergänglichen. Sondern im »safe« des Unbewußten selbst.

Etwas von uns, die wir alle in dreißig, vierzig, fünfzig Jahren, nicht mehr am Leben sein werden.

Fühlen Sie auch manchmal so? Sie spazieren auf einer belebten Straße: Hunderte, an denen Sie vorbeiziehen, Dutzende, die Sie streifen, die Sie – jetzt – im Moment auf der Straße – *zum letzten Mal sehen werden*. Weil die ganze belebte Straße, all die Lebenden, von denen Sie noch gar nicht Abschied genommen, die Menschen, denen Sie noch kein Wort gesagt haben, die Kon-Temporären, die Gleichzeitigen, alle, die Sie da sehen: im Grab liegen werden – eine Geisterstraße vor Ihnen. Und: längst vergessen.

Wie unbewußt man sieht, was man sieht, wird da bewußt. Eine Sehnsucht wird wach, ein Geheimnis, das man sekundenlang allen mitteilen will: das Leben der Gleichzeitigen, das Leben als »Ihr-die-ihr-mit-mir-gleichzeitig-seid« mit der ganzen Straße zu feiern (»Alle mal herhören: Wir sehen uns in diesen Sekunden zum letzten Mal!«), in allen Gesichtern Vorbeigehender nun

Verschworene zu erkennen, Verschworene unseres Lebens in der jetzt-und-so-erkannten Gemeinschaft *dieser* Passantensekunde, ja zumindest die Sehnsucht im namenlosen Gesicht, als verschworen-gleichzeitig erkannt und von jedem Vorbeigehenden passantenfestlich geschätzt zu werden.

Momente später geht man doch weiter – am teuren Angebot solcher Vision vorbei –, macht die Besorgung »im Aldi« ... – weil's uns dort billiger kommt.

Aber hier – nochmal zurück –, hier im Traumbild, heißt es: Lou Sederman gibt etwas ab, *for safekeeping*, für den Safe.

Dieser scheinbar ganz gewöhnliche Alte: gibt am Ende etwas ab, etwas-von-sich, reicht es hinüber, am Vergänglichen vorbei, quasi über die belebt-vergängliche Straße hinweg, von der wir gerade sprachen, ins Unbewußte zwar, in ein Zeitlos-Sicheres aber zugleich.

Wie ist das zu verstehen?

Wir müssen noch eine Stufe weitergehen. Denn: was hätte er da gewandelt, der Mensch?

Ich sprach davon: seinen Schatten, die eigene *materia*. *Die* würde, ins Bewußtsein gezogen, gewandelt werden.

Also gibt er das ursprünglich Unbewußte – gewandelt – wieder ins Unbewußte zurück?

Das sagt das Bild. Lou gibt eine Essenz ab – einen Wert –, den er aus seinem Leben, aus seiner *materia* erlitten-gewonnen-gewandelt hätte.[6]

Dieses von ihm ins Unbewußte Zurückgegebene würde, sagt das Bild, nun nicht mehr »unbewußt unter Unbewußtem« sein, nicht mehr eins mit dem Unbewußten, sondern bliebe gewissermaßen »separiert«, in einem »Kasten«, »Safe«, ein bleibender Wert, aus dem Unbewußten gewonnen, aus dem Meer des Unbewußten »gekauftes Land«. Das ist das »Land«, das Lou »kaufen« wird; das ist Landgewinnung im Angesicht uns umgebender Flut.

Auch die neutestamentliche Parabel von den Talenten sagt das: Das uns Gegebene muß vermehrt, muß gewagt, muß gewandelt werden: Es soll nicht mehr sein, was es war, wenn der Tag kommt. *The day of reckoning*. Wenn abgerechnet wird. Auch da wird ein Letztes gegeben. Und genommen nur dem, der darauf saß, es beerdigt, tot hielt, es nie wachsen, das heißt: es sich selbst nie zu lebendigem Bewußtsein kommen ließ.

Was ist das Unbewußte, das uns umgibt, von allen Seiten durchdringt – wenn nicht der unbekannte Gott, der dunkle Gott? (wobei »dunkel« und »Dunkelheit« im folgenden nicht negativ wertend gemeint sind).

Es ist der unerkannte Gott – der unbekannte –, von dem C. G. Jung spricht, wenn er ihn so umschreibt:

»Bis zu diesem Tage ist Gott der Name, mit dem ich alle Dinge bezeichne, die meine vorsätzlichen Wege gewalttätig und rücksichtslos durchkreuzen; alle Dinge, die meine subjektive Sicht, meine Pläne und Absichten umwerfen und die den Lauf meines Lebens zum Guten oder Schlechten ändern.«

Der unerkannte Gott will seine »Dunkelheit« uns einverleiben: Das ist der individuelle (eben nie kollektive) Prozeß schmerzvollster Bewußtwerdung, das *opus*, dem wir assistieren. Das heißt: In seiner Unerkanntheit kommt er uns an, als Unbekannter durchkreuzt er uns mit dieser seiner Dunkelheit, um dabei in uns in Sicht zu kommen, auch: in uns *zur* Sicht zu kommen, zur Menschen-Sicht, das heißt: zu Bewußtsein zu gelangen im Angesicht eines Gegenüber. Erkannt zu werden. Wir wären – unser aufflackerndes Leben, unser Bewußtsein wäre: verwandelndes Licht in der Dunkelheit, *Seiner* Dunkelheit, *wenn* unser Bewußtsein »vor [Ihm] in die Bresche tritt für das Land, daß [Er] es nicht verderbe« (Jecheskel [Ezechiel] 22,30), wenn es, unser Bewußtsein, dem dunklen Gott also standhielte – in menschlich-individueller Sehnsuche nach Sinn, nach Gegenwart im Angesicht des Anderen, nach jener »Stadt am Meer«.

Der unbekannte Gott will in uns – denn wir sind sein Gefäß – erlitten, geläutert, gewandelt werden, das heißt: in unserem Leben, in unserer Arbeit, unserem »opus«, bewußt gemacht, aus seinem – dem uns individuell zugefallenen – Schatten gezogen werden.

Das wäre die Aufgabe – für den, der sie angehen will. Aufgabe des Schriftstellers, des Filmemachers, des Künstlers –, wie ich sie sehe. Wie sie niemand sonst sehen »muß«. Wie sie andere vor mir erkannt haben, ungleich tiefer, eindringlicher – und wieder andere vor diesen. Aber von denen kann ich nichts sagen, das bindend wäre – für *mich*. Nur die eigene Erfahrung ist bindend.

Sobald man Gott im Munde führt, von solchen Vorstellungen überhaupt spricht, sehen viele nur dieses »Höchste«, eine gewaltige Lichtgestalt, Gottvater, Kathedrale und Orgelmusik ... – und dann glauben sie, der Redner selbst stünde im Priestergewand da, zelebriere. Gar noch für sie, worum sie gar nicht gebeten hatten.

Und manche sehen, angeekelt von solcher Anmaßung, das Gegenteil – den Gotteslästerer.

Sobald man von Gott spricht, werden die Gegensätze aktiviert, gibt es für die meisten nur noch Für oder Gegen. Dabei darf nicht vergessen werden – bei all diesem Reden um Letztes, um Äußerstes –, daß Gott auch das Gewöhnlichste ist. *In stercore invenitur.* Der graue Alltag.

Da, schon in der kleinsten Aufregung, dem »dümmsten Problem«, dem Fehler, der uns unterläuft und auf den uns, als sei das nicht genug, ein anderer rügend hinweist, ist dieses Letzte schon. Und leckt an uns. Will sichtbar werden – erkannt ... und doch unsichtbar bleiben. Im Alltag ist er überall: der unerkannte Stein. Grau, unscheinbar, sekundenlang »ärgerlich« – und wieder »nichts«. Herrscht dabei über uns, unter uns, ohnegleichen. Er ist der unverdauliche Alltag. Ist »just a slob like one of us / just a stranger on the bus« (Joan Osbourne).[7] Ist der vergeudete Nachmittag. Das Stück Holz im Wasser der Tonne.

Ich habe also nichts. Habe nicht »die Antwort« – bin auf der Suche. Notwendig. Und berichte Ihnen davon.

Ist es nicht das, was Sie hören wollten?

Mein Alltag, der Alltag des Schriftstellers, ist voller Niedrigkeiten, dumm-dumpfem Stolz, Überhebung – im besten Fall: rechtzeitig erkannt; voll Nicht-Könnens, voll Kraftlosigkeit, Gewöhnlichkeit – im besten Fall: randvoll von Sehnsucht, »ich laufe über«.

Das Bild von Lou, der etwas Letztes am Schalter abgibt, das jene Frau im Bereich hinter der Schranke nun deponiert, sagt: Dieser Mensch händigt aus: gewonnenen Wert, etwas, das nur durch die Zusammenarbeit seines Bewußtseins mit dem Unbewußten, durch die dabei entstandene Zusammenführung der Gegensätze, entstand – und das bleiben wird.

Ohne Lou, ohne sein Leben, das ihn im Leiden zu wandeln vermochte, weil er sein Leiden annahm, hätte das Unbewußte diesen individuellen »Splitter vom Stein« nicht zu Tage gebracht. Alles wäre unbewußt geblieben. Unverändert unbewußt.

Nun hat er, dieser Mensch, das Unbewußte verändert. Denn er hat etwas hinzugetan – safe-deponiert –, was es ohne ihn so nicht gegeben hätte. Im Bild gesprochen: einen Splitter vom Stein. Das heißt: der Stein »ist«, ist einerseits immer schon ganz – »wird« aber zur selben Zeit auch: zusammengetragen, nämlich: neu gewonnen, gewandelt, in Splittern – den Teilen des »zerstückelten Gottes«, hätten andere sie vor uns genannt – wieder neu zusammengesetzt.

Denn das Unbewußte ist numinos.

Das Traumbild würde mir mithin sagen, daß es möglich ist, auf das Numinose Einfluß zu nehmen. Ein Gedanke so ungeheuerlich, wie wenn ich sagte – aber ich sage ja nichts anderes –, daß ein Mensch, ein Menschenbewußtsein, Gott »verändern« könne: indem er diesen Gott in den Gegensätzen erleidet, sie – sein Kreuz auf sich nehmend – sich zu Bewußtsein bringt und sie damit zur Zusammenführung und Wandlung befähigt.

Im gewandelten Menschen wandelt sich Gott.

Wenn ich den Akzent dieser Aussage – die den Menschen als Gefäß Gottes begreift, in dem Gott sich wandelt – nur ein wenig verschiebe, zum Ich hin nämlich, in Hiobs Richtung, die ungeheuere Bedeutung des invididuellen Bewußtseins betonend, welches die Aufgabe, das *opus*, nicht nur erleidet, ohne ihm auszuweichen, sondern ihm assistiert, sich und die Welt in solcher Arbeit versteht, sein Ziel darin sieht, dann müßte ich sagen:

Der gewandelte Mensch wandelt Gott.

Ein solches *opus* – das sollte klar sein, bleibt allzu »leicht gesagt« – ist ein Martyrium, das man niemandem wünscht. Es stößt dir zu, wird dir aufgezwungen, bricht gewaltvoll über dich herein.

Eine Wandlung zum Beispiel, die über ein Leben hin sich anbahnt, ja über mehrere Leben hin (wenn man Rex, Moss, Gary als nicht zufällige Vorläufer, als Vorstadien eines sich steigernden Prozesses der Individuation betrachtet, sie mitbedenkt), wäre dargestellt in jener Frauenfigur, June, in der vierten Geschichte von »Starlite Terrace«. In June, die – in einem spontanen Ritual – eine wahrhaft religiöse Handlung vollzieht. Da, in den letzten Momenten der letzten Geschichte, ist etwas gewonnen; ist im Kelch-Gefäß des Pools, im scheinbar unbeachteten, scheinbar ausgelebten, ausgebrannten Individuum: etwas gewandelt worden.

Sunrise der Menschentochter.

So, endlich, nach langem Aushalten hat sich: Verbindung ergeben – gewaltigste Gegensätze, die Junes Leben bis dahin bestimmt, die es zerrissen hatten, stehen nicht mehr auseinander. Jemand weiß, zwischen ihnen zu schwimmen, zu tauchen, hat das Wasser des Unbewußten im Akt der Bewußtwerdung – welcher Mut trieb sie an, »so verrückt« zu handeln? – geheiligt.

Das heißt: So hat es June getan. »Meine« June. Das ist nicht für andere. Jeder müßte ihn selbst finden, seinen »Pool«, ihn mit seiner eigenen Asche besäen, aus ihr neu aufzu*er*tauchen, sich am Stein wieder an Land zu ziehen.

In »Reiter auf dem Sturm« findet sich ein Bild, das mich an Lou erinnert. Auch dieses Bild – es ist das Bild der Sintflut, die Geschichte Noahs und seiner Sieben in der Arche, aber bei mir eben auch die Geschichte der Zwei, Geschichte des Ur und seiner Frau, die verwandelt wird –, auch hier also wird von der Extraktion und Übergabe einer Essenz, eines letzten Wertes gesprochen, seines »safe-deposit« in einem »Kasten« – in dem der »gesammelt-extrahierte Wert« den Tod überlebt, bewahrt bleibt in dieser Flut des Unbewußten, die alles, was »Atem hat«, vernichtet.

Mit diesem Ur aber, der die Vernichtung eben nicht innerhalb, sondern außerhalb des schützendes Kastens überlebt, haftet ein Ich am Ewigen, an jener »Arche«, dem unzerstörbaren Gefäß. Was läßt – was befähigt – Ur, Gott in seiner Vernichtungswut auszuhalten? Die verbindende Liebe zu seiner Frau, die dieser Ur – wie im Märchen die Schwester den verwandelten Bruder – nicht aufgibt; und die *ihn* nicht aufgibt, Verbindung hält. Das ist die Anima, ein Archetyp des Unbewußten – und also ein Aspekt des Göttlichen selbst, der in der Liebe verbindet, dem einzig rettenden – uns alle wandelnden – »Gefäß«.

Ur erinnert an Tirza, die sich in »Corpus Christi«, dem dritten Band der »Resurrection«-Trilogie – während der Kreuzabnahme Jesu ins Grab schlich. Wie Tirza ist Ur ein »I-witness«. Denn er zeugt – wie sie – als menschliches Ich nicht nur von Göttlichem, sondern von unserer Spur im Unbewußten, die darin zu hinterlassen, vom Stein-Splitter, der dahinein zurückzugeben wäre. In seinem Sehnen, Sich-Ängstigen, seiner Ohnmacht, seiner Liebe ist Ur wie Tirza, ein Mensch, ein Bewußtsein-das-wissen-muß, einen Weg finden muß, getrieben von Liebe, von größtem Verlangen: nicht mehr »getrennt« zu sein, auszuhalten – komme, was da wolle.

Sie mögen sagen: »Das sind ja nur Bilder, nur Ihre Bilder – ›Ur‹ und ›Tirza‹. Die ›zeugen‹ doch von nichts – schon gar nicht von irgendeiner Ich-Spur im Jenseits.«

Ich kann nur wiederholen: Ich habe die Bilder nicht gemacht. Meine Bilder, ja. Aber nicht von mir.

Es sind ja gerade solche Funde – Funde bei der eigenen

Arbeit an »Bildern, die kamen«; Arbeit an ihrem Sinn-für-dich, zunächst nur für dich, nicht für andere – die deshalb so faszinieren, *weil* du sie nicht gemacht hast, weil sie »dir kamen«. *Wie* du sie betrachtest, mit ihnen in Beziehung trittst – mit diesen Bildern –, ist dann entscheidend: für jede weitere Zeile. Nein – alles entscheidend.

Am Morgen nach dem Traum, in dem mir Lou erschienen war, rief ich sofort im Pflegeheim an. Lou hörte meine Stimme, da bin ich mir sicher – aber er brachte kein einziges Wort mehr heraus, keuchte nur immer wieder. Schließlich – hilflos und wütend zugleich, schien mir – legte er den Hörer beiseite. Einige Minuten lang blieb ich am Apparat, dachte, er würde wiederkommen, bis mir klar wurde, daß ich ihn bei seinen Qualen belauschte ... Daß Lou glaubte, den Hörer längst aufgelegt zu haben. Glaubte, allein zu sein. Ich hörte ihn im Zimmer umhergehen, stockend, näher, entfernter, um Atem ringend, fürchterlich hustend – schmerzvolle Versuche, seine Lungen von irgendwelchem Zeug zu befreien ... Tags darauf starb er.

Tauchte aber nochmals auf. Wie immer, wenn ein Mensch, der uns viel bedeutet hat, stirbt, und wir Zeichen finden von ihm.

Als ich auf Apartmentsuche in Santa Monica unterwegs war, wollte man mir eine Wohnung zeigen. Sehr klein sei sie, hieß es. Vor der Treppe zum Apartment stand ein Baum.

»Und das ist ein ...?« fragte ich, als ich am Fuß der Treppe stand, die Wohnung noch nicht gesehen hatte.

»Ein Feigenbaum« sagte Deborah, die Vermieterin. *Die* Sorte sei allerdings rar geworden, meinte sie. Leute kämen von fernher, wenn dieser Baum Feigen trägt.

»Ein *brown turkey fig tree* ist das«, sagte Deborah.

Hier stand er vor mir, der Baum, den ich selbst nie gesehen hatte, der Feigenbaum, der in der Mitte von Lous altem Garten in Hollywood stand – der Baum, von dem er den Zweig gebrochen, geraubt-gerettet, zu mir zurückgebracht hatte.

»Wenn du den in eine Flasche Wasser stellst«, hatte Lou damals gesagt, als ich viel zu aufgeregt war zu verstehen, »dann treibt er dir Wurzeln.«

»That's right, that's it«, habe ich zu Deborah gesagt, stieg die Treppe nach oben und zog noch am selben Tag in meine neue Wohnung in Santa Monica ein.

Am ersten Januar 2004 wollte ich mich mit einem befreundeten Paar, Meahan und Nina, am Strand treffen. Ich fand sie zunächst nicht. Am ersten Tag des Jahres war der Strand um den Santa Monica Pier voller Familien, Latinos, Chinesen, Japaner, Russen, Koreaner, Armenier, manche in die Sandburgen, Türme und Wassergräben ihrer Kinder verliebt, andere robbenmäßig hingefläzt, dösend oder kosend, ohne Sicht auf das Drama der bis zum Hals Vergrabenen fünf Schritte hinter ihnen, andere wieder, an mir vorbeigezerrt, schreiend, die Arme nach mir ausstreckend, von klitschnassen Verschwörern in die Brandung geworfen. Dazwischen staksten Touristen, auf die Uhr schauende, Landkarten konsultierende, vespernde deutsche, auch zwei bestohlene französische, von Amerikanern getröstete, in den Arm genommene *hitchhikers* – denen ein Rucksack am Strand – sie hatten ihn »j'sais pas où« abgestellt, um bis zu den Knien in den Pazifischen Ozean zu waten – abhanden gekommen war.

Es war schon halb vier, als ich, an einer etwas stilleren

Stelle des Strands, das Handy in meiner Tasche klingeln hörte.

Sie müßten irgendwo in der Nähe sein, sagte Pete.

Ich sagte: »Ja, ich müßte auch irgendwo in der Nähe sein. Seht ihr mich?«

»Wir sehen dich nicht«, hieß es.

»Wo seid ihr?«

»Hier, hier sind wir.«

»Ja, ich weiß, aber...«

»Wir winken! Siehst du uns nicht? Wir sehen dich.«

Sie hatten den Übergang über den Pacific Coast Highway Ecke Idaho genommen, um zum Strand zu kommen. Ich hatte sie ein Meile weiter südlich am Pier erwartet, war aber beim Suchen den Strand hinauf weitergetrottet, vorbei an Perry's blauer Bude, und jetzt etwa auf der Höhe des ehemaligen Strandhauses von Peter Lawford angekommen, in dem Kennedy und Marilyn Monroe sich während ihrer Affaire 60/61 getroffen hatten.

»Kein guter Treffpunkt für Demokraten«, meinte Meahan, deutete dabei aber in eine andere Richtung: auf den erzkonservativen »Jonathan Club« hinterm Speedway. Reagan sei dort früher ein- und ausgegangen.

Vor den in Reih und Glied aufgestellten Sonnenstühlen und -liegen des Clubs musizierte auf einem bunten Podest eine Band – natürlich mit Rücken zum Strandvolk –, spielte den republikanischen Millionärsfamilien ominös auf. Nein, nicht »Happy Together« von den Turtles, sondern – man sang, man klatschte und ließ zum Viervierteltakt klatschen –:

We all live in a yellow submarine,
Yellow submarine, yellow submarine.

Ich schrieb damals an »Reiter auf dem Sturm«, der dritten Geschichte von »Starlite Terrace«, und empfand es als *synchronicity*, unter dem Bild – in das alle, die »zum Club gehören«, einstimmten, sich *immer* einstimmen lassen – ein anderes auftauchen zu sehen. Ist es Naivität – a life of ease, another day in paradise –, die uns blind dafür macht, daß das Bild vom Ungeheuer »Arche«, der Weltkatastrophe der Archenzeit nämlich, unterm Schunkellied vom »gelben Unterseeboot« mitzieht, herbeibeschworen im selben Viervierteltakt »Maß hält«, bevor es auftaucht, die Wasser teilt und das Maß unserer Unbewußtheit maßlos zerbricht?

»He acts it as life before he apprehends it as truth« – sagt Emerson vom Menschen: Er lebt die Antwort – die Antwort »auf jene Fragen, denen er nachzuspüren vermag« –, *bevor* er sie als Wahrheit begreift.

As we live a life of ease,
everyone of us has all we need,
sky of blue and sea of green,
in our yellow submarine.

Wir überquerten den Strand zum Wasser hin, wo man die Band nicht mehr hören konnte, waren froh, daß es mit dem Wiedersehen ehemaliger Nachbarn geklappt hatte. Meahan, der Ire aus der Bronx, war ein paar Jahre nach dem Tod seiner Frau Nancy aus unserem Apartmentgebäude im Valley nach Santa Monica umgezogen, hatte Jahre später die viel jüngere Frau, Nina, »a Chinese-American«, geheiratet. Ich war ihm quasi nachgezogen, hatte ihn jetzt, zufällig, in dieser Stadt am Meer, wieder als Nachbarn; sie wohnten nur zwei Straßen weiter.

Wir setzten uns auf die Sandböschung, vor der die auslaufenden Wellen ihre Netze warfen, sprachen über das alte Valley, die grandiosen Sonnenuntergänge dort – die Chemie-Partikel in der Luft, die malerisch mitmischten –, und irgendwann kam die Rede nochmals auf Nancy, Meahans verstorbene Frau. Meahan erzählte von einem Bild, das er 1992 nach einem Traum gemalt hatte. Im Traum hatte er den Tod riesengroß am Himmel über dem Meer gesehen: mit seinen schwarzen Flügeln alles bedeckend, auch den Strand, auf dem wir jetzt saßen. Sein Traum sei zu einem Zeitpunkt gekommen, als weder er noch Nancy von der Aids-Diagnose ahnten, die ihr ein Jahr darauf gestellt wurde. Nancy bat ihn dann, das Bild zu übermalen; sie wollte es während ihrer letzten Wochen so nicht in der Wohnung haben. Und Meahan hat es dann übermalt.

Wir schwiegen eine Weile, und Nina nahm ihren Mann in den Arm.

Ich wollte ihm sagen – schwieg aber Gott sei Dank – wollte ihm sagen, daß dasselbe Motiv, das Bild, das er in seinem Traum gesehen hatte, auch Murnaus »Faust« eröffnet (»Faust« war 1926 Murnaus letzter Film in Deutschland gewesen; der letzte vor dem amerikanischen »Sunrise«). Das Stummfilmbild Murnaus im »Faust« zeigt eine *nigredo* (eine Schwärzung des Stoffs, der gewandelt werden soll): Mephistopheles, riesig am Himmel, breitet seinen Mantel über die ins Dunkel sinkende Stadt.

Aber was sollte ich Meahan damit? Ich schwieg, denn er hatte das ja alles *erfahren*.

»Hab einen Sonnenuntergang daraus gemacht, als ich's dann übermalte«, sagte Meahan plötzlich. »Ich muß verrückt gewesen sein. War ich ja auch, wußte manchmal nicht mehr, wo mir der Kopf stand. Und Nancy, *God bless her*, hat ihn dann noch gelobt, meinen ›Sonnenuntergang‹!«

Als die Sonne im Ozean zu verschwinden begann – wir waren quer über den Strand zurückspaziert, waren schon auf dem Speedway, der Jonathan Club hinter uns, da erzählte ich beiden von »Le Rayon Vert«, einem Film von Eric Rohmer, der einer neurotischen Pariserin an einen Strandort folgt, wo sie ein paar ruhige Ferientage verbringen soll. Der Name der französischen Schauspielerin fiel mir nicht mehr ein, aber ich hielt ihre Nervosität damals aus – das Hin und Her, ihre Unfähigkeit, sich zu entscheiden, was und wohin sie eigentlich wollte –, weil sie einer ehemaligen Freundin ähnlich sah, von der ich gern wieder gehört hätte. Hier war sie zu sehen, die Freundin, quasi von Rohmer besetzt, hilflos am Strand. Jemand – ich glaube, es war ein junger Mann im Zug, hatte ihr geraten, beim Sonnenuntergang am Strand unbedingt auf den »rayon vert« zu warten, den grünen Strahl, das »grüne Leuchten«, das sich da einstellen werde, ganz am Schluß.

»Ein grüner Strahl?« meinte Meahan, davon habe er noch nie gehört. Das gebe es wohl nur in Frankreich, *over there in »Can-Can-land«*.

»Müßte auch hier möglich sein«, sagte ich und erklärte, so gut ich konnte, die physikalischen Hintergründe des Phänomens.

Meahan und Nina hörten mir zu, als sei es verrückte »fiction«, eben: Kino – nein, noch verrückter: *französisches* Kino, von dem ich da erzählte.

»Le Rayon Vert«, lachte Meahan.

»Nein-nein«, sagte ich, es sei wahr, keine Erfindung der Franzosen. Im Film warte die Schauspielerin ganz lange darauf – ich vergaß sogar, daß sie meiner Freundin ähnlich sah, weil ich *auch* darauf wartete und, wie sie, mein Augenmerk auf die untergehende Sonne gerichtet hatte, den *rayon vert* sehen wollte. Und dann sei er, ganz kurz, auch zu sehen gewesen, am Ende des Films.

»Sure«, grinste Meahan und sah mich an, als wolle er sagen: Na, hör mal, *wie* lange lebst du jetzt schon in Hollywood?

»Könnte ein Trick gewesen sein«, meinte Nina, die, diplomatisch, nur zu bedenken gab, statt mir zu widersprechen.

»Das war ein Filter«, konstatierte Meahan, »ist doch klar.« Er habe hier in Santa Monica schon hunderte prächtiger Sonnenuntergänge gesehen. »Hunderte sicher, nicht wahr, Nina? Fünf- bis sechshundert, schätze ich mal«, sagte er. »Und zu jeder Jahreszeit. Aber nie einen...« – Meahan sprach die Silben genüßlich, als bestelle er Dessert: »... Le rayon vert«.

»Es ist aber«, sagte ich, »wenn man's bedenkt, eine schöne Vorstellung – wenigstens *das*, müßt ihr zugeben –, ein ungeheurer Einfall Rohmers, daß es nämlich... vor dem völligen Dunkel... noch einmal grünt, noch einmal grünen könnte. Wie ein letztes Versprechen ist das, ein Versprechen im Augenblick der Auflösung, des Untergangs. Die Alchemisten hatten das Grün, wenn sie es am Stoff in ihrer Retorte entdeckten, als *benedicta viriditas* bezeichnet – als ›gesegnetes Grün‹ – weil es nach der Schwärzung kam, nach tiefster Depression, und anzeigte, daß dem Alchemisten eine Wandlung gelungen war, Hoffnung, aus langer Nacht geboren, und das Werk nun gesegnet war.«

Als wir dabei waren, den Strand zu verlassen – auf jene Brücke zu, die über den Highway zur Idaho hinauf auf die Bluffs führte, hielten wir doch noch: den roten Ball gänzlich versinken zu sehen.

Was ich erzählt hatte, ging ihnen durch den Kopf, das war zu spüren. Denn als der Sonnenuntergang sich dem Ende näherte, blieben sie stehen, warteten, auch die letzten Sekunden nicht zu versäumen. Ich glaube, sie warteten, um zu sehen, ob sie ein Leben lang etwas versäumt haben könnten... Warteten, um zu sehen – würde ich heute sagen –, ob wir ein Leben lang etwas gelebt haben könnten, die verschlüsselte Antwort auf eine Frage *gelebt* haben könnten, um sie jetzt, endlich, als Wahrheit zu begreifen.

Und da, in der letzten Sekunde vor dem völligen Eintauchen der Sonne im Meer, erschien er.

Der grüne Strahl.

Er zeigte sich – und ich hörte Nina und Meahan aufschreien vor Freude, wie Kinder.

»Cool, cool, so cool!« rief Nina.

Meahan war sprachlos, ein wenig bleich im Gesicht, als hätte ich gezaubert.

»Mann, jetzt bin ich sechzig. Sechzig Jahre alt! Aber sowas... hab ich noch nie gesehen.«

Könnte man also vom Kino doch lernen? Und nicht nur Kino?

Dann wäre Hoffnung auf künftige Sonnenaufgänge, wäre Sicht auf die *ultima viriditas*, das letzte Grün, dessen Segen durchs Dunkel des Untergangs führt.

Is it true? hat man Orson Welles oft gefragt – und der Zauberer in ihm war angesprochen, das war klar.

Die Psyche aber »zaubert« nicht. Die Natur zaubert nicht.

It's all *true*.

Anmerkungen

I Im Augenblick

Rede zum Literaturpreis der Konrad-Adenauer-Stiftung; Weimar, 22. 6. 2003. Abgedruckt in FAZ vom 19. 7. 2003. u. KAS-Broschüre »Literaturpreis 2003«. In diesem Band mit wenigen Änderungen.

II Traum und Alchemie

Erste Vorlesung der Heidelberger Poetikdozentur, 28. 10. 2004

1 Koagulieren: verfestigen. – In seiner Einleitung zu »Anatomy of the Psyche« schreibt Edinger: »Wie Jung gezeigt hat, ist die alchemistische Symbolik größtenteils ein Produkt der unbewußten Psyche. (...) Was die Alchemie für die Psychotherapie so wertvoll macht, ist, daß ihre Bilder die Wandlungserfahrungen konkretisieren, die man in der Psychotherapie durchlebt. Im ganzen genommen, bietet die Alchemie eine Art Anatomie der Individuation.«

2 Die Stelle bei C. G. Jung lautet: »Wenn der projizierte Konflikt geheilt werden soll, so muß er in die Seele des Einzelnen zurückkehren, wo er unbewußterweise seinen Anfang genommen hat. Wer dieses Unterganges Herr werden will, der muß ein Abendmahl mit sich selber feiern und sein eigenes Fleisch und Blut essen und trinken, das heißt in sich den anderen erkennen und annehmen können. Bleibt er aber bei seiner Einseitigkeit, so werden sich zwei Löwen gegenseitig zerreißen. Das ist wohl der Sinn der Lehre Christi, daß einer seine Kreuzeslast auf sich nehme. Wenn aber einer sich selbst zu tragen hat, wie wird er einen anderen noch zerreißen können?«
Carl Gustav Jung: Mysterium Coniunctionis. Untersuchungen über die Trennung und Zusammensetzung der seelischen Gegensätze in der Alchemie. In: Carl Gustav Jung: Gesammelte Werke. Solothurn, Düsseldorf 1995. Bd. 14/2, S. 119-120.

III Suspense

Zweite Vorlesung der Heidelberger Poetikdozentur, 4. 11. 2004

3 Die Endsequenz von »City Lights« wird in »Meine Reise zu Chaplin«(S. 57-65) nacherzählt.

4 Siehe die dritte der Frankfurter Poetikvorlesungen (»Ins Tal der Schatten«, S. 77-111).

5 Diese Endsequenz (ohne die Hauptdarsteller) – die meine Erinnerung hier enorm verkürzt und im faktischenDetail auch verfälscht – dauert bei Antonioni ganze sieben Minuten. Ich habe meine Zeilen im nachhinein dennoch nicht korrigiert, weil es mir in der Vorlesung um die Vermittlung des Eindrucks ging, den jenes Ende in mir hinterließ. An diesem Eindruck hat sich auch heute – die DVD der »Criterion Collection« erschien in den USA am 15. 3. 2005 – nichts wesentlich verändert.

IV Sonnenuntergang

Dritte Vorlesung der Heidelberger Poetikdozentur, 11. 11. 2004

6 Natürlich läßt sich mein Traum von Lou auch auf der Subjekt-Stufe interpretieren. »Lou« wäre dann ein Aspekt des »Rex«, der bis dato in mir bestimmend gewesen war, nun aber »am Ende« ist, seinen Umschlag an die Anima abgibt, ein »Manuskript« hinüberreicht – *for safekeeping* im Unbewußten. Das könnte anspielen auf »Starlite Terrace«, das Buchprojekt, das ich damals – des Umzugs wegen – unterbrechen mußte; das also »sicher aufgehoben« sein sollte. Die Dominante, die abdankt – »Lou« – ist stark mit meiner Zeit im Valley assoziiert, mit über 20 Jahren Leben in einem Apartment-Komplex, der dem in »Starlite Terrace« ähnelt. »Lou« muß abdanken, muß »sterben« – das wäre der Traumgedanke, der meine bewußte Einstellung, die sich nostalgisch ans Valley, an mein altes Leben klammern will, kompensierend korrigiert. Diese Interpretation ist eben *auch* möglich. Sie verstünde das Hinüberreichen des Wertes an die Anima, an das Unbewußte, als Bild für den Beginn einer Zeit vor der Wiederaufnahme der konzentrierten Arbeit am Buch, einer Phase, während der »das Manuskript« aufbewahrt würde – im Unbewußten. Aber auch die Interpretation auf der Objektstufe hat Gewicht: Lou Sederman verstarb tatsächlich kurz nach meinem Traum. Das Unbewußte, hieße das, drückt hier *beide Wirklichkeitsebenen gleichzeitig* aus: meine innere Realität und die Wirklichkeit außen: in ein und demselben Bild.

7 In Joan Osbournes Song »If God was One of Us« lautet die Stelle: What if God was one of us / Just a slob like one of us / Just a stranger on the bus / Trying to make his way home.

Literaturhinweise

He Kaine Diatheke / Novum Testamentum / Das Neue Testament / The New Testament. Hg. von: Carl G. W. Theile. Zürich 1981 [Nachdruck der Ausgabe von 1858].

Die Schrift. Aus dem Hebräischen von Martin Buber und Franz Rosenzweig. 4 Bde. Stuttgart 1992.

Das Neue Testament. Übersetzt von Friedolin Stier. München 1989.

Abt, Theodor: Interpretation of the Amduat in the Light of Alchemy. Vorlesungen am Forschungs- und Ausbildungszentrum für Tiefenpsychologie St. Niklausen 1998 - 2000 [unveröffentlicht].

Abt, Theodor: The Great Vision of Muhammad Ibn Umail. A supplement to Psychological Perspectives. Published by the C. G. Jung Institute of Los Angeles 2003.

Abt, Theodor/Hornung, Erik: Knowledge for the Afterlife. The Egyptian Amduat. A Quest for Immortality. Zürich 2003.

Augustinus, Aurelius: Bekenntnisse. Zweisprachige Ausgabe. Aus dem Lateinischen von Joseph Bernhart. Frankfurt a. M. 1987.

The Beatles Lyrics. Introduction by Richard Brautigan. New York 1975.

Birkhäuser, Peter: Licht aus dem Dunkel. Die Malerei von Peter Birkhäuser. Hg. von Kaspar Birkhäuser und Eva Wertenschlag. Basel, Boston, Berlin 1991.

Bogdanovich, Peter: Who the devil made it. New York 1997.

Edinger, Edward F.: The Creation of Consciousness: Jung's Myth for Modern Man. Toronto 1984. [Dt.: Schöpferisches Bewußtwerden. C. G. Jungs Mythos für den modernen Menschen. München 1986.]

Edinger, Edward F.: Anatomy of the Psyche: Alchemical Symbolism in Psychotherapy. La Salle, Illinois 1985. [Dt.: Der Weg der Seele. Der psychotherapeutische Prozeß im Spiegel der Alchemie. München 1990.]

Edinger, Edward F.: The Eternal Drama. The Inner Meaning of Greek Mythology. Hg. von: Deborah A. Wesley. Boston 1994.

Edinger, Edward F.: Archetype of the Apocalypse. A Jungian study of the book of Revelation. La Salle, Illinois 1999.

Emerson, Ralph Waldo: Essays. Übersetzt von Harald Kiczka. Zürich 1982.

Eisner, Lotte: Murnau. Berkeley, Los Angeles 1973.

Franz, Marie-Louise von: Das Weibliche im Märchen. Stuttgart 1977.

Franz, Marie-Louise von: Alchemy. An Introduction to the Symbolism and the Psychology. Toronto 1980.

Franz, Marie-Louise von: Die aktive Imagination in der Psychologie C. G. Jungs. In: Marie-Louise von Franz: Psychotherapie. Erfahrungen aus der Praxis. Einsiedeln 1988.

Franz, Marie-Louise von: Psyche und Materie in Alchemie und moderner Wissenschaft. In: Marie-Louise von Franz: Psyche und Materie. Einsiedeln 1988.

Franz, Marie-Louise von: Über religiöse Hintergründe des Puer-Aeternus Problems. In: Marie-Louise von Franz: Psychotherapie. Erfahrungen aus der Praxis. Einsiedeln 1988.

Franz, Marie-Louise von: Der verwandelte Berserker. In: Marie-Louise von Franz: Archetypische Dimensionen der Seele. Einsiedeln 1994.

Franz, Marie-Louise von: Der Individuationsprozess. In: Marie-Louise von Franz: Archetypische Dimensionen der Seele. Einsiedeln 1994.

Franz, Marie-Louise von: C. G. Jung. Sein Mythos in unserer Zeit. Zürich, Düsseldorf 1996.

Franz, Marie-Louise von: Traum und Tod. Was uns die Träume Sterbender sagen. Zürich, Düsseldorf 1999.

Goethe, Johann Wolfgang: Novelle. In: Johann Wolfgang Goethe. Sämtliche Werke. Briefe, Tagebücher und Gespräche. I. Abteilung Bd. 8 [= Die Leiden des jungen Werthers. Die Wahlverwandtschaften. Kleine Prosa. Epen]. Hg. von Waltraud Wiethölter. Frankfurt a. M. 1994. S. 533-555.

Graves, Robert: The Greek Myths. 2 Bde. Baltimore, Maryland 1960. [Dt.: Griechische Mythen. Quellen und Deutung. 2 Bde. Reinbek bei Hamburg 1960.]

Hannah, Barbara: Begegnungen mit der Seele. Aktive Imagination. München 1985.

Isler, Gotthilf: Die Sagen vom Wilden Jäger und von der Wilden Jagd im Alpengebiet. Eine psychologische Annäherung. Küsnacht 1996 [= Jungiana A, Bd. 6].

Isler, Gotthilf: Lumen Naturae. Zum religiösen Sinn von Alpensagen. Vorträge und Aufsätze. Küsnacht 2000.

Jung, Carl Gustav: Gesammelte Werke. Bde. 1-20. Solothurn, Düsseldorf 1995.
- Symbole der Wandlung. GW 5
- Typenlehre. Und: Definitionen. GW 6
- Synchronizität als ein Prinzip akausaler Zusammenhänge. GW 8
- Aion. Beiträge zur Symbolik des Selbst. GW 9/2
- Wotan. GW 10
- Antwort auf Hiob. GW 11.
- Psychologie und Alchemie. GW 12
- Mysterium Coniunctionis. GW 14/1, 14/2
- Über die Grundlagen der analytischen Psychologie. Tavistock-Lectures. GW 18/1.
- Das Symbolische Leben. GW 18/1

Jung, Carl Gustav: Visions. Notes of the Seminar given 1930-1934. Hg. von C. G. Jung. 2 Bde. Princeton University Press, 1997 [Bollingen Series XCIX].

Jung, Carl Gustav: Traumanalyse. Nach Aufzeichnungen der Seminare 1928 bis 1930. Hg. von William McGuire. Übersetzt von Brigitte Stein. Olten, Freiburg i. Br. 1991.

Jung, Carl Gustav, Franz, Marie-Louise von, Henderson, Joseph L., Jacobi, Jolande, Jaffé, Aniela: Der Mensch und seine Symbole [1968]. Zürich, Düsseldorf [16]2003.

C. G. Jung im Gespräch. Interviews, Reden, Begegnungen. Hg. von Robert Hinshaw und Lela Fischli. Zürich 1986.

Erinnerungen, Träume, Gedanken von C. G. Jung. Hg. von Aniela Jaffé. Düsseldorf 1997.

C. G. Jung: Briefe in drei Bänden. Hg. von Aniela Jaffé. Olten, Freiburg i. Br. 1990.

Jung, Emma, Franz, Marie-Louise von: Die Gralslegende in psychologischer Sicht. Zürich 1997.

Mayer, Carl: Sunrise – A Song of Two Humans (Sonnenaufgang – Lied von zwei Menschen). Drehbuch mit handschriftlichen Bemerkungen von Friedrich Wilhelm Murnau [Fotomechan. Nachdruck]. Hg. vom Deutschen Institut für Filmgeschichte. Wiesbaden 1971.

Patai, Raphael: The Messiah Texts. New York 1979.

Schrader, Paul: Transcendental Style in Film. Berkeley 1972.

Tolstoj, Leo N.: Der Tod des Iwan Iljitsch. Aus dem Russischen von Gisela Drohla. Frankfurt a. M. 1985.

Truffaut, François: Hitchcock/Truffaut. Revised edition. New York 1984 [Dt.: Hitchcock. München 1999].

Wertenschlag-Birkhäuser, Eva: Fenster zur Ewigkeit. Die Malerei von Peter Birkhäuser. Eine tiefenpsychologische Deutung. Küsnacht 2001.

Wilder, Thornton: Three Plays. Our Town, The Skin of our Theeth, The Matchmaker. New York 1976.

Filmographie (Zu »Ins Tal der Schatten« und »Zur Stadt am Meer«)

A Place in the Sun. [*Ein Platz an der Sonne*] US 1951. 122 Min. Schwarzweiß. Regie: George Stevens. Buch: Michael Wilson, Harry Brown, nach dem Roman »An American Tragedy« von Theodore Dreiser. Kamera: William C. Mellor. Musik: Franz Waxman. Darsteller: Montgomery Clift, Elizabeth Taylor, Shelley Winters, Anne Revere.

All About Eve. [*Alles über Eva*] US 1950. 138 Min. Schwarzweiß. Regie und Buch: Joseph L. Mankiewicz. Kamera: Milton Krasner. Musik: Alfred Newman. Darsteller: Bette Davis, George Sanders, Anne Baxter, Celeste Holm, Thelma Ritter, Marilyn Monroe.

City Lights. [*Lichter der Großstadt*] US 1931. 87 Min. Schwarzweiß. Stummfilm. Regie, Buch und Musik: Charles Chaplin. Kamera: Rollie Totheroh. Darsteller: Charles Chaplin, Virginia Cherrill, Florence Lee, Harry Meyers.

Cops. US 1922. 20 Min. Schwarzweiß. Stummfilm. Regie und Buch: Buster Keaton. Darsteller: Buster Keaton, Virginia Fox.

Dial M for Murder. [*Bei Anruf Mord*] US 1954. 105 Min. Farbe. Regie: Alfred Hitchcock. Buch: Frederick Knott nach seinem Stück. Kamera: Robert Burks. Musik: Dimitri Tiomkin. Darsteller: Ray Milland, Grace Kelly, Robert Cummings.

Faust. Deutschland 1926. 116 Min. Schwarzweiß. Stummfilm. Regie: F. W. Murnau. Buch: Hans Kyser nach J. W. Goethe u. Christopher Marlowe. Kamera: Carl Hoffmann. Darsteller: Emil Jannings, Gösta Ekman, Camilla Horn, Yvette Guilbert, William Dieterle.

High Noon. [*Zwölf Uhr mittags*] US 1952. 85 Min. Schwarzweiß. Regie: Fred Zinnemann. Buch: Carl Foreman, nach der Geschichte »The Tin Star« von John W. Cunningham. Kamera: Floyd Crosby. Musik: Dimitri Tiomkin. Darsteller: Gary Cooper, Grace Kelly, Thomas Mitchell, Lloyd Bridges, Katy Jurado, Otto Kruger, Lon Chaney, Henry Morgan.

Il Vangelo Secondo Matteo. [*Das 1. Evangelium Matthäus*] Italien/ Frankreich 1964. 142 Min. Schwarzweiß. Regie und Buch: Pier Paolo

Pasolini. Kamera: Tonino delli Colli. Musik: Bach, Mozart, Prokofiev. Darsteller: Enrique Irazoqui, Susanna Pasolini, Mario Socrate.

It's All True. 1942. Schwarzweiß und Farbe. Unvollendeter Episodenfilm von Orson Welles, den er nach Abschluß der Dreharbeiten zu »The Magnificent Ambersons« (1942) in Brasilien zu drehen begann.

It's All True – Based on an unfinished film by Orson Welles. US 1993. 87 Min. Schwarzweiß und Farbe. Regie: Richard Wilson, Myron Meisel, Bill Krohn.

Key Largo. [*Gangster in Key Largo*] US 1948. 101 Min. Schwarzweiß. Regie: John Huston Buch: Richard Brooks, John Huston Kamera: Karl Freund. Musik: Max Steiner. Darsteller: Humphrey Bogart, Lauren Bacall, Claire Trevor, Edward G. Robinson, Lionel Barrymore, Thomas Gomez, Marc Lawrence.

Khaneh-ye doost kojast? [*Wo ist das Haus meines Freundes?*] Iran 1989. Regie und Buch: Abbas Kiarostami. Kamera: Farhad Saba. Musik: Amine Allah Hessine. Darsteller: Babek Ahmed Poor, Ahmed Ahmed Poor, Kheda Barech Defai, Iran Outari, Ait Ansari, Mohamed Hocine Rouhi.

L'Eclisse. [*Liebe 1962*] Italien/Frankreich 1962. 125 Min. Schwarzweiß. Regie: Michelangelo Antonioni. Buch: Antonioni und Tonino Guerra, Elio Bartolini, Ottiero Ottieri. Kamera: Gianni di Venanzo. Musik: Giovanni Fusco. Darsteller: Monica Vitti, Alain Delon, Francisco Rabal.

Le Rayon Vert. [*Das Grüne Leuchten*] Frankreich 1985. 98 Min. Farbe. Regie: Eric Rohmer. Buch: Marie Riviere, Eric Rohmer. Kamera: Sophie Maintigneux. Musik: Jean-Louis Valero. Darsteller: Marie Riviere, Amira Chemakhi, Sylvie Richez, Lisa Heredia, Basile Gervaise, Virginie Gervaise.

My Darling Clementine. [*Tombstone*] US 1946. 98 Min. Schwarzweiß. Regie: John Ford. Buch: Samuel G. Engel, Winston Miller, nach dem Buch »Wyatt Earp, Frontier Marshal« von Stuart N. Lake. Kamera: Joe MacDonald. Musik: Cyril Mockridge. Darsteller: Henry Fonda, Victore Mature, Walter Brennan, Linda Darnell, Cathy Downs, Tim Holt, Ward Bond, Alan Mowbray, John Ireland, Jane Darwell.

Nostalghia. Italien 1983. 126 Min. Farbe. Regie: Andrej Tarkovskij. Buch: Andrej Tarkovskij, Tonino Guerra. Kamera: Guiseppe Lanci. Darsteller: Oleg Jankovsky, Erland Josephson, Domiziana Giordano.

Our Town. [*Unsere kleine Stadt*] US 1940. 90 Min. Schwarzweiß. Regie: Sam Wood. Buch: Thornton Wilder, Frank Craven, Harry Chantlee, nach T. Wilders Bühnenstück. Kamera: Bert Glennon. Musik: Aaron Copland. Darsteller: Frank Craven, William Holden, Martha Scott, Thomas Mitchell, Fay Bainter, Guy Kibbee, Beulah Bondi, Stuart Erwin.

Our Town. US 2003. 120 Min. Farbe. PBS Pictures. Regie: James Naughton. Buch: Thornton Wilder. Kamera: Phil Abraham. Musik: John Oddo. Darsteller: Paul Newman, Maggie Lacey, Ben Fox, Frank Converse, Jayne Atkinson, Jeffrey DeMunn, Jane Curtin, Stephen Spinella, Mia Dillon.

Rear Window. [*Das Fenster zum Hof*] US 1954. 112 Min. Farbe. Regie: Alfred Hitchcock. Buch: John Michael Hayes, nach einer Novelle von Cornell Woolrich. Kamera: Robert Burks. Musik: Franz Waxman. Darsteller: James Stewart, Grace Kelly, Wendell Corey, Thelma Ritter, Raymond Burr.

Sabotage. GB 1936. 77 Min. Schwarzweiß. Regie: Alfred Hitchcock. Buch: Charles Bennett nach »The Secret Agent« von Joseph Conrad. Kamera: Bernhard Knowles. Musik: Louis Levy. Darsteller: Sylvia Sidney, Oscar Homolka, Desmond Tester, John Loder.

Smultronstället. [*Wilde Erdbeeren*] Schweden 1957. 93 Min. Schwarzweiß. Regie und Buch: Ingmar Bergman. Kamera: Gunnar Fischer. Musik: Erik Nordgren. Darsteller: Victor Sjöström. Ingrid Thulin, Gunnar Björnstrand, Bibi Anderson.

Sunrise. US 1927. 97 Min. Schwarzweiß. Stummfilm. Regie: F. W. Murnau. Buch: Carl Meyer nach Hermann Sudermanns Novelle »Die Reise nach Tilsit«. Kamera: Karl Struss, Charles Rosher. Darsteller: Janet Gaynor, George O'Brien, Margaret Livingston.

The Dead. [*Die Toten*] GB 1987. 83 Min. Farbe. Regie: John Huston. Buch: Tony Huston, nach der gleichnamigen Kurzgeschichte in »Dubliners« von James Joyce. Kamera: Fred Murphy. Musik: Alex North. Darsteller: Anjelica Huston, Donal McCann, Rachel Dowling, Cathleen Delany, Dan O'Herlihy, Helena Carroll, Donal Donnelly.

The Magnificent Ambersons. [*Der Glanz des Hauses Amberson*] US 1942. 88 Minuten. Schwarzweiß. Regie und Buch: Orson Welles nach dem Roman von Booth Tarkington. Kamera: Stanley Cortez. Musik: Bernard Herrmann. Darsteller: Joseph Cotton, Dolores Costello, Agnes Moorehead, Tim Holt, Anne Baxter, Ray Collins, Richard Bennett, Erskine Sanford, Donald Dillaway.

The Maltese Falcon. [*Der Malteser Falke*] US 1941. 101 Min. Schwarzweiß. Regie und Buch: John Huston. Kamera: Arthur Edeson. Musik: Adolph Deutsch. Darsteller: Humphrey Bogart, Mary Astor, Sidney Greenstreet, Elisha Cook Jr., Barton MacLane, Lee Patrick, Peter Lorre, Gladys George, Ward Bond, Jerome Cowan.

The Matrix. US 1999. 136 Min. Farbe. Regie und Buch: Andy Wachowski, Larry Wachowski. Kamera: Bill Pope. Musik: Paul Barker, Don Davis. Darsteller: Keanu Reeves, Laurence Fishburne, Carrie-Anne Moss, Hugo Weaving, Gloria Foster, Joe Pantoliano, Marcus Chong.

The Treasure of the Sierra Madre. [*Der Schatz der Sierra Madre*] US 1948. 126 Min. Schwarzweiß. Regie und Buch: John Huston, nach dem Roman von B. Traven. Kamera: Ted McCord. Musik: Max Steiner. Darsteller: Humphrey Bogart, Walter Huston, Tim Holt, Alfonso Bedoya, John Huston, Bruce Bennett, Barton MacLane.

The Wrong Man. [*Der falsche Mann*] US 1957. 107 Min. Schwarzweiß. Regie: Alfred Hitchcock. Buch: Maxwell Anderson, Angus McPhail, nach »The True Story of Christopher Emmanuel Balestrero« von Maxwell Anderson. Kamera: Robert Burks. Musik: Bernard Herrmann. Darsteller: Henry Fonda, Vera Miles, Anthony Quale, Harold J. Stone, Esther Minciotti.

Vertigo. [*Aus dem Reich der Toten*] US 1958. 128 Min. Farbe. Regie: Alfred Hitchcock. Buch: Alec Coppel, Samuel Taylor, nach dem Roman »D'entre les morts« von Boileau und Narcejac. Kamera: Robert Burks. Musik: Bernard Herrmann. Darsteller: James Stewart, Kim Novak, Barbara Bel Geddes, Tom Helmore.

Inhalt

Der Autor dankt Kaspar Birkhäuser für die großzügige Unterbringung im Binninger Haus und Atelier Peter Birkhäusers von Juli bis September 2004, für das Refugium beim Freund in der Schweiz während der Arbeit an den Heidelberger Vorlesungen.

Patrick Roth
im Suhrkamp und im Insel Verlag

Corpus Christi. st 3064. 180 Seiten

Ins Tal der Schatten. Frankfurter Poetikvorlesungen. es 2277. 176 Seiten

Johnny Shines oder Die Wiedererweckung der Toten. Seelenrede. Gebunden und st 2783. 163 Seiten

Magdalena am Grab. IB 1234. 56 Seiten

Meine Reise zu Chaplin. Ein Encore. Gebunden und st 3439. 98 Seiten

Die Nacht der Zeitlosen. 152 Seiten. Gebunden. st 3682. 160 Seiten

Resurrection. Die Christus-Trilogie. Riverside – Johnny Shines oder Die Wiedererweckung der Toten – Corpus Christi. Drei Romane in Kassette. Mit Hörkassette »Die L.A. Lesung«. st 3457. 436 Seiten

Riding with Mary. 10mal Sehnsucht. st 3537. 463 Seiten

Riverside. Christusnovelle. st 2568. 93 Seiten

Riverside. Christusnovelle. Text und Kommentar. Kommentar: Grete Lübbe-Grothues. SBB 62. 130 Seiten

Starlite Terrace. 166 Seiten. Gebunden

Zur Stadt am Meer. Heidelberger Poetikvorlesungen. es 2411. 100 Seiten

NF 488/1/2.05

Frankfurter Poetik-Vorlesungen im Suhrkamp Verlag

Die Gastdozentur für Poetik an der Johann Wolfgang Goethe-Universität in Frankfurt/Main wurde zum ersten Mal im Wintersemester 1959/60 vergeben. Erste Dozentin war Ingeborg Bachmann. Diese Tradition wurde 1968 unterbrochen und 1979 vom Suhrkamp Verlag und der Universität mit Uwe Johnson fortgesetzt.

Uwe Johnson. Begleitumstände. Mit Fotografien.
es 1820. 464 Seiten (1979)

Adolf Muschg. Literatur als Therapie? Ein Exkurs über das Heilsame und das Unheilbare. es 1065. 204 Seiten (1979/80)

Peter Rühmkorf. agar agar – zaurzaurim. Zur Naturgeschichte des Reims und der menschlichen Anklangsnerven.
es 1307. 185 Seiten (1980)

Martin Walser. Selbstbewußtsein und Ironie.
BS 1222. 213 Seiten (1980/81)

Paul Nizon. Am Schreiben gehen. Mit Abbildungen.
es 1328. 137 Seiten (1984)

Hermann Lenz. Leben und Schreiben. es 1425. 168 Seiten (1986)

Hans Mayer. »Gelebte Literatur«. es 1427. 119 Seiten (1986/87)

NF 311/1/4.04

Peter Sloterdijk. Zur Welt kommen – Zur Sprache kommen. es 1505. 175 Seiten (1988)

Christoph Meckel. Von den Luftgeschäften der Poesie. es 1578. 119 Seiten (1988/89)

Jurek Becker. Warnung vor dem Schriftsteller. es 1601. 90 Seiten (1989)

Karl Dedecius. Poetik der Polen. es 1690. 135 Seiten (1990/91)

Bodo Kirchhoff. Legenden um den eigenen Körper. Mit Abbildungen. es 1944. 182 Seiten (1994/95)

Dieter Wellershoff. Das Schimmern der Schlangenhaut. Existentielle und literarische Aspekte des literarischen Textes. es 1991. 142 Seiten (1995/96)

Marlene Streeruwitz. Können. Mögen. Dürfen. Sollen. Wollen. Müssen. Lassen. es 2086. 140 Seiten (1997/98)

Hans-Ulrich Treichel. Der Entwurf des Autors. es 2193. 117 Seiten (1999/2000)

Patrick Roth. Ins Tal der Schatten. Mit CD. es 2277. 176 Seiten (2001/2002)

Elisabeth Borchers. Lichtwelten. Abgedunkelte Räume. es 2324. 160 Seiten (2003)

Angela Krauß. Die Gesamtliebe und die Einzelliebe. es 2389. 103 Seiten (2004)

NF 311/2/4.04

Deutschsprachige Gegenwartsliteratur in der edition suhrkamp Eine Auswahl

Paul Brodowsky
- Milch Holz Katzen. es 2267. 72 Seiten

Esther Dischereit
- Joëmis Tisch. Eine jüdische Geschichte. es 1492. 122 Seiten
- Übungen, jüdisch zu sein. Aufsätze. es 2067. 150 Seiten

Dirk Dobbrow
- Alina westwärts / Paradies. Stücke und Materialien. es 3428. 204 Seiten
- Late Night. Legoland. Stücke und Materialien. es 3403. 204 Seiten
- Der Mann der Polizistin. Roman. es 2237. 190 Seiten

Kurt Drawert
- Alles ist einfach. Stück in sieben Szenen. es 1951. 116 Seiten
- Haus ohne Menschen. Zeitmitschriften. es 1831. 120 Seiten
- Privateigentum. Gedichte. es 1584. 138 Seiten
- Rückseiten der Herrlichkeit. Texte und Kontexte. es 2211. 256 Seiten
- Spiegelland. Ein deutscher Monolog. es 1715. 157 Seiten
- Steinzeit. es 2151. 160 Seiten

Oswald Egger
- Herde der Rede. Poem. es 2109. 380 Seiten
- Nichts, das ist. Gedichte. es 2269. 160 Seiten

NF 313/1/5.04

Werner Fritsch
- Aller Seelen. Golgatha. Stücke und Materialien. es 3402. 200 Seiten
- CHROMA. EULEN:SPIEGEL. Stücke und Materialien. es 3419. 201 Seiten
- Es gibt keine Sünde im Süden des Herzens. Stücke. es 2117. 302 Seiten
- Fleischwolf. Gefecht. es 1650. 112 Seiten
- Die lustigen Weiber von Wiesau. Stück und Materialien. es 3400. 189 Seiten
- Schwejk? Hydra Krieg. Stücke und Materialien. es 3437. 224 Seiten
- Steinbruch. es 1554. 53 Seiten

Rainald Goetz
- Celebration. Texte und Bilder zur Nacht. es 2118. 286 Seiten

Dieter M. Gräf
- Rauschstudie. Vater + Sohn. Gedichte. es 1888. 86 Seiten

Durs Grünbein
- Grauzone morgens. Gedichte. es 1507. 93 Seiten
- Warum schriftlos leben? Aufsätze. es 2435. 122 Seiten

Norbert Gstrein
- Anderntags. Erzählung. es 1625. 116 Seiten
- Einer. Erzählung. es 1483 und es 2423. 118 Seiten

Katharina Hacker
- Morpheus oder Der Schnabelschuh. es 2092. 126 Seiten
- Tel Aviv. Eine Stadterzählung. es 2008. 145 Seiten

Johannes Jansen
- Halbschlaf. Tag Nacht Gedanken. es 2380. 85 Seiten

NF 313/2/5.04

- heimat … abgang … mehr geht nicht. ansätze. mit zeichnungen von norman lindner. es 1932. 116 Seiten
- Reisswolf. Aufzeichnungen. es 1693. 67 Seiten
- Splittergraben. Aufzeichnungen II. Mit zahlreichen Abbildungen. es 1873. 116 Seiten
- Verfeinerung der Einzelheiten. Erzählung. es 2223. 112 Seiten

Angela Krauß
- Die Gesamtliebe und die Einzelliebe. Frankfurter Poetikvorlesungen. es 2389. 103 Seiten

Barbara Köhler
- Deutsches Roulette. Gedichte 1984-1989. es 1642. 85 Seiten
- Wittgensteins Nichte. vermischte schriften / mixed media. es 2153. 175 Seiten

Uwe Kolbe
- Abschiede. Und andere Liebesgedichte. es 1178. 82 Seiten

Ute-Christine Krupp
- Alle reden davon. Roman. es 2235. 140 Seiten
- Greenwichprosa. es 2029. 102 Seiten

Christian Lehnert
- Der Augen Aufgang. Gedichte. es 2101. 112 Seiten
- Der gefesselte Sänger. Gedichte. es 2028. 92 Seiten
- Ich werde sehen, schweigen, hören. es 2369. 100 Seiten

Jo Lendle
- Unter Mardern. es 2111. 99 Seiten

Thomas Meinecke
- The Church of John F. Kennedy. Roman. es 1997. 245 Seiten

NF 313/3/5.04

Bodo Morshäuser
- Hauptsache Deutsch. es 1626. 205 Seiten
- Revolver. Vier Erzählungen. es 1465. 140 Seiten
- Warten auf den Führer. es 1879. 142 Seiten

José F. A. Oliver
- fernlautmetz. Gedichte. es 2212. 80 Seiten
- nachtrandspuren. Gedichte. es 2307. 128 Seiten

Albert Ostermaier
- Death Valley Junction. Stück und Materialien. es 3401. 111 Seiten
- Erreger / Es ist Zeit. Abriss. Stücke und Materialien. es 3421. 111 Seiten
- fremdkörper hautnah. Gedichte. es 2032. 100 Seiten
- Herz Vers Sagen. Gedichte. es 1950. 73 Seiten
- Katakomben. Auf Sand. Stücke und Materialien. es 3433. 144 Seiten
- Letzter Aufruf. 99 Grad. Stücke und Materialien. es 3417. 150 Seiten
- The Making Of. Radio Noir. Stücke. es 2130. 192 Seiten
- VATERSPRACHE. es 2436. 60 Seiten

Doron Rabinovici
- Credo und Credit. Einmischungen. es 2216. 160 Seiten
- Österreich. Berichte aus Quarantanien. Herausgegeben von Isolde Charim und Doron Rabinovici. es 2184. 172 Seiten
- Papirnik. Stories. es 1889. 134 Seiten

Ilma Rakusa
- Love after Love. Gedichte. es 2251. 68 Seiten

Patrick Roth
- Ins Tal der Schatten. Frankfurter Poetikvorlesungen. Mit CD. es 2277. 120 Seiten

NF 313/4/5.04

Christoph Schlingensief

- Schlingensiefs »Ausländer raus!« Bitte liebt Österreich. Herausgegeben von Matthias Lilienthal und Claus Philipp. es 2210. 272 Seiten
- Christoph Schlingensiefs ›Nazis rein‹. Herausgegeben von Thekla Heineke und Sandra Umathum. es 2296. 328 Seiten

Lutz Seiler

- pech & blende. Gedichte. es 2161. 90 Seiten
- Sonntags dachte ich an Gott. Aufsätze. es 2314. 140 Seiten

Silke Scheuermann

- Der Tag an dem die Möwen zweistimmig sangen. Gedichte. es 2239. 90 Seiten

Hans-Ulrich Treichel

- Der einzige Gast. Gedichte. es 1904. 71 Seiten
- Der Entwurf des Autors. Frankfurter Poetikvorlesungen. es 2193. 117 Seiten
- Liebe Not. Gedichte. es 1373. 79 Seiten
- Über die Schrift hinaus. Essays zur Literatur. es 2144. 241 Seiten

Jamal Tuschick

- Bis zum Ende der B-Seite. Roman. es 2333. 186 Seiten
- Kattenbeat. Roman in drei Stücken. es 2234. 180 Seiten
- Keine große Geschichte. Roman. es 2166. 200 Seiten

Christian Uetz

- Don San Juan. es 2263. 80 Seiten
- Das Sternbild versiegt. Gedichte. es 2376. 96 Seiten

Anne Weber

- Ida erfindet das Schießpulver. es 2108. 120 Seiten

NF 313/5/5.04

»Erbschaft unserer Zeit«

Herausgegeben von Gary Smith

edition suhrkamp

Wolf Lepenies
Benimm und Erkenntnis
Über die notwendige Rückkehr der Werte
in die Wissenschaften
es 2018. 100 Seiten

Haben wir nach 1989 die Chancen für eine geistige Neuorientierung verpasst? »Weil sich im Osten alles ändert, waren wir überzeugt, dass im Westen alles bleiben würde, wie es war.« Längst aber leben wir in einer Zeit neuer Ungewissheiten. Wolf Lepenies skizziert am Beispiel von Arbeit, Demokratie und Wissenschaft drei Ungewissheiten unserer Zeit.

Wendy Doniger
Der Mann, der mit seiner eigenen Frau Ehebruch beging
Mit einem Kommentar von Lorraine Daston
Übersetzt von Christa Krüger und Robin Cackett
es 2102. 146 Seiten

»Doninger untersucht die Asymmetrie in der Verteilung der Geschlechterrollen; sie zieht dabei Foucault zu Rate und bisweilen Freud, lässt sich aber nie theoretisch einwickeln, sondern vertraut auf ihren gesunden, feministisch geschärften Menschenverstand.«
Frankfurter Rundschau

NF 306/1/7.00

Carlo Ginzburg
Das Schwert und die Glühbirne
Übersetzt von Reinhard Kaiser
Mit zahlreichen Abbildungen
es 2103. 106 Seiten

»Picassos *Guernica* ist das berühmteste Antikriegsbild des 20. Jahrhunderts – und eines der am häufigsten interpretierten dazu. Carlo Ginzburg gewinnt ihm trotzdem noch eine neue und aufschlussreiche Deutung ab, die die angeblich offenkundige politische Botschaft des Bildes in Zweifel zieht.« *Süddeutsche Zeitung*

Helga Nowotny
Es ist so. Es könnte auch anders sein.
es 2104. 122 Seiten

»Helga Nowotny beschreibt das veränderte Selbstverständnis der Wissenschaften in einer allgemein verständlichen Sprache ... Sie benennt zentrale Bereiche, über die sich die zeitgenössische Forschung nicht hinwegsetzen kann.« *Tages-Anzeiger*

Richard Rorty
Die Schönheit, die Erhabenheit und die
Gemeinschaft der Philosophen
Mit einem Kommentar von Albrecht Wellmer
Übersetzt von Christa Krüger und Jürgen Blasius
es 2149. 88 Seiten

Gegen den Vorwurf, er rede am Ende der Philosophie das Wort, entwirft Richard Rorty die Koordination einer »Gemeinschaft der Philosophen« und hält ein leiden-

NF 306/2/7.00

schaftliches Pläydoyer für den philosophischen Diskurs: »Die Zivilisation schreitet nur deshalb voran, weil manche Leute willens sind, befremdliche, irrationale und verstörende Töne anzuschlagen.«

Henning Ritter
Die Fassaden am East River
Mit zahlreichen Abbildungen
es 2158. 96 Seiten

Welche Rolle spielt die moderne Kunst für die Demokratie? Um diese Frage zu beantworten, stellt Ritter eine These auf: Kunst ist nur dann im strengen Sinn modern, wenn sie über das bloß Zeitgenössische hinausweist und die revolutionären Impulse der Epoche vorprägt oder in sich aufnimmt.

Jan Assmann
Der Tod als Thema der Kulturtheorie
Todesbilder und Todesriten im Alten Ägypten
Mit einem Kommentar von Thomas Macho
Mit zahlreichen Abbildungen
es 2157. 128 Seiten

Die Kultur entspringt dem Wissen um die Sterblichkeit. So einförmig sich der Tod aus biologischer Perspektive ausnehmen mag, seine kulturelle Überformung und Bewältigung nimmt tausendfältige Gestalten an. Vielleicht wird es einmal eine kulturwissenschaftliche Thanatologie geben, die diese Gestalten untersucht. Jan Assmann liefert hierfür am Beispiel des Alten Ägypten die Vorarbeiten.

NF 306/3/7.00

Peter Burke
Kultureller Austausch
Übersetzt von Burkhardt Wolf
es 2170. 112 Seiten

Wie wirkt sich die Globalisierung auf das kulturelle Leben aus? Droht eine Homogenisierung der Weltkultur oder eine kulturelle Zersplitterung? Peter Burke macht hinter diesen Tendenzen eine neue kulturelle Ordnung sichtbar, in der Bausteine des Alten in ein neues Muster eingefügt werden.

Stephen Greenblatt
Was ist Literaturgeschichte?
Übersetzt von Reinhard Kaiser
und Barbara Naumann
es 2171. 160 Seiten

Die Literaturgeschichte stellt Kriterien bereit, ob jemand zu einer privilegierten Klasse »dazugehört« oder nicht. In einem Text, der sich wie ein Wissenschaftskrimi liest, beschreibt Greenblatt den Weg der mittelalterlichen »Buchstabenwissenschaft« zur Literaturwissenschaft im heutigen Sinne.

NF 306/4/7.00

Christophe Barrachin

LA NUMÉROLOGIE ÉNERGÉTIQUE

ÉDITIONS
EXERGUE
27, rue des Grands-Augustins
75006 Paris

SOMMAIRE

SIGNIFICATION DES CARTES

INTRODUCTION

Je suis très heureux de vous proposer, à travers cet oracle, une interprétation de la numérologie peut-être un peu personnelle, mais qui intègre néanmoins totalement le principe des archétypes universels qui composent ce merveilleux outil d'évolution personnelle.

En effet, dix chiffres nous révèlent absolument tout de nous et nous guident depuis la nuit des temps, depuis le moment où l'humanité a ressenti le besoin de compter et de comptabiliser ce qu'elle possédait. En faisant cela, nous avons intégré au cœur de nos cellules, de notre ADN, les principes universels des chiffres et des nombres qui font de notre monde un système tangible. Se sont imposées à nous les fonctions et attributions de chaque chiffre en un système évolutif qui pourrait, si vous ne le connaissez pas, vous être révélé par cet oracle, et bien plus encore.

J'ai conçu cet oracle afin d'aider ses lecteurs, de façon très concrète, à développer leur part créative et imaginative, que l'on appelle souvent le cerveau droit, et ce en l'accordant à leur part structurée, le cerveau gauche. C'est, de mon point de vue, de cette démarche que naissent l'intuition et la conscience. Les images parleront directement à votre imaginaire, et les sujets et les verbes associés à chaque carte vous donneront le principe structuré qui répondra à vos questions de manière très concrète.

Les descriptions de chaque carte vous permettront aussi de vivre un délicieux voyage entre le lyrisme des courtes phrases poétiques et les différentes informations offrant une interprétation sommaire de la carte, dans les domaines de la réussite et du travail ainsi que du matériel, du point de vue affectif et amical et de l'approche de la santé et du bien-être. Vous pourrez en découvrir bien d'autres, puisque le travail que j'ai accompli n'est qu'une base à votre interprétation personnelle. Je vous invite d'ailleurs, si vous le souhaitez, à m'envoyer un message par mail : christophe.barrachin@me.com, afin de me transmettre les merveilleux messages que vous recevrez.

Je vous souhaite un très beau voyage au cœur de votre conscience, afin qu'elle éclaire vos questionnements et vos doutes à travers l'outil prodigieux que j'ai créé pour vous.

Christophe Barrachin

P.-S. : Je vous propose ici une approche très succincte de la numérologie, qui ne saurait remplacer une recherche plus approfondie sur cet outil de développement formidable qui a bouleversé ma vie au quotidien. Une vision plus complète est disponible sur mon site internet : pythagraphe.com.

QU'EST-CE QUE LA NUMÉROLOGIE?

Le principe de la numérologie est très simple, puisque tout est quantifiable et calculable : on peut tout intégrer dans des tableaux qui proposent le principe d'évolution des chiffres de 1 à 9, puis des nombres qui en sont les multiples. Dans la numérologie de Pythagore, on associe des chiffres aux lettres des mots, et notamment celles des noms et prénoms de notre identité, dans un tableau à base 9, ce qui nous permet de faire correspondre un chiffre à chacune des 26 lettres de notre alphabet classique.

Ainsi, A = 1, B = 2, C = 3, et ainsi de suite. Quand on arrive à la 9e lettre qui est le « I », le « J » ne vaut pas 10 mais 1, et ainsi de suite jusqu'à la 18e lettre (le « R ») ; ainsi la 19e lettre (le « S ») vaut 1, puisque 9 + 1 = 10 et 10 = 1 + 0 = 1, et cela jusqu'à « Z » qui vaut 8 car 26 = 2 + 6 = 8.

J'espère que vous avez compris ce principe.

Lorsque l'on additionne les chiffres composant un nombre pour obtenir un chiffre, cela s'appelle une « réduction théosophique »: c'est un principe très important en numérologie afin d'obtenir le domaine de l'énergie associée ou l'archétype.

Mais vous verrez que selon la méthode que j'emploie, on peut utiliser les nombres dans leurs énergies spécifiques et complètes. Ce n'est pas la seule méthode, heureusement, et bien d'autres méthodes de calcul en numérologie utilisent le principe plus complexe de nombres à plusieurs chiffres comme lecture en ligne, pour étendre le langage premier et universel à 9 entrées.

La numérologie karmique tibétaine, notamment, reprend le principe à travers 4 nombres liés à un karma, le 13, le 14, le 16 et le 19, qui sont des énergies qu'il faut faire évoluer dans notre vie.

Le principe de ne pas réduire les nombres doubles ou multiples de 11 est également un schéma important de la numérologie.

En tout cas, le principe maître, qui prévaut dans la numérologie de manière générale, nous parle de 9 archétypes ou domaines d'évolutions qui se définissent ainsi :

Le 1 nous propose l'idée de démarrer et de se développer personnellement, subvenir à ses besoins.

Le 2, c'est l'idée d'unir ou de s'associer. C'est le principe double ou multiple de l'amour.

Le 3, c'est l'idée de communiquer et de créer. C'est l'association des deux premiers chiffres qui crée le 3.

Le 4 nous parle de structure, de travail, de construction et de protection ; on construit les outils, les objets, les biens pour se protéger.

Le 5, c'est le principe selon lequel tout est en perpétuel changement et mouvement ; il nous parle du monde, de voyage et de soin.

Le 6 serait la gestion, l'organisation et le fait d'harmoniser l'ensemble, le groupe et le clan.

Le 7 nous propose de réfléchir et de spiritualiser afin de comprendre le monde et ses mystères.

Le 8 nous offre le principe d'abondance et la profusion dans tous les domaines. Il nous offre l'idée de réussir et de prospérer.

Et enfin, le 9 nous parle d'aider et soutenir les autres, et de se mettre à leur service pour s'éveiller avec la notion de sagesse. Selon le principe d'avoir les expériences des précédents chiffres.

Après le 9, on repasse à 1 puisque le principe forme une boucle et nous permet d'y intégrer de nouveaux éléments. Le 0 n'est pas un chiffre nul ou non influent, bien au contraire, puisqu'il renforce le chiffre qu'il précède.

On peut y associer l'idée que du 0 naît le tout, le chiffre ou nombre de Dieu, si on est sensible à la symbolique spirituelle.

Encore une fois, considérez les descriptions personnelles qui précédent comme une introduction très sommaire du principe de la numérologie.

J'aborde aussi dans ce livre, à travers la description de chaque carte, les notions de la numérologie qui peuvent vous y initier. Le nombre figurant sur chaque carte en définit son essence et son énergie particulière, à mon sens.

D'OÙ LA NUMÉROLOGIE VIENT-ELLE?

Du plus loin que l'on puisse l'évoquer, ce prodigieux outil de développement personnel est apparu dans les travaux du père de la philosophie et grand érudit Pythagore. Dans sa voie ésotérique, Pythagore nous a transmis le moyen de nous guider par les nombres. En cela, il a pu révéler le lien très profond entre le principe numérique qui sous-tend l'Univers et la conscience humaine qui s'y connecte.

LE PRINCIPE NUMÉROLOGIQUE DU CHEMIN DE VIE

Abordons une méthode très connue dans la numérologie, qui est le calcul de la date de naissance pour connaître son chemin de vie.

Le calendrier qui définit notre date de naissance est un tableau comme les autres, tel le tableau de Pythagore et ses 9 chiffres, qui répond de manière remarquable à notre propre énergie et que l'on appelle le chemin de vie. Il y a plusieurs méthodes de calcul qui permettent de trouver le chiffre qui nous définit le plus : je vais vous exposer la méthode que j'utilise pour le calculer, et vous verrez que celle-ci présente d'autres avantages très intéressants.

Pour ce faire, vous prenez l'ensemble des chiffres qui composent votre date de naissance et vous les additionnez ensemble.

Exemple : si je suis né le 26 juillet 1999, cela donne :

2 + 6 + 7 + 1 + 9 + 9 + 9 = 43 = 4 + 3 = 7

Après réduction théosophique, j'ai donc un chemin de vie 7, qui correspond à une quête de connaissances et de spiritualité.

Ce qui veut dire que je vais aborder ma vie sous un angle mental et spirituel pour comprendre les choses et le monde. Et quels que soient les événements qui se présenteront à moi, je vais tenter d'y insuffler de la réflexion ou de la spiritualité.

L'archétype ou le principe général est donc défini de cette manière, et vous pourrez retrouver cette approche à travers toutes les cartes de l'oracle que je vous propose.

Ce que j'y ajoute, c'est la nuance que j'intègre dans mon approche des énergies de la numérologie « Pythagraphe ».

QU'APPORTE LA VISION « PYTHAGRAPHE » À LA NUMÉROLOGIE ?

L'idée en est très simple : je ne réduis pas le nombre car il m'offre une information un peu plus fine. Ainsi, si je reprends la date de naissance vue précédemment, qui, vous vous en êtes peut-être douté, n'est pas la mienne mais est inventée :

Le 26 juillet 1999 nous donne 43. Je sais que cette date est dans la vibration 7, mais la carte de l'oracle qui correspond est celle de la lumière et de la compréhension.

Le 43, dans mon interprétation, nous dit : travailler, œuvrer et construire par la communication et l'expression artistique, pour l'intelligence, la spiritualité et la conscience.

Ceci en définit l'idée de compréhension, et le sujet proposé est la lumière, qui correspond assez finement à ce principe réduit du 7.

Ce qui est intéressant dans l'idée générale de la numérologie « Pythagraphe », c'est qu'elle est bâtie sur le système du calcul (addition en ligne des chiffres des dates de naissance possibles), et que l'on peut retrouver actuellement 45 énergies principales qui cohabitent sur notre planète et dans notre monde humain.

Soit la plus petite date de naissance possible en numérologie, qui est le 1er janvier 2000 : 1 + 1 + 2 = 4.

Soit la plus grande, qui est le 29 septembre 1999 : 2 + 9 + 9 + 1 + 9 + 9 + 9 = 48.

Si je soustrais le plus petit nombre du plus grand, sans oublier d'inclure la première énergie dans le calcul, on obtient bien les 45 vibrations actuelles. La prochaine et nouvelle énergie nous arrivera à la fin du IIIe millénaire, puisque la plus grande date sera alors le 29 septembre 2999, soit 2 + 9 + 9 + 2 + 9 + 9 + 9 = 49.

Bon, je vous laisse tranquille avec mes calculs et mes chiffres qui sont, comme vous avez pu le comprendre, ma passion, et je vous invite maintenant, avec les méthodes de tirage que je vous ai concoctées, à utiliser ces 44 cartes vibratoires liées à la numérologie « Pythagraphe ».

QUE PEUT VOUS APPORTER CET ORACLE AU QUOTIDIEN?

Comme j'ai pu le décrire plus avant, cet outil de développement personnel et d'intuition, qui m'a été « proposé » pour vous, vous permettra de vous connecter plus facilement avec votre imaginaire et d'intégrer ses idées dans votre vie de tous les jours. Ce n'est pas le premier outil à proposer cette possibilité, et vraisemblablement pas le dernier, mais son efficacité vous fera certainement l'adopter au quotidien.

Je vous invite aussi à vous détendre et à respirer profondément, afin de procéder au tirage de cartes le plus adapté à vous, et, si c'est pour quelqu'un d'autre, je vous incite à le préparer afin qu'il soit dans le même état de paix et d'accueil. Vous pouvez le détendre et démythifier la situation avec une pointe d'humour et de bienveillance. Vous obtiendrez ainsi des réponses beaucoup plus justes et moins empreintes des émotions du moment.

LES DIFFÉRENTS TIRAGES DE CARTES AVEC VOTRE ORACLE

Tirage de la carte du jour

Ce tirage vous propose de vous connecter à une étape importante de votre journée à venir ou à l'atmosphère que la journée pourrait prendre. C'est une information simple et intuitivement dirigée, que vous pourrez, si vous le souhaitez, questionner à la fin de la journée. Cela améliorera de manière importante votre intuition et développera vos aptitudes d'être humain à vous connecter aux plus hautes parts de vous-même, voire peut-être à des univers que vous n'auriez peut-être jamais imaginé explorer un jour.

Pour cela, détendez-vous et posez une question, si vous en avez une ; sinon, restez dans l'esprit d'accueillir simplement un message.

Battez les cartes, et laissez celle qui souhaite apparaître interagir avec vous.

Si celle-ci ne venait pas assez vite pour vous, vous pouvez étaler les cartes sur une table et en choisir une parmi les 44 cartes proposées.

Regardez la carte et intégrez l'idée ou la vision de son énergie ou de son information. Regardez plus attentivement la carte afin de visualiser une information « brute ».

Vous pouvez aussi lire la description de la carte dans son sens d'arrivée et en intégrer le message.

Mon premier conseil : écrivez le nom de la carte ou prenez-en une photo afin d'y revenir le soir, avant de vous coucher par exemple. Vous pourrez identifier plus précisément en quoi le message a été pertinent pour vous aujourd'hui.

Mon second conseil : je vous propose d'additionner la carte avec l'énergie de votre chemin de vie ; réduisez au besoin le nombre pour obtenir une information sur le domaine en numérologie de votre interaction avec la carte.

Le monde de la numérologie vous ouvrira ses portes de manière étonnante.

Tirage de la phrase de vie – 3 cartes (+ 1 carte conseil)

Pour une question précise : réponse par les 3 cartes du chemin de vie, puis carte conseil.

La phrase de vie en numérologie « Pythagraphe » est très importante. Elle détermine votre approche de vie et la manière dont vous devez l'envisager dans les moments clés, ou même au quotidien. Ce qui serait vraiment formidable pour nous tous, d'ailleurs.

1 2 3

Verbe *Sujet* *But*

4

(Conseil)

Détendez-vous et prenez une longue inspiration.

Brassez et battez les cartes ; lorsque vous estimez que c'est le bon moment, posez le paquet devant vous et coupez-le en deux.

Remettez le paquet de cartes séparé du dessous sur le dessus, et étalez ensuite les cartes devant vous.

Choisissez 3 cartes et étalez-les dans l'ordre de sortie afin de les interpréter comme suit : Verbe – Sujet – But.

Lisez la phrase de la manière dont elle résonne pour vous et, si vous le souhaitez, accédez à l'information de chaque carte dans ce livre.

Ce tirage est idéal pour répondre par une phrase à une question précise ; vous pouvez ajouter une carte conseil pour l'approche à envisager en fonction de la situation.

Tirage de la question de l'être – 4 cartes

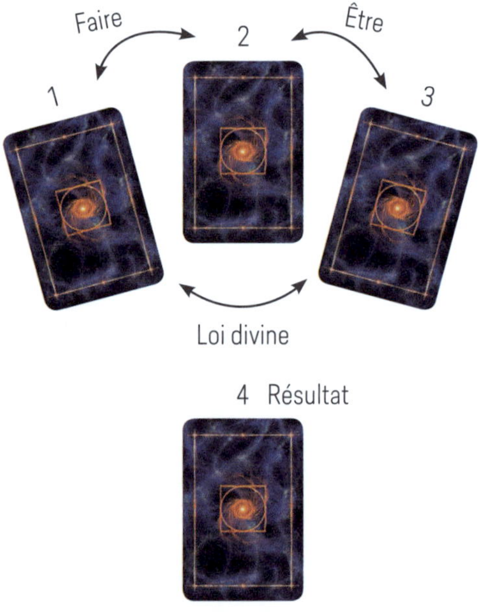

1 + 2 ↔ 4

Faire ou force

2 + 3 ↔ 4

Être ou voie

1 + 3 ↔ 4

Loi divine

Une question ou un domaine de résolution : Force (1 + 2) – Être (2 + 3) – Loi divine (1 + 3)

Ce tirage combinatoire va vous permettre de régler une problématique existentielle et de répondre à un choix ou un défi de vie.

Prenez une longue inspiration et détendez-vous.

Brassez et battez les cartes, lorsque vous estimez que c'est le bon moment, posez le paquet devant vous et coupez-le en deux.

Remettez le paquet de cartes séparé du dessous sur le dessus, et étalez ensuite les cartes devant vous.

Choisissez 3 cartes et étalez-les dans l'ordre de sortie afin de les interpréter comme suit :

La première combinaison correspond à votre force dans la situation donnée, afin de réaliser l'objectif qui est la carte 4.

FORCE 1 + 2 → 4 : vos atouts et capacités du moment afin de **faire** le but qui est la carte 4.

La seconde combinaison vous indique ce qu'il faut effectuer pour réaliser la carte 4.

ÉTAT D'ÊTRE : 2 + 3 → 4 : l'état d'être que vous devez ressentir afin de réaliser la carte 4.

La troisième combinaison vous impose ou vous propose une contrainte dans la réalisation de votre objectif.

LOI DIVINE ET UNIVERSELLE : 1 + 3 → 4 : loi universelle, ce qui va arriver dans votre vie et qui peut permettre d'accomplir la carte 4.

Tirage des 9 domaines – 11 cartes

Question sur une période plus ou moins longue ou sur une situation en vue large.

Cette approche des cartes vibratoires vous permet de connaître les 9 domaines ou archétypes de la numérologie, que vous pouvez utiliser et exprimer pour une période ou une personne dans une situation donnée.

Il y a plusieurs méthodes possibles pour ce type de tirage de cartes, mais le point commun à toutes, c'est que la carte qui se trouve au centre fait office de révélatrice du changement, puisqu'elle est à la 5e position, le changement et le mouvement en numérologie.

Il vous faudra, pour ce tirage, procéder comme indiqué précédemment : vous détendre et bien mélanger les cartes, couper le paquet et le reformer pour l'étaler devant vous.

Vous choisissez alors 9 cartes que vous placez en un tableau de 3 x 3 cartes, ainsi que 2 cartes qui proposent l'énergie du tirage (de quoi elle traite et la carte conseil), que vous placez sur le côté.

Vous révélez la carte 10 en premier comme celle qui donne l'énergie qui va modifier ou animer la période, et vous dévoilez ensuite les cartes comme vous le souhaitez, sachant que chaque position est un point d'évolution sur le plan des 9 principes de la numérologie.

Enfin et après avoir recouvert certaines cartes qui vous semblent un peu floues et pour lesquelles vous souhaitez un complément d'information, vous révélez la 11e carte, qui offre un conseil bienveillant à interpréter comme suit :

1. Mon développement et la façon dont je me sens.
2. Mes relations et ce qui vient à moi.
3. Ma communication et ce que je crée.
4. Mon œuvre et ce qui concerne mon plan professionnel.
5. Mon changement et ce qui va bouger pour moi.
6. Mon harmonie, mon équilibre et mon approche familiale.
7. Mes pensées et ce qui m'interpelle au niveau spirituel.
8. Mon abondance et ce que je matérialise.
9. Mon éveil et comment je peux aider le monde.

Tirage de couple et relationnel : 9 – 4 – 9 pour un total de 22 cartes

Les 9 domaines de chacune des personnes + 4 cartes révélatrices et de conseils.

Ce tirage propose le même principe que le tirage des 9 domaines, c'est-à-dire de définir une question qui traite de deux personnes. Ce peut être votre partenaire et vous, ou l'interaction entre deux personnes pour trouver les points d'inflexion et d'harmonie comme on pourrait le faire avec une étude en numérologie de couple. Vous pouvez aussi y intégrer une période de votre vie.

Un état de calme intérieur et de détente est primordial pour obtenir le tirage le plus juste et le plus précis. Pour cela, pensez à effectuer quelques respirations en conscience. Ensuite mélangez et brassez bien les cartes, coupez le paquet et reformez-le pour l'étaler devant vous.

Choisissez alors 9 cartes que vous placez d'un côté pour la première personne. Laissez un espace vide au milieu et installez 9 cartes de l'autre côté pour l'autre personne. Cela vous propose 2 tableaux de 3 x 3 cartes qui se font face et un espace vide entre les deux tableaux. Une fois que tout est disposé, choisissez 4 cartes que vous placez entre les deux tableaux, l'une sous l'autre.

Dévoilez en premier la carte 19, qui proposera la situation de la relation dans son ensemble.

19
Énergie du tirage
20
Accord
21
Évolution
22
1
Je suis
2
J'aime
3
Je crée
4
J'œuvre
5
Je transforme
6
J'harmonise
7
Je pense
8
Je matérialise
9
Je m'éveille
10
Je suis
11
J'aime
12
Je crée
13
J'œuvre
14
Je transforme
15
J'harmonise
16
Je pense
17
Je matérialise
18
Je m'éveille

Dévoilez ensuite deux par deux, comme vous le souhaitez, les cartes qui correspondent à un des 9 domaines de chaque personne.

Pour finir, après avoir recouvert certaines cartes qui vous semblent floues, dévoilez les 3 dernières cartes, 20, 21 et 22, qui correspondent à l'union des personnes, le déroulement ou le futur dans la période et le conseil bienveillant pour les deux personnes ensemble.

Pour les deux côtés, les cartes correspondent à :

CARTES 1 ET 10 : ce que je suis pour l'autre, ce que je ressens ; comment je me sens.

CARTES 2 ET 11 : ce que j'aime de notre relation.

CARTES 3 ET 12 : ce que je veux lui dire ; ce que je lui dis.

CARTES 4 ET 13 : ce que nous construisons ensemble dans la situation présente.

CARTES 5 ET 14 : ce qui change en moi par rapport à l'autre ; ce qui me fait bouger.

CARTES 6 ET 15 : notre harmonie commune à mon sens.

CARTES 7 ET 16 : mes pensées actuelles par rapport à notre relation ; ce que je pense.

CARTES 8 ET 17 : ce que nous matérialisons ensemble, selon moi.

CARTES 9 ET 18 : ce que j'ai compris de notre relation.

CARTE 19 : la situation actuelle de notre relation, la vision d'ensemble.

CARTE 20 : ce qui unit les deux personnes.

CARTE 21 : ce qui peut découler de la relation.

CARTE 22 : le conseil pour notre relation.

Définition des différentes cartes vibratoires

Dans l'oracle de la numérologie « Pythagraphe », chaque carte possède deux sens d'arrivée, avec d'un côté un sujet et de l'autre un verbe.

Vous pouvez bien évidemment transformer le verbe en sujet et le sujet en verbe lors d'une lecture, car la souplesse d'esprit est de mise lors d'un tirage d'oracle, qui ne repose que sur cette idée de liberté de l'esprit. Lorsque vous êtes libre de penser la carte, vous pouvez recevoir de superbes messages. Ainsi pourrez-vous développer votre intuition et votre médiumnité.

Voici comment j'ai construit les définitions de cartes.

Le nom ou le verbe dans le sens d'arrivée :

- l'énergie en numérologie à laquelle correspond la carte, ainsi qu'une définition sommaire de celle-ci ;
- une phrase inspirante définissant l'image de la carte et le sens concerné ;
- une définition de l'énergie de la carte et ce qu'elle représente dans un tirage ;
- une phrase « mots-clés » qui vous permettra de faire venir des messages, surtout pour les personnes qui ont

une imagination faisant appel à l'écriture et à la structure mentale ;
- la définition de la carte suivant les quatre critères importants suivants :

1. L'œuvre et le travail : si la question porte essentiellement sur le domaine professionnel, vous aurez quelques voies de compréhension explicites qui vous permettront de bien adapter la carte avec la question ; ne négligez pas votre message personnel et intuitif qui pourrait accroître le champ de réponse ou, au contraire, cibler plus précisément votre message.
2. L'affectif et l'amitié : si la question est dirigée vers ce domaine de l'amour, vous aurez un moyen de mieux concevoir la vision générale du message, mais sachez que c'est à travers le cœur que ces questions trouvent leur chemin de résolution ; le principe de détente et le fait de ne pas trop attendre de la réponse proposée sont très importants, plus particulièrement dans ce cas de figure.
3. Le plan matériel et l'approche de vie en général : lorsque la question porte sur le domaine de l'abondance, acceptez l'idée que cela peut parler de l'ensemble des choses qui apparaissent dans votre vie ou que vous savez faire « fructifier » ; cela ne concerne pas véritablement uniquement l'argent, mais des objets présents dans votre vie ainsi que l'aspect structurel et familial, au sens de mettre en place ou d'accueillir des stratégies et des moyens de régler des situations ; la matérialisation, c'est l'expression de nos attentes et aspirations de vie.

4. Et enfin la santé : ce critère est souvent délicat, et ces questions demandent à être analysées le plus largement possible – s'arrêter au nom de la carte pourrait être très limitatif, voire anxiogène ; pensez à élargir le champ de conscience et des possibilités afin de ne pas enfermer la personne qui pose la question dans une solitude émotionnelle vis-à-vis de la réponse. Soyez psychologue et responsable de la réponse que vous lui donnerez ou, si c'est pour vous, soyez tolérant envers vous-même.

Il est évident que les exemples proposés dans ce livre à propos des définitions de réponses ne sauraient être exhaustifs, et demandent à être élargis à ce que la personne qui interprète les cartes ainsi que celle qui demande ce tirage proposent.

Le tirage de cartes permet un dialogue afin de trouver des solutions de vie à des situations qui vont se présenter dans l'existence du consultant concerné, et parfois même dans celle de la personne qui effectue le tirage pour l'autre.

Ces cartes vibratoires, comme les autres oracles, sont un outil de guérison de l'inconscient et un moyen de reconnexion avec toutes les parts de nous-mêmes, où le passé, le présent et le futur ne font qu'un et constituent notre réalité.

SIGNIFICATION DES CARTES

1

LA CLÉ

L'énergie 1 en numérologie nous parle d'être, de démarrer et de se développer personnellement. C'est une énergie forte tournée vers soi et le désir d'entreprendre. Elle vous apporte l'audace et la vaillance pour vous lancer dans une nouvelle aventure, votre histoire.

Comme se déverrouille un coffre aux trésors inestimables, la clé vous dévoile votre audacieux futur.

Lorsque cette carte s'annonce dans votre tirage, on vous parle d'ouvrir les portes de nouvelles aventures pour vous permettre de vous envoler. C'est une énergie de déblocage, et des solutions viennent à vous, modifiant favorablement la situation. Vous avez la clé de votre destinée et n'avez plus qu'à entreprendre. Ayez confiance en votre jugement et foncez avec audace.

Trois plumes agiles se présentent pour écrire votre chemin créatif. La serrure se déverrouille, ouvrant aussitôt la voie vers de nouveaux mondes. Votre locomotive peut lâcher la vapeur et foncer vers de nouveaux voyages.

Souvent, nous avons sous nos yeux toutes les solutions, mais il nous manque le déclic qui nous permet de nous lancer dans une nouvelle aventure et d'écrire notre histoire. En apparaissant ainsi, la carte 1 vous invite à avoir confiance en vous, car grâce à un changement de situation ou une meilleure compréhension, vous allez pouvoir continuer votre chemin ou en emprunter un nouveau.

Si votre questionnement porte sur **l'œuvre et le travail**, cela vous indique que c'est le bon emploi, le bon projet, et que vous êtes prêt pour celui-ci. Une solution vous est présentée et il est souhaitable de ne pas trop réfléchir et de vous lancer. Cela peut aussi vous inciter à écrire une nouvelle page, c'est le moment.

Si votre question porte sur le domaine **matériel**, cela vous indique qu'une solution financière ou le déblocage de la situation est là, ou qu'elle va venir à vous très rapidement et vous aider dans votre évolution. Prenez cette opportunité et libérez-vous de toutes croyances établies quant à la solution, elle est là sous vos yeux.

Dans le domaine **affectif et amical**, cette carte indique que la personne que vous avez choisie est la bonne et que vous ne devez pas vous poser trop de questions. On vous annonce qu'un ami ou un proche serait la clé de déblocage de votre situation amoureuse. La situation se précise entre vous, et ce que vous percevez est juste. La personne que vous avez devant vous est une étape importante de votre vie amoureuse ou en amitié.

Si cela parle de la **santé**, il semblerait que vous ayez trouvé la solution pour votre bien-être et que vous ayez les moyens de remédier à la situation. Un nouveau traitement ou une nouvelle idée de soin vous est proposé.

DÉMARRER

L'énergie 1 en numérologie nous parle d'être, de démarrer et de se développer personnellement. C'est une énergie forte tournée vers soi et le désir d'entreprendre. Elle vous apporte l'audace et la vaillance pour vous lancer dans une nouvelle aventure, votre histoire.

Le vaisseau montre sa proue, ouvrant un sillage en alignement parfait du compas et de sa bonne étoile.

Lorsque cette carte se présente ainsi, on vous propose l'énergie de démarrer et de décoller. C'est le moment de retrousser vos manches et de vous armer de courage pour vous lancer. Vous commencez un nouveau projet qui a pu être en gestation pendant longtemps, mais ça y est, c'est parti. C'est un grand OUI qui vous est proposé et vous met d'un coup dans l'action.

Toutes voiles déployées, l'énergie primordiale de vie guide votre boussole intérieure, libérant les amarres pour de nouvelles aventures. Votre boussole intérieure est votre guide, comme l'aigle s'envole face à son destin. Il n'est pas besoin de trop réfléchir, car la préparation a déjà eu lieu, et même si tout n'est pas parfait, la vision globale est juste, vous démarrez.

Avec cette carte 1 qui arrive dans ce sens, vous démarrez un cycle, un projet, mais la peur pourrait vous empêcher de le commencer. Armez-vous d'un minimum de courage et commencez par faire un premier pas, les autres suivront.

Si la question porte sur **l'œuvre et le travail**, vous prenez un nouveau poste ou vous vous lancez dans un projet. Vous êtes déterminé et vous ne pouvez plus reculer maintenant. Acceptez sans vous poser de questions ce qui vient à vous, avec foi et détermination.

Si la carte porte sur le domaine **matériel**, c'est le moment de capitaliser ou de préparer l'avenir. Vous pouvez aussi avoir à effectuer une dépense dont vous savez qu'elle sera utile pour la suite (un investissement, un emprunt, une option dans l'entreprise ou le projet d'une personne en qui vous avez confiance ou simplement foi).

Si cette carte porte sur le domaine **affectif et amical**, c'est à vous d'aller vers l'autre ou vers les personnes qui se sont présentées à vous. Votre action entraînera des nouveautés dans votre relation actuelle ou, peut-être, une nouvelle relation commence-t-elle. Vous devez prendre les devants et contacter l'ami auquel vous pensez actuellement.

Sur le plan de la **santé**, on vous demande de vous lancer dans quelque chose de nouveau qui vous fera du bien et vous permettra de recouvrer la santé ou de vivre mieux. Le mieux-être est à votre portée.

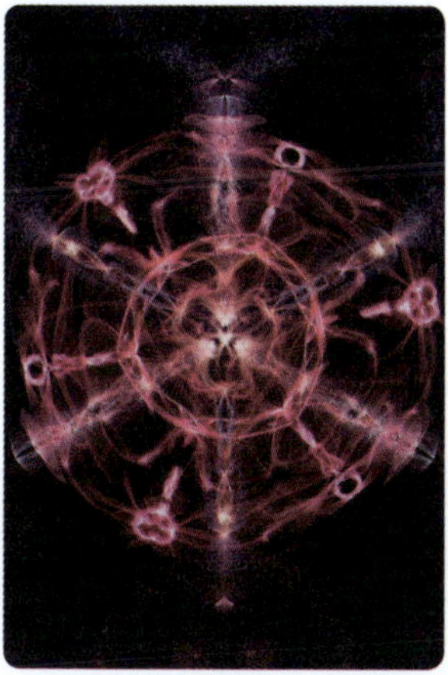

2

L'AMOUR

L'énergie 2 en numérologie nous parle d'unir, d'associer et d'amour. C'est une énergie féminine, qui vous propose d'aller vers l'autre afin de créer un couple, un groupe, une équipe. L'union fait toujours la force. Accueillir est son énergie de prédilection.

La danse du bonheur illumine votre cœur d'un sentiment d'union. La fleur symbolisant l'amour s'ouvre en larges pétales.

Quand cette carte se présente dans ce sens, on souhaite vous signifier qu'une relation amoureuse naissante ou qu'une complicité harmonieuse dans une amitié vient à vous. Voyez cette carte comme un doux présage de connexion et le sentiment réel de votre union avec l'autre. Soyez simplement dans la reconnaissance et la gratitude de ce qui vient à vous, car la grâce de vivre l'amour est le rêve de tant d'hommes et de femmes en ce monde !

La corolle s'est ouverte, délivrant sa grande beauté et le parfum divin d'une fleur d'amour. Tout danse et chante dans ce mouvement épique, comme l'expression de la joie et de l'allégresse. L'alignement des êtres projette ses ondes attractives dans tout l'Univers.

En apparaissant ainsi, la carte 2 vous offre la joie d'un amour naissant ou le renouvellement de vœux profonds et sincères avec la plus grande spontanéité. L'amour est dans tout : chaque objet, chaque odeur, chaque visage, chaque mouvement est né de l'amour inconditionnel. Soyez digne de le recevoir en toute simplicité et accueillez simplement le fruit le plus exaltant des sentiments. Ici, pas de demi-mesure, portez en vous l'audace de le vivre intensément. L'amour a l'indécence d'enivrer tous vos sens.

Dans le domaine du **travail et de l'œuvre**, la carte propose un rapprochement avec une personne ou une équipe dans une ambiance harmonieuse et de qualité. Votre situation professionnelle est bonne, ou un partenaire et équipier vous soutient.

Si votre question porte sur le domaine **matériel**, la carte indique qu'un rapprochement avec une autre personne est bénéfique pour vous et vous permettra d'unir vos forces. Qui sait ce qui pourrait en découler ?

Pour le domaine de **l'affectif ou amical**, cette carte indique que la personne à laquelle vous pensez en cet instant vous aime, et que ce que vous pouvez ressentir pour elle est fondé. La carte peut aussi vous parler d'un rapprochement entre deux personnes, que ce soit vous et une autre ou que ce soit une relation entre deux personnes, sur laquelle vous aviez des doutes : il n'en est rien, et c'est un amour véritable. Une nouvelle amitié ou une déclaration arrive. Accordez-vous d'aimer...

Sur le plan de la **santé**, l'amour est la clé ; envisager d'aller vers l'autre ou l'être aimé serait très favorable à votre santé et à votre bien-être. Vous attrapez la maladie d'amour.

UNIR

L'énergie 2 en numérologie nous parle d'unir, d'associer et d'amour. C'est une énergie féminine, qui vous propose d'aller vers l'autre afin de créer un couple, un groupe, une équipe. L'union fait toujours la force. Accueillir est son énergie de prédilection.

Le visage qui porte mon bien-être lance
la ronde des cœurs. C'est la mouvance
magnétique de toutes les joies.

Lorsque cette carte vous est apportée ainsi, on vous propose de vous unir aux autres et de créer un rapprochement. Ce peut être dans l'amitié, dans une équipe ou pour vous rapprocher d'un amour ; c'est à vous de poser cette énergie et d'aller vers l'autre. Si vous souhaitez créer une union, vous devrez d'abord montrer votre affection envers l'autre. La connexion de deux ou plusieurs personnes demande un coup de pouce qui semble devoir passer par vous.

Unir est la force de vie qui crée l'Univers. Ce verbe accorde des liens indestructibles si on le souhaite réellement. Les rapprochements ne se font que par la volonté d'accepter l'autre comme nous-mêmes.

Utilisez cette énergie qui rassemble et gratifie le monde dans l'amour, pour enrichir votre vie de nouvelles relations. Vous rapprochez les êtres et les choses.

Si cette carte 2 apparaît ainsi sur une question sur **la réussite et le travail**, cela vous indique la nécessité de travailler en équipe et d'aller chercher de l'aide, en vous unissant à une ou plusieurs personnes. Vous arrivez à vous rapprocher d'une structure ou à réunir des structures pour œuvrer ensemble. Vous unissez les forces vives d'une équipe pour effectuer un travail demandé. Vous mettez en accord des besoins avec des envies.

Si la question parle du plan **matériel**, c'est de bon augure, et il vous faut accueillir les choses qui viennent à vous, même si elles peuvent sembler peu engageantes – ce n'est peut-être qu'en apparence. Cherchez un partenariat ou trouvez des personnes à mettre en affaires ensemble.

Si la question concerne **l'affectif et l'amitié**, vous devez vous engager dans la relation qui se présente à vous. Que ce soit avec une personne, un groupe ou un ensemble de projets d'équipes, on vous demande d'aller à la rencontre du monde. Réconciliez-vous si la situation le demande, et ne réglez pas les choses par la séparation ou la colère. Vous aurez l'opportunité de rapprocher deux personnes qui s'étaient séparées ou jouerez les Cupidons entre amis.

Dans le domaine de la **santé**, il semblerait que vous ayez besoin d'aller chercher du réconfort auprès d'une autre personne. La possibilité de ne pas rester seul face à votre problématique est à envisager. C'est, sur le plan général, un acte de rapprochement sincère qui vous est demandé.

3

LA CRÉATION

L'énergie 3 en numérologie évoque la créativité et la communication. C'est le projet du 2 qui souhaite transmettre et passer à 3. C'est l'enfant, l'objet projeté, le message et le langage, l'expression. L'œuvre d'art est révélée et le mouvement de la vie est considéré.

L'étoile naît de l'art pour chanter ses louanges au cœur battant et vibrant.

Lorsque cette carte se présente ainsi, on vous propose de faire naître une belle et féconde créativité par tous les moyens d'expression possibles. Vous pouvez créer et porter tous vos projets pour les voir éclore de mille possibilités. Ne vous limitez surtout pas et laissez votre imagination déborder. Vous serez très prolifique durant cette période.

L'œuvre artistique est un chant, une danse, un graphisme issu de la pensée magique qui illumine les espaces du réel. Ne pas se limiter à ce que l'on a en soi, c'est l'œuvre de l'audacieuse créativité. Elle adore offrir et vivre intensément.

La création prend tous les chemins possibles et utilise toutes les expériences. Ne vous limitez pas par des questionnements, et laissez naître les idées, car tout est toujours justifié. Un projet voit le jour à cet instant par votre talent à la portée exceptionnelle. Vos peurs ne feraient que vous retarder dans votre élan.

Si cette carte 3 inonde ainsi votre tirage, on vous demande de créer une œuvre.

Si la question porte sur le domaine du **travail et de l'œuvre**, vous avez le potentiel pour proposer votre création et vos idées dans votre milieu professionnel. Vous serez écouté et remercié par ceux qui œuvrent avec vous. Ne limitez pas le champ des possibles, et soyez créatif et inventif.

Si la question relève du domaine **matériel**, on vous propose de libérer votre puissance créative afin de voir s'accomplir vos rêves les plus inaccessibles. Vos bonnes idées ont de la valeur, alors proposez-les pour qu'elles vous comblent de joies et de richesses.

Si cela parle du plan **affectif et amical**, vous êtes en train de passer à une nouvelle étape avec l'autre ou avec vos amis, et de créer quelque chose qui pourrait durer et évoluer de manière beaucoup plus importante. Que ce soit en relation de couple, dans un groupe d'amis ou au sein d'une équipe, votre approche inventive et créative vous permet d'offrir quelque chose de nouveau et peut-être durable. Vous pourriez avoir envie d'un enfant ou vous préparez un nouveau projet sûrement audacieux. Quelque chose est en bonne voie de se présenter à vous.

Sur le plan de la **santé**, il serait souhaitable de passer par la création artistique afin de vous soigner, ou de trouver une solution créative et nouvelle. Votre approche novatrice pourrait permettre de vous aider ou d'aider au bien-être autour de vous.

COMMUNIQUER

L'énergie 3 en numérologie évoque la créativité et la communication. C'est le projet du 2 qui souhaite transmettre et passer au 3. C'est l'enfant, l'objet projeté, le message et le langage, l'expression. L'œuvre d'art est révélée et le mouvement de la vie est considéré.

Les chemins mélodieux vibrent d'une splendeur créative.
Elle trace des chemins vers les âmes et soigne les cœurs.

Entendre est aussi important que dire, et lorsque cette carte intervient dans ce sens, on vous invite à aller vers les autres afin de leur délivrer vos messages. Vous pouvez utiliser tous les moyens mis à votre disposition et entrer en contact avec les personnes que vous souhaitez informer. Aller vers les autres, c'est aussi se connecter à soi. Une information importante pourrait venir à vous rapidement. Vous aurez des choses à dire.

Le son, l'image et le mouvement ne sont que des ondes informant l'immensité du vide, créant le réel. Toutes ces vibrations naissent de la lumière divine afin d'écrire l'œuvre créative de l'Univers. Communiquer est le premier acte de joie.

Communiquer, c'est le propre du monde et du vivant. L'humain en est la quintessence absolue ici-bas. Délivrer vos messages au monde, c'est être pleinement vous, et les faire entendre est d'un vrai intérêt pour tous. Dites ce que vous souhaitez dire afin de vous soulager ou d'annoncer une nouvelle. Montrez aux autres ce que vous avez en vous.

Si cette carte 3 inspire votre tirage, on vous propose d'établir le contact.

Si la question porte sur **l'œuvre et le travail**, vous devrez exposer des informations, des connaissances ou des idées à même de faire évoluer votre milieu professionnel. Allez parler avec votre responsable ou discutez avec un subordonné afin de résoudre un problème et de communiquer une bonne nouvelle. Dites les choses avec bienveillance pour être entendu et compris.

Si c'est sur le plan **matériel**, vous pouvez apporter des informations permettant d'élaborer des stratégies qui vous rapporteront en biens et en opportunités. Une nouvelle concernant l'argent ou les projets en cours pourrait également vous être annoncée. Créez aussi, ou écrivez. Montrez, dansez ou exploitez ce qui se trouve en vous.

Si c'est sur une question **affective et amicale**, dites ce que vous avez à dire à l'autre ou à vos proches, ou offrez-leur ce qui vous touche et vous tient à cœur. Ce peut être vos sentiments ou un message important. Votre autre attend peut-être que vous lui donniez votre sentiment sur un sujet ou que vous soyez plus démonstratif.

Sur le plan de la **santé**, vous avez besoin de faire part de votre problème à quelqu'un ou d'annoncer des choses importantes sur le bien-être. Dites-les.

4

L'OUTIL

L'énergie 4 en numérologie propose la construction, l'œuvre, la protection. C'est le principe de la rigueur, de la droiture, de construire la maison et protéger l'être, la famille, le groupe. C'est œuvrer pour avoir ce dont on a besoin.

Cercle de roue, toit de chaume et casque élaboré
ne sont qu'extensions de l'acte humain.
Conçues, la protection et la progression par l'outil,
et ainsi le travail construit la technique.

Lorsque cette carte se propose ainsi dans votre tirage, l'outil et le savoir-faire, qui sont le socle de toute œuvre, vous apportent art et méthode. Utilisez ce que vous avez autour de vous pour vous aider à évoluer et à construire en confiance. Votre outil le plus précieux en tant qu'être humain est probablement votre esprit, ne l'oubliez pas si vous souhaitez commencer à bien travailler et construire.

Les plus belles œuvres et les plus beaux monuments furent faits par la meilleure technologie et le savoir-faire de leur époque. La magie créative opère, suivant son moment, des œuvres admirables (structure, vitraux, dessins, pyramides, optiques, fenêtre sur le monde), et tant d'autres qui ne sont pas encore inventées nous préparent le futur par l'œuvre de l'outil.

Si la carte 4 se présente ainsi, elle vous propose de trouver le meilleur moyen afin de construire votre avenir. Il se peut aussi que vous ayez en vous tout ce qu'il faut pour accomplir votre œuvre. Vous êtes l'outil et l'œuvre de votre vie.

Si la question porte sur le plan du **travail et de l'œuvre**, on vous indique que vous venez de trouver le meilleur moyen afin de concrétiser votre projet. Un nouvel élément est apparu dans votre univers professionnel, qui va vous aider à progresser. Vous êtes au cœur de votre œuvre et travaillez sereinement. On peut vous parler d'un objet, de quelque chose susceptible de se produire.

Si cela vous parle du domaine **matériel**, il semblerait que vous puissiez améliorer votre vie grâce à un moyen de faire « levier » sur une situation qui paraissait bloquée. Peut-être devriez-vous investir dans quelque chose qui pourrait vous être indispensable.

Si la question porte sur le domaine **affectif et amical**, il se peut que vous soyez l'instrument qui puisse aider dans une situation donnée, ou que vous cherchiez un moyen d'embellir votre histoire d'amour. En élaborant un plan ou en trouvant un outil pour débloquer la situation grâce à une personne, un ami, vous pourriez régler un conflit affectif.

Sur le plan de la **santé**, vous pourriez trouver un remède ou un outil intéressant afin de vous aider de ce domaine. Il est souvent possible de trouver des moyens thérapeutiques alternatifs qui peuvent faire de véritables miracles.

De tout temps, les outils ont permis tant d'évolution, ne les négligez pas.

ŒUVRER

L'énergie 4 en numérologie propose la construction, l'œuvre, la protection. C'est le principe de la rigueur, de la droiture, de construire la maison et protéger l'être, la famille, le groupe. C'est œuvrer pour avoir ce dont on a besoin.

Œuvrer élève le monde sous nos yeux,
libérant de ce fait l'humanité vers de futurs horizons.

Lorsque cette carte arrive ainsi, on vous demande de vous atteler à votre œuvre, de travailler ou de continuer ce que vous avez commencé à faire, pour vous et pour les autres autour de vous. Vous serez ainsi fier de ce que vous aurez accompli. Mais pour le moment, il convient de rester concentré sur votre tâche ou sur le sujet du moment. Retroussez vos manches et œuvrez pour les voir enfin apparaître. Vous en avez le courage et la dextérité.

Labeur et force sont noblesses lorsqu'elles sont mises au service de vos objectifs profonds. Aimez ce que vous faites par-dessus tout. Les actes ont permis les constructions, et l'humain est un grand maître d'œuvre. Vous ne

saurez jamais ce que vous êtes si vous n'avez pas un jour construit ou aidé à le faire.

Si la carte 4 se présente dans ce sens, on vous demande de faire et de continuer ce que vous avez entrepris. Il n'y a pas à douter, mais simplement à agir.

Si c'est sur le plan du **travail et de l'œuvre**, il n'y a pas à réfléchir, mais à utiliser vos outils et vos moyens afin de voir se concrétiser le projet et l'objectif. Il est temps de passer à l'action et de démarrer l'œuvre qui restait sur le papier.

Si cela vous parle du domaine **matériel**, vous devez persévérer dans l'approche du projet ou du point de vue que vous avez initié, et ainsi obtenir le gain, la satisfaction et l'accomplissement qui vous seront dus. Restez concentré sur vos objectifs de vie ou sur vos investissements en y apportant un savoir-faire et des idées, ou retravaillez le sujet et réinvestissez-y du temps ou de l'énergie. Vous êtes sur la bonne voie.

Si la question porte sur le domaine **affectif et amical**, vous avez fait une très belle rencontre et vous pourriez aller plus loin dans cette relation si vous vous en donnez la peine. N'abandonnez pas et restez entreprenant et inventif. Vous pourriez concevoir et créer un projet qui va vous permettre d'asseoir une relation amicale ou de faire plaisir à un ami ou un proche. Restez dans cette énergie et terminez ce que vous avez commencé. Entretenez la relation et restez à l'œuvre pour que la personne ait conscience de votre intérêt pour elle.

Sur le plan de la **santé**, il vous faut travailler dessus afin de la recouvrer. Œuvrez pour votre bien-être. Vous pourriez commencer ou vous préparer à un travail sportif important.

5

LE CHOIX

L'énergie 5 en numérologie nous parle de changement, de mouvement et de voyage. C'est l'énergie des personnes qui ont besoin de vivre des aventures et d'être le plus souvent dans l'action. La notion de soin est aussi très importante dans cette énergie, ainsi que de la transformation de ce qui ne va pas ou plus.

Le masque du doute et du secret demande à la créature l'énergie de faire un choix : le vert ou le rouge, il n'est bientôt plus temps de tergiverser.

Lorsque cette carte se dévoile à vous dans ce sens, on vous demande de choisir entre deux ou plusieurs solutions qui se présentent. Il se peut que la carte qui suit puisse vous proposer une aide précieuse dans ce choix, voire la solution.

Chacune des flèches et pointes est une direction dans le cours de notre vie : qui peut savoir si la bonne direction sera prise ? Seule l'âme en est vraiment consciente.

Si la carte 5 se présente ainsi, elle vous propose de faire un choix et de prendre une direction parmi plusieurs possibilités. Certaines directions peuvent être très simples à prendre, d'autres moins. Mais présentement, il n'est plus temps de réfléchir, mais de choisir.

Sur le plan du **travail et de l'œuvre**, on vous demande de décider d'une stratégie déjà réfléchie ou de faire un travail plutôt qu'un autre. Peut-être ferez-vous l'un puis l'autre, ou peut-être ne sera-ce pas vous qui l'envisagerez, là n'est pas l'important. Soyez humble dans votre décision. Vous pourriez être devant un dilemme sur l'approche à avoir dans votre œuvre, mais sachez que tout chemin emprunté offre de nouvelles opportunités et aventures.

Si cela vous parle du domaine **matériel**, il vous est suggéré de prendre une décision qui peut être très importante pour vos biens ou ceux de vos proches, mais pour autant ne considérez que ce qui vous semble le plus favorable pour votre bien-être, car c'est souvent la clé de l'énigme.

Si la question porte sur le domaine **affectif et amical**, les choix sont souvent compliqués en apparence, mais votre cœur, lui, sait ce qu'il veut. Laissez-le vous souffler la bonne direction. Vous ne serez jamais déçu.

Sur le plan de **la santé**, un choix est à faire afin de la recouvrer, ou un choix de vie est à envisager pour l'améliorer. Peut-être aussi vous faut-il choisir la santé plutôt qu'une façon de vivre qui ne vous conviendrait plus. Bien que la carte qui suit puisse vous indiquer une solution afin de diriger votre choix, il n'y a jamais vraiment de mauvais chemins, mais de belles aventures à venir. Soyez le plus humble possible avec votre destinée.

BOUGER

L'énergie 5 en numérologie nous parle de changement, de mouvement et de voyage. C'est l'énergie des personnes qui ont besoin de vivre des aventures et d'être le plus souvent dans l'action. La notion de soin est aussi très importante dans cette énergie, ainsi que de transformer les choses qui ne vont pas ou plus.

Les trois pyramides du corps, de l'âme et de l'esprit exercent la volonté de bouger et sont la barre et le gouvernail de la vie, invoquant le mouvement.

Lorsque cette carte se présente ainsi, on vous propose de vous mettre en action, en mouvement. Vous devrez absolument vous déplacer et poursuivre votre aventure en quittant une situation probablement inconfortable… ou peut-être ne l'est-elle qu'en apparence seulement ? Cependant, elle peut très vite virer dans le sens inverse à celui que vous espériez, vous laissant sens dessus dessous.

Toutes les directions prises élèvent et permettent d'aller plus loin, plus vite et plus haut ; ayez confiance en l'intuition qui vous guide et bougez. Il n'est pas question de réflexion en ce moment, mais de mouvement.

Si la carte 5 se présente ainsi sur le plan du **travail et de l'œuvre**, il semble que vous soyez arrivé au bout du chemin et qu'il vous faille évoluer ou changer vos perspectives dans ce domaine. N'ayez pas peur de passer à autre chose, et quittez une situation incongrue, sclérosée et anxiogène qui vous empêcherait de faire ce que vous aimez.

Si cela vous parle du domaine **matériel**, la situation semble instable ou bloquée et vous invite à ne pas y rester ; vous êtes en mesure de manœuvrer et de vous extraire de la situation. Si vous pensez perdre des choses en quittant cette situation ou en évoluant, comprenez que vous en perdrez encore plus si vous restez ainsi. Déménager est peut-être à envisager si cela résonne pour vous.

Si la question porte sur le domaine **affectif et amical**, il semble malheureusement que vous soyez dans une situation amoureuse ou amicale complexe et fâcheuse, ou qui vous demanderait de revoir vos perspectives d'avenir. Cela peut tout à fait vous inciter à réagir afin de faire évoluer les choses ou la situation. Dans ces trois cas, la carte qui suit ou qui recouvre celle-ci est un conseil très précieux pour votre cheminement.

Sur le plan de la **santé**, il vous est peut-être demandé de faire plus de sport ou de trouver une solution à une situation qui ne vous convient pas. Un traitement médicamenteux ou une alimentation à modifier. La vie est une belle aventure qui vous propose continuellement de nouvelles choses : prenez-en le rythme.

6

LA BALANCE

L'énergie 6 en numérologie nous propose l'équilibre, la gestion et l'harmonisation autour de nous. C'est une énergie de redistribution, d'agencement et d'intégration entre les uns et les autres. Le 6 aime gérer les problèmes que peuvent rencontrer ses proches, sa famille et son milieu professionnel. Il possède un regard d'équilibre et de créativité (agencer avec goût et sens du beau et du juste).

Toutes les énergies se joignent en cœur battant et vibrant dans l'allégresse d'un audacieux partage des sens.

Lorsque cette carte apparaît ainsi, on vous demande de réévaluer votre jugement ou de revoir les pour et les contre afin de répondre au mieux à la situation. La balance nous parle de tempérance et de révision de jugement et d'idée. Elle vous indique aussi qu'il pourrait y avoir une remise en situation plus équilibrée, et qu'il ne faudrait y voir aucun mal, mais plutôt de la sagesse.

La ronde de la vie tourne et virevolte, libérant la fleur de sagesse dans une merveilleuse corolle extatique. Ainsi peut éclore la plus harmonieuse des œuvres inspirant la joie.

Si la carte 6 se présente ainsi, une vision nouvelle d'une situation vous permet d'équilibrer et de structurer les choses pour du mieux. Peut-être votre jugement était-il trop dur et rigide et vous demande-t-il de la souplesse. Ou, à l'inverse, vous étiez dans un rapport de force en votre défaveur et il convient de l'équilibrer davantage. Ce sera chose faite par cette carte.

Si la question porte sur le plan du **travail et de l'œuvre**, une injustice dans ce domaine va être réparée, vous libérant d'un poids important. Acceptez simplement les choses, ce sera pour du mieux. Vous pouvez compter sur un appui précieux.

Si cela vous parle du domaine **matériel**, un rééquilibrage peut-être financier ou une situation de vie plus saine et plus juste viennent à vous, soyez attentif car c'est pour du mieux. La carte qui suit celle-ci vous donnera une indication importante sur ce rééquilibrage.

Si la question porte sur le domaine **affectif et amical**, veillez à être plus juste avec vos proches et redistribuez votre amour avec la sagesse que votre cœur connaît. Nous sommes parfois de mauvaise foi dans ces domaines, et il nous faut toujours trouver le chemin de l'amour et de la bienveillance. La justice divine vous aide et vous aime profondément.

Sur le plan de la **santé**, il est possible que l'on vous parle d'un souci de poids ou d'un équilibre dans votre vie du fait de certains excès. Utilisez votre balance intérieure pour ajuster votre vie.

HARMONISER

L'énergie 6 en numérologie nous propose l'équilibre, la gestion et l'harmonisation autour de nous. C'est une énergie de redistribution, d'agencement et d'intégration entre les uns et les autres. Le 6 aime gérer les problèmes que peuvent rencontrer ses proches, sa famille et son milieu professionnel. Il possède un regard d'équilibre et de créativité (agencer avec goût et sens du beau et du juste).

Les papillons virevoltent, distribuant leurs joies,
et vous invitent à intégrer la ronde. Dansez avec eux
et proposez votre audacieuse lumière au monde.

Lorsque cette carte se présente dans ce sens, on vous demande de changer les choses et réajuster avec discernement une situation qui n'est pas tout à fait en phase avec vous. Distribuer est un acte de sagesse et d'amour sans égal. Vous pourriez trouver un grand intérêt à ranger vos affaires et revoir vos idées. Un monde en paix est un monde où la structure et l'équilibre règnent pour le bien commun. Remettez de l'ordre autour de vous et en vous.

Le mouvement de la vie ne peut tourner longtemps que lorsque le système est juste et que les rouages s'accordent dans une harmonie céleste. C'est à cet instant que l'énergie circule avec la fluidité et l'insouciance du papillon.

Si la carte 6 se présente ainsi, vous êtes amené à gérer la situation et à réagencer les choses en n'oubliant personne.

Si la question porte sur le plan du **travail et de l'œuvre**, l'harmonie peut régner si vous avez les bons outils et le bon matériel. Remettez de l'ordre dans votre approche du travail et fixez-vous des objectifs atteignables et tangibles. Gérez votre poste et apportez des petites modifications qui seront accueillies avec sagesse, si elles sont dans cette même énergie.

Si cela vous parle du domaine **matériel**, vous devriez mettre de l'ordre dans le domaine de l'argent et dans ce que vous avez. On dit que ce que nous possédons nous possède. Soyez assez humble avec vos avoirs et redistribuez ce dont vous n'avez plus besoin. Réagencez votre maison, votre vie pour la rendre plus belle. Mettez-y un coup de propre ou de neuf.

Si la question porte sur le domaine **affectif et amical**, il se peut que vous ayez laissé un problème familial ou d'amitié prendre une direction qui n'est plus favorable pour personne. Revoyez le problème ou remettez les choses à plat pour que la vie s'améliore. Abordez votre relation de couple avec plus de souplesse et d'écoute, cela vous donnera plus de bonheur et de bien-être que vous ne l'imaginez. Restaurez votre univers affectif par l'harmonie.

Sur le plan de la **santé**, un rééquilibrage est souhaité, peut-être sur votre façon de vivre ou un surmenage. Votre alimentation serait peut-être à revoir. Vous pourriez avoir besoin d'un soin énergétique et d'une harmonisation de votre être.

7

L'ESPRIT

L'énergie 7 en numérologie correspond à tout ce qui est de la sphère de l'esprit, de la réflexion, de la spiritualité et de la notion de conscience lorsque l'énergie y est équilibrée. Le 7 est une quête intellectuelle et spirituelle, et va essayer de comprendre le monde afin d'en découvrir les subtilités à assimiler. Il saura trouver les solutions afin d'améliorer les situations de toutes sortes sur le plan mental.

L'esprit n'est que l'incarnation du subtil
dans des équations toujours plus complexes.
Ainsi émerge l'intelligence structurée.

Lorsque cette carte se dévoile ainsi, on vous propose de faire preuve d'esprit et de regarder la situation sous un angle différent, car la difficulté que vous croyez présente ne l'est qu'en apparence. Vous êtes probablement en quête de sens, mais le problème auquel vous êtes confronté est proche de la résolution. Appliquez une méthode plus spirituelle et avancez. Il se peut que vous soyez aidé par des esprits sur d'autres niveaux de conscience, des guides, des proches défunts ou des êtres évolués qui vous soufflent des solutions. Tendez l'oreille, les messages sont bien présents.

Votre pendule intérieur se balance au gré des messages intuitifs des plus hautes parts de vous-même. Lâchez la voie du mental pour que l'esprit créatif prenne place et vous guide dans sa résolution.

Si la carte 7 se présente ainsi, on vous parle d'esprit et de spiritualité.

Si c'est sur le plan du **travail et de l'œuvre**, vous semblez croire que votre problème serait inextricable, mais il n'en est rien. Abordez ces choses concrètes avec imagination et sens créatif. La philosophie est un bon moyen d'aborder certains problèmes professionnels.

Si cela vous parle du domaine **matériel**, la peur précaire ou la perte supposée sur ce plan semble vous envahir de doutes qui n'en sont qu'en apparence. Faites appel à de plus hautes parts de vous-même, méditez ou même priez. Vos guides sont présents avec vous et vous aideront à trouver une solution viable à vos soucis.

Si la question porte sur le domaine **affectif et amical**, vous avez pris les choses un peu durement ou un peu trop à cœur. Lâchez les discernements du mental qui ne sont d'aucune résolution ici. Ce que vous croyez de la situation n'est pas forcément la réalité. Écoutez votre cœur, il a la meilleure solution à vous proposer dans ce domaine, ou allez vers l'autre ou les autres pour vous dévoiler et vous libérer. Les aides de vos proches défunts ou de votre guidance sont à l'œuvre.

Sur le plan de la **santé**, cela pourrait vous parler d'une problématique liée au mental, qu'il vous faudrait conscientiser. Développez votre esprit pour prendre soin de vous.

PENSER

L'énergie 7 en numérologie correspond à tout ce qui est de la sphère de l'esprit, de la réflexion, de la spiritualité et de la notion de conscience lorsque l'énergie y est équilibrée. Le 7 est une quête intellectuelle et spirituelle et va essayer de comprendre le monde afin d'en découvrir les subtilités à assimiler. Il saura trouver les solutions afin d'améliorer les situations de toutes sortes sur le plan mental.

Quand les mesures du temps et de l'espace intègrent
les phénomènes universels, vous découvrez le savoir
en sa statuette des sciences exposées en son livre ouvert.

Lorsque cette carte apparaît ainsi, l'heure est à la réflexion et à trouver une solution viable à un problème. Vous avez néanmoins les moyens de résolution en vous et il vous suffit d'y penser, vous allez trouver. Soyez pragmatique et méthodique pour voir apparaître la solution. Par ailleurs, il se peut que quelqu'un vous adresse ses pensées ou son amitié, et que l'information soit passée dans la sphère intuitive voire télépathique. Cela arrive plus souvent que vous ne le pensez. Restez à l'écoute, vous aurez sûrement bientôt des nouvelles de cette personne.

La structure du mental vous informe que les réponses peuvent être plus complexes qu'en apparence. Au cœur de chaque plan, il y a un vaste trésor de résolutions qui se dévoilera en une logique, un logiciel dans lequel l'énergie peut circuler.

Si la carte 7 se présente ainsi, on vous demande de réfléchir.

Si c'est sur le plan du **travail et de l'œuvre**, vous devrez trouver un autre moyen de résolution de la difficulté présente. Revoyez votre œuvre ou reprenez à une étape précédente, car vous avez loupé quelque chose qui est à votre portée sur le plan intellectuel.

Si cela vous parle du domaine **matériel**, on vous demande de revoir les solutions qui s'offrent à vous et de vous efforcer à mieux réfléchir car la solution est très proche. Changez d'angle au besoin, ou remettez en perspective certaines dépenses ou votre approche dans ce que vous souhaitez investir.

Si la question porte sur le domaine **affectif et amical**, il vous est demandé de trouver une solution au problème de votre conjoint ou en amitié, ce dont vous avez la capacité. Vous pourriez aussi tout simplement penser à une personne qui serait la solution à votre problème.

Sur le plan de la **santé**, vous pourriez avoir besoin de réfléchir afin de vous diriger vers une nouvelle solution, la carte qui suit est un complément d'information très important. Cela peut aussi vous dire que vous devriez panser vos plaies. Le langage des oiseaux est un merveilleux outil de communication de vos guides.

8

LA MAGIE

L'énergie 8 en numérologie nous parle d'abondance et de prospérité sur tous les plans. On a souvent tendance à ramener cette énergie au matériel, mais il faut la voir dans sa globalité et avoir le pouvoir d'engendrer sa réalité et son propre bonheur. La magie de la vie est probablement son meilleur synonyme. Croissance, opportunité, génération, réception.

L'être sublime se matérialise dans la magie et décuple son énergie à l'infini. Il est le mage ou la magicienne.

Lorsque cette carte apparaît ainsi, vous êtes le magicien de votre réalité et vous pouvez exprimer tout ce que vous souhaitez. Une force de vie vous permet de matérialiser tous vos besoins et toutes vos envies. Mais comme tout bon maître de la création, il vous faudra user de dynamisme et ne pas refuser les opportunités qui se présentent à vous.

Le 8 infini manifeste la force et l'énergie universelles, seules capables de créer toutes choses en ce monde. Ce rayonnement qui part de vous vous protège et exerce un phénomène magnétique de prospérité. Le pouvoir prend sa source dans votre esprit et les idées en sont les reines.

Si la carte 8 se présente ainsi, vous pouvez manifester toute votre magie par votre énergie personnelle.

Si cette question porte sur le plan du **travail et de l'œuvre**, vous brillez et exercez au sein de votre entreprise une énergie d'abondance et de matérialisation qui vous permet toutes les audaces. Vous accordez votre énergie aux bonnes idées et écartez celles qui ne sont pas utiles.

Si cela vous parle du domaine **matériel**, vous concrétisez un rêve, vous attirez à vous l'abondance et vous facilitez avec simplicité l'obtention d'un bien ou d'un objet désiré depuis longtemps. Dépassez tout particulièrement les barrières et les peurs résiduelles créées par le mental, elles n'ont pas leur place dans votre présent.

Si la question porte sur le domaine **affectif et amical**, vous êtes totalement magnétique et charismatique et personne ne vous résiste. Les personnes autour de vous vous voient comme le séducteur que vous êtes au fond de vous, ou l'ensorceleuse éclipsant toutes ses rivales. Apprenez à cultiver ce pouvoir temporaire pour qu'il dure le plus longtemps possible. Ne prêtez surtout pas attention aux médisants, car ils savent qu'en vérité c'est vous qui détenez toute la magie de ce moment.

Sur le plan de la **santé**, il semble que vous jouissiez d'une belle énergie de guérison ou d'un regain d'énergie très bienvenu en ce moment. Accueillez avec gratitude ce qui vous est proposé par la vie. Vous pourriez exercer, particulièrement en ce moment, des talents de guérison. Utilisez-les au mieux.

Cette période vous réussit très bien.

RECEVOIR

L'énergie8 en numérologie nous parle d'abondance et de prospérité sur tous les plans. On a souvent tendance à ramener cette énergie au matériel, mais il faut la voir dans sa globalité et avoir le pouvoir d'engendrer sa réalité et son propre bonheur. La magie de la vie est probablement son meilleur synonyme. Croissance, opportunité, génération, réception.

La coupe énergétique reçoit le fruit de la vie et accueille en son sein l'élixir ultime de tous les possibles et de toutes les croissances.

Lorsque cette carte vous est proposée ainsi, on vous indique que vous aurez l'immense honneur et le plaisir de recevoir les bienfaits et les grâces de la vie. Veillez à être dans la meilleure énergie afin d'obtenir les choses que vous avez souhaitées, ou accueillez avec joie et confiance ce qu'il vous sera demandé de faire. La loi d'abondance est votre meilleure alliée ici-bas.

La coupe lumineuse seule est en grâce de recevoir les bienfaits naturels que tous sont en droit d'attendre. L'énergie universelle est abondance et réussite à l'infini, et recharge ainsi l'étoile qui brille en nos cœurs. La joie est

un mouvement de grâce qui attire tous les souhaits invoqués en conscience. Elle est la faveur des dieux.

Si la carte 8 apparaît ainsi, vous êtes le canal d'énergie privilégié de l'Univers, vous allez recevoir des choses.

Si la question porte sur le plan du **travail et de l'œuvre**, une offre ou un mode d'expression vous seront proposés, qu'il sera difficile de refuser. Il vous faudra sûrement retrousser vos manches, mais sachez que le résultat en sera encore meilleur. La gratitude est toujours de mise pour l'univers qui vous rend grâce et vous propose d'être l'instrument de la création.

Si cela vous parle du domaine **matériel**, vous recevez ce que vous avez offert aux autres et peut-être même avec un léger bonus, qui sait. Pas de coup de chance dans ce cas présent, c'est simplement l'énergie que vous avez donnée qui revient vers vous, en espérant qu'elle soit dans la meilleure intention. Vous pourriez avoir un retour de don ou connaître une consécration à propos d'un projet ou d'une œuvre que vous aviez créée pour les autres.

Si la question porte sur le domaine **affectif et amical**, attendez-vous à vivre un retour d'affection ou une déclaration d'amour ou d'amitié d'une personne qui vous honore. Il est très important de cultiver l'amour inconditionnel afin de vivre dans une abondance de joie et de bonheur sur le plan amoureux ou amical. L'amour détaché de tout désir est le plus pur et le plus beau à recevoir.

Sur le plan de la **santé**, vous recevrez des soins ou de l'aide afin de surmonter plus facilement la situation. Vous pourriez obtenir des nouvelles de la situation, la carte qui suit vous indiquera de quel ordre.

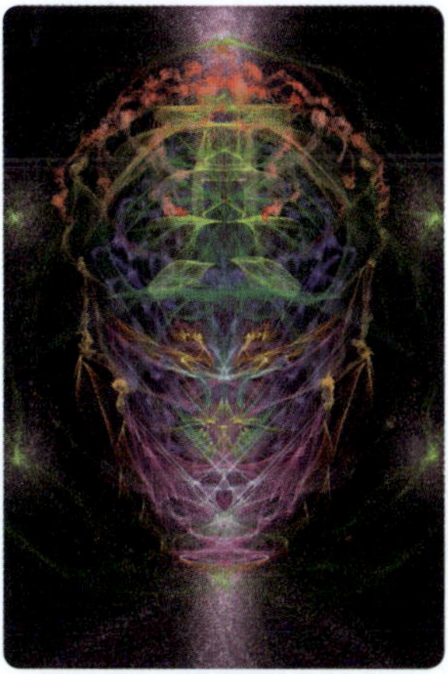

9

L'AIDE

L'énergie 9 en numérologie est liée à l'altruisme, l'éveil et la sagesse. Elle nous parle de ce don de soi qui fait de l'humain un être à part. L'homme et la femme sont naturellement des êtres de groupe et d'entraide et n'hésitent pas à prodiguer de l'aide à qui en aurait besoin. C'est l'énergie d'amour incarnée en une chaîne de bienveillance.

Une tête à l'esprit ouvert et sage diffuse la conscience dans un alignement divin. Elle connecte le ciel et la terre en rendant grâce à chaque instant.

Lorsque cette carte se présente dans ce sens, vous êtes probablement dans une situation plus ou moins difficile, mais quelqu'un a une solution pour vous et va venir à votre secours. Il n'est pas obligatoire que vous soyez en danger pour que l'on vous vienne en aide. C'est par contre fort agréable quand arrive un soutien que l'on n'attendait pas ou plus. Acceptez qu'on vous tende la main maintenant et n'oubliez pas aussi qu'un jour on vous a aidé. Maintenez cette chaîne de solidarité.

Sous toutes leurs formes et énergies, même les plus inattendues, l'aide et le renfort arrivent toujours au meilleur moment. Restez-en convaincu pour voir arriver à vous le visage éclairé de bienveillance de votre sauveur du moment, et n'oubliez pas de le remercier, ce plaisir est communicatif.

Si la carte 9 se pose ainsi, quelqu'un vient à votre secours dans vos difficultés.

Si la question porte sur le plan du **travail et de l'œuvre**, votre problématique peut vous dépasser professionnellement ou vous pourriez être dans une position insurmontable par vos propres moyens. Laissez-vous la grâce de vous faire aider, quand vous en avez besoin, par ceux qui en ont la maîtrise. On vous laissera un jour la possibilité et le plaisir de secourir une personne par vos compétences.

Si cela vous parle du domaine **matériel**, il est souvent délicat dans notre société construite autour de systèmes financiers d'accepter de recevoir de l'aide. Pour autant, voyez cette personne ou cette entité comme un allié précieux et favorable à votre réussite, qui ne vous souhaite que du bien. Vous pourriez avoir la grande nécessité d'un objet que vous n'avez pas en votre possession, celui-ci vous viendra par le plus heureux des hasards.

Si la question porte sur le domaine **affectif et amical**, il se peut qu'un ami, un parent ou votre conjoint vous aide à dépasser une situation affective un peu compliquée. Écoutez-le, car son point de vue pourrait bien vous sortir d'une situation des plus délicates et où l'on n'est pas très souvent objectif.

Dans le domaine de la **santé**, demandez que l'on vous aide afin de dépasser votre difficulté qui peut n'être que très passagère. Accordez-vous cette aide précieuse. Le conseil précieux d'un proche peut vous sauver la vie.

SOUTENIR

L'énergie 9 en numérologie est liée à l'altruisme, l'éveil et la sagesse. Elle nous parle de ce don de soi qui fait de l'humain un être à part. L'homme et la femme sont naturellement des êtres de groupe et d'entraide et n'hésitent pas à prodiguer de l'aide à qui en aurait besoin. C'est l'énergie d'amour incarnée en une chaîne de bienveillance.

Le visage fermé, nous ne sommes pas très enclins à trouver la réponse qu'il nous faudrait donner au sphinx, gardien du mental.

Lorsque cette carte arrive dans ce sens, il vous est demandé de soutenir une personne, un ami, un proche, plongés dans une situation compliquée et qui semble sans issue pour elle ou lui. Vous arrivez comme la providence, le sauveur supportant à la fois la personne et sa destinée un peu trop lourde pour ses frêles épaules. Il nous faut parfois simplement écouter ou offrir une parole réconfortante pour soutenir une personne en difficulté. Évitez pour autant de vous mettre en danger, car ce serait deux personnes alors qu'il faudrait aider.

Long est le tunnel qui enferme parfois une personne, quand aucune solution ne lui apparaît. Notre lumière

de guérison lui ôtera tous doutes ou grands martyres. Soyons le plus humble et le plus compréhensif possible, et soulageons-la du fardeau qu'elle supporte.

Si la carte 9 se place ainsi, vous devrez soutenir votre monde.

Si la question porte sur le plan du **travail et de l'œuvre**, il vous faudra retrousser vos manches afin de lui venir en aide. Les difficultés du travail sont souvent physiques, mais elles nous ôtent le dilemme de devoir partager ce que nous possédons. Vous pourriez par ailleurs obtenir de la gratitude assez rapidement par cette aide précieuse.

Si cela vous parle du domaine **matériel**, la personne peut très bien ne pas accepter votre aide qui pourtant lui est indispensable. Usez de la plus grande bienveillance et offrez-lui sans détour ce dont elle a grande nécessité. Soyez sûr que ce que vous avez offert vous sera rendu dans un moment de difficulté que vous n'auriez pas imaginé alors.

Si la question porte sur le domaine **affectif et amical**, cette aide est souvent une épaule amicale et une écoute soutenue et sincère. Le don d'empathie est à la portée de tout humain ou presque, suivez votre cœur. Votre amour des autres fera le reste. L'amour sincère est le plus beau des soutiens.

Si cela concerne la **santé**, il semblerait que vous puissiez aider une personne en difficulté ou qui aurait besoin d'être secourue. Cet apport, dans ces cas-là, est souvent vital ou revêt un caractère engageant pour le bien moral.

Soutenir, c'est aussi baisser la garde pour descendre au niveau des difficultés des autres. C'est un symbole de sagesse et de bravoure.

10

L'HOMME

L'énergie 10 en numérologie vient du 1 par réduction théosophique, mais nous apporte une information ou une énergie un peu différentes, puisque la fonction du zéro vient intensifier son énergie de démarrage et de développement personnel afin qu'elle soit un peu plus globale et ambitieuse. Le principe masculin prend totalement ses aises dans l'énergie 10, avec les notions

d'action, de commandement et de développement de projets d'ensemble, même s'il le fait avant tout pour sa propre évolution.

Le masculin sacré règne en nous dans notre quête d'alignement. L'action est une guérison incarnée en l'homme.

Lorsque cette carte apparaît ainsi, elle incarne le masculin sacré ou l'homme qui influence la personne concernée si elle une femme. Elle peut parler de soi, d'un homme, d'un ami ou d'un opposant dans d'autres situations. La carte directement associée est complémentaire, et une indication majeure du sens qu'elle incarne. La carte nous parle d'une énergie de force et d'une action concrète à propos du sujet du tirage. Elle vous propose d'incarner la situation sans faille et de la stabiliser.

Tous les chakras s'alignent dans une action juste et stable, dévoilant l'étoile de votre boussole intérieure. Vous porterez alors la couronne de sagesse et de compréhension, et sortirez l'épée de la pierre dans la tradition ancestrale. Avancez sereinement et ainsi faites régner votre lumière, source de toutes choses.

Si la carte 10 se présente ainsi, on vous propose d'incarner l'image du masculin.

Si la question porte sur le plan du **travail et de l'œuvre**, vous aurez à cœur de prendre une décision professionnelle sûre, ou bien une personne en énergie masculine interviendra. L'action et la force sont souhaitées à ce moment-là, prenez vos responsabilités et décidez de la situation.

Si cela vous parle du domaine **matériel**, il est certain qu'une énergie de décision est souhaitée dans ce domaine et que vous devrez répondre à la situation par l'action. Vous ou un homme intervenez dans la situation et prenez fonction de stabilité ou d'opposition suivant la carte la plus proche.

Si la question porte sur le domaine **affectif et amical**, soyez certain qu'un homme est de la partie, qu'il entre dans votre vie ou qu'un ami interviendra dans la situation. On pourrait aussi vous demander de prendre une décision qui ne soit pas évidente, mais qui vous sortira d'une situation instable.

Dans le domaine de la **santé**, cela peut concerner un homme proche, ou bien indiquer qu'un homme de la situation vient vers vous. La force et la détermination sont souhaitées.

DÉVELOPPER

L'énergie 10 en numérologie vient du 1 par réduction théosophique, mais nous apporte une information ou une énergie un peu différentes, puisque la fonction du zéro vient intensifier son énergie de démarrage et de développement personnel afin qu'elle soit un peu plus globale et ambitieuse. Le principe masculin prend totalement ses aises dans l'énergie10, avec les notions d'action, de commandement et de développement de projets d'ensemble, même s'il le fait avant tout pour sa propre évolution.

La divine lumière éclaire les ténèbres, rappelant une force nouvelle du puissant monarque en nous.

Lorsque la carte apparaît ainsi, on vous demande de déployer votre potentiel de leader sage et juste, et, sans faillir, de développer ce que vous avez déjà démarré auparavant. Soyez courageux et lucide et continuez à déployer la stratégie que vous avez déjà élaborée avec vos collaborateurs et proches faisant partie de ce projet. On attend de vous stabilité et décisions. En suivant vos intuitions, tous sont sûrs que vous serez à la hauteur des exigences.

La réussite dépend très souvent d'une bonne organisation, mais aussi de décisions fermes. Les bois du cerf sont comme une couronne qui capte la lumière et informe de la volonté d'inspirer pour les offrir au masculin en nous. Ainsi pouvons-nous avancer plus sereinement et devenir meilleurs.

Si la carte 10 se dévoile ainsi, on vous propose de continuer à déployer votre personnalité et d'offrir aux autres la stabilité qu'ils attendent de vous.

Si la question porte sur le plan du **travail et de l'œuvre**, il vous faudra continuer votre projet et entendre les suggestions des autres afin de réussir à progresser dans votre évolution. Vous pourriez être à même de développer de nouvelles compétences. Vous avez l'âme à agir et à dévoiler des stratégies d'entreprise.

Si cela vous parle du domaine **matériel**, il se peut que vous puissiez faire évoluer un patrimoine ou que vous apportiez des modifications importantes afin de le rendre plus rentable. La croissance est de bon augure avec cette carte, mais cela vous demande des décisions ou des choix.

Si la question porte sur le domaine **affectif et amical**, vous serez dans un amour naissant ou une situation de couple prometteuse, et il vous appartient de les faire progresser ou évoluer. Développez vos amitiés, elles pourraient aboutir à des choses très agréables ou intéressantes pour vous.

Sur le plan de la **santé**, vous avancez dans des idées de bien-être ou de soins pour les autres et vous-même. Vous pouvez développer une compétence sportive. Prenez vos responsabilités et assumez vos choix et le rôle de chef de file.

11

LE DUEL

L'énergie 11 en numérologie vient du 2 par réduction théosophique et nous parle d'union, d'association et d'amour. L'énergie 11 ne se réduisant pas dans le calcul d'un chemin de vie en numérologie classique, on lui concède la qualité de créer des liens et de rassembler autour d'elle, avec une notion de meneur à la personnalité charismatique et bienveillante. Elle intègre aussi, en opposition, la notion de dualité et de séparation.

La demeure du serpent affirme les armes de la discorde, perpétuant ainsi des millénaires de dualité.

Lorsque cette carte s'invite dans votre tirage, on vous indique un goût de dualité plus prononcé dans votre vie. Les principes universels proposent la vision que tout ce que l'on donne, on le reçoit. Et il faut souvent regarder d'où peut s'échapper ce sentiment qui nous sépare de l'autre.

Deux épées se lèvent, permettant aux yeux de la colère et à la force du combat de naître dans le cœur des êtres. Les flots de sang ont de tout temps coulé, par la volonté de ne jamais vouloir trouver des terrains d'entente et des visions communes. Porter un casque d'intelligence et de reconnaissance est le plus souvent profitable et calme les egos apeurés.

Quand la carte 11 se libère ainsi, on vous annonce un duel ou un combat des esprits.

Si la question porte sur le plan du **travail et de l'œuvre**, vous serez sensible à une ambiance dualiste sur le plan professionnel. Essayez de mesurer cette contrainte qui n'a souvent rien de très bon à offrir dans les relations. Vous affirmerez votre refus ou votre position opposée à un autre projet ou à une autre personne.

Si cela vous parle du domaine **matériel**, un temps fort en ego pourrait secouer votre vie et peut-être nuire à votre abondance. Les mésententes peuvent être monnaie courante dans le domaine financier et matériel. Pouvoir les régler avec courtoisie et justesse permet à toutes les parties d'être gagnantes. Vous défendrez vos droits ou ce que vous pensez tels.

Si la question porte sur le domaine **affectif et amical**, vous pourriez vivre des frictions sur le plan sentimental. Soyez humble et juste quant aux revendications de l'autre, et surtout acceptez les reproches avec objectivité pour ne pas dépasser les limites. Si c'est vous qui revendiquez une position, essayez de ne pas dépasser les limites de la courtoisie et de l'acceptable. Un climat d'opposition s'installe avec un proche, un ami ou votre conjoint.

Sur le plan de la **santé**, un dilemme se pose sur votre approche de vie. Regardez comment vous pouvez vous sortir de cette situation en ne vous rendant pas davantage malade. Les tensions ne sont souvent bonnes pour personne. Vous pouvez partir à l'assaut d'une maladie. Vous partez en compétition sportive.

SÉPARER

L'énergie 11 en numérologie vient du 2 par réduction théosophique et nous parle d'union, d'association et d'amour. L'énergie 11 ne se réduisant pas dans le calcul d'un chemin de vie en numérologie classique, on lui concède la qualité de créer des liens et de rassembler autour d'elle, avec une notion de meneur à la personnalité charismatique et bienveillante. Elle intègre aussi, en opposition, la notion de dualité et de séparation.

Les choix s'opposent encore vivement sur la balance des egos, et les larmes demeurent des larmes de sang.

Lorsque cette carte apparaît ainsi, vous êtes appelé à prendre une décision tranchée ou subite, et une séparation se produit dans votre vie. Animé par ce changement plus ou moins important, un sentiment de perte pourrait s'installer en vous. Réduisant une période de mélancolie voire de deuil, la résilience est une clé spirituelle importante que vous devrez emprunter afin de dépasser l'épreuve. Se séparer des choses qui ne fonctionnent plus est une voie saine qui vous permet d'évoluer. Un chemin à deux options peut être envisagé pour cette carte.

Le choix est posé, les armes sont baissées, et le serpent symbolisant l'évolution et l'éveil se dresse encore d'un regard orgueilleux, sur l'axe de la potence du temps et de l'espace. Une montagne peut nous séparer maintenant du flot d'énergie qui a déferlé avant la coupure. Ne reste qu'un visage sombre d'amertume, et la balance pesant les griefs du passé.

Si la carte 11 intervient ainsi, il vous faut prendre la décision de vous séparer de quelque chose ou de quelqu'un qui n'était plus en phase avec votre chemin de vie.

Si la question porte sur le plan du **travail et de l'œuvre**, garder un outil qui ne fonctionne plus ou de mauvaises habitudes sur le plan professionnel est néfaste à la réussite de votre projet. Vous devez peut-être vous séparer d'un partenaire ou d'un équipier.

Si cela vous parle du domaine **matériel**, il semble que vous deviez faire le choix de retirer de votre vie les choses qui n'ont plus lieu d'être. Ne les gardez pas si elles causent plus de problèmes qu'elles n'en règlent.

Si la question porte sur le domaine **affectif et amical**, il y a une séparation d'esprit ou vous allez vous éloigner d'une personne qui a pu vous faire des torts trop importants pour que vous puissiez continuer à la voir. La question qui peut se poser c'est : êtes-vous sûr que cette séparation est utile et doit absolument être actée pour votre bien ou celui de l'autre ?

Sur le plan de la **santé**, ce sont souvent des mauvaises habitudes d'hygiène de vie qui créent des problématiques dans ce domaine, débarrassez-vous-en sans détour si vous le pouvez. Accepter de se séparer d'une énergie néfaste est un acte sain pour le corps et l'esprit.

12

L'AMI

L'énergie 12 en numérologie vient évidemment du 3 de la créativité et de la communication, par réduction théosophique. Le nombre 12, plus particulièrement, nous parle d'aller vers les autres, les amis, la famille, de communiquer et d'aimer faire des rencontres. Les personnes disposant de cette énergie dans leur numérologie seront enclines à animer des réunions, à prononcer des allocutions et peut-être à former un groupe. Elles ont un relationnel intuitif.

Que votre cœur diffuse la lumière que partage votre déesse intérieure à travers vos proches et connexions sincères.

Lorsque cette carte sort ainsi, on vous parle d'amitié et de personnes proches et qui veillent sur vous. Un ami est là pour vous, ou une personne importante peut intervenir dans votre vie et apporter sa précieuse contribution. Il se pourrait aussi qu'une amie ait besoin de votre aide. Les cartes qui entourent celle-ci vous proposent une bonne information sur le sujet.

Toutes les belles lumières et les richesses de couleurs sont autant de parts de vous qui interagissent dans votre réalité. Tous ces chemins vous guident et sont les messagers de votre amour envers le monde et la vie. Chaque amitié est une lumière guidant votre céleste univers de joie.

Si la carte 12 se présente ainsi, une amitié se présente dans votre tirage ou une relation importante intervient dans votre vie.

Si la question porte sur le plan du **travail et de l'œuvre**, une personne que vous connaissez bien ou un ami vous viennent en aide et vous apportent des moyens d'avancer sur votre parcours professionnel. Les amis peuvent être au cœur de votre vie d'entreprise, et si les relations sont sincères, vous pouvez compter sur eux.

Si cela vous parle du domaine **matériel**, l'intervention d'un ami ou d'un proche vient influencer la situation et peut-être apporter son aide. Il se peut qu'un ami vous offre quelque chose de précieux. Vous pourriez vous aussi intervenir dans la vie d'un de vos amis de manière importante.

Si la question porte sur le domaine **affectif et amical**, préservez vos amitiés et vos proches. Vous avez le soutien d'un ami sur ce plan, ou en tout cas vos amis sont avec vous ; rendez-leur l'amitié par votre présence ou un petit message leur rappelant votre affection. Rappelez-vous que vous êtes quelqu'un de précieux et d'important pour vos proches.

Sur le plan de la **santé**, vous avez vos amis autour de vous pour vous aider dans cette situation peut-être inconfortable. L'intervention d'une amitié est propice à votre rétablissement. Elle est le soutien moral qui permet de dépasser les situations compliquées plus facilement.

Vous pourriez participer à un événement entre amis ou proches.

RENCONTRER

L'énergie 12 en numérologie vient évidemment du 3 de la créativité et de la communication, par réduction théosophique. Le nombre 12, plus particulièrement, nous parle d'aller vers les autres, les amis, la famille, de communiquer et d'aimer faire des rencontres. Les personnes disposant de cette énergie dans leur numérologie seront enclines à animer des réunions, à prononcer des allocutions et peut-être à former un groupe. Elles ont un relationnel intuitif.

Les voies colorées d'un feu d'artifice
convergent pour entraîner vers une direction
propice au bonheur du groupe.

Lorsque cette carte vous arrive ainsi, vous allez rencontrer quelqu'un d'important sur votre chemin d'évolution. On vous propose de ne pas fermer de portes et de faire preuve d'ouverture d'esprit durant cette période. Toutes les rencontres nous apprennent quelque chose, soyez attentif et allez vers les autres avec grâce et sérénité pour faire de ce moment le meilleur.

La magie des rencontres est une danse des âmes pour animer votre vie. Vous ne pouvez pas forcément savoir

comment se terminera une rencontre, mais vous savez l'accueillir, tout simplement en restant vous-même. Les chemins se lient et divergent, mais il est toujours bon de rencontrer de nouvelles relations ou situations.

Si la carte 12 se présente ainsi, partez à la rencontre de la nouveauté.

Si la question porte sur le plan du **travail et de l'œuvre**, vous allez vers quelque chose de nouveau et peut-être de très différent de ce que vous faisiez auparavant. Changer de travail peut vous transformer à jamais. Gardez l'esprit ouvert et allez vers votre destin, c'est favorable.

Si cela vous parle du domaine **matériel**, vous allez à la rencontre de quelque chose que vous ne connaissiez peut-être pas. Une œuvre d'art, un objet, une nouvelle maison : soyez attentif à ce qui se présente et entrez en communication avec la nouveauté. Vous achetez un objet ou quelque chose qui vous fait plaisir.

Si la question porte sur le domaine **affectif et amical**, cela vous parle évidemment d'aller vers une nouvelle personne ou de rencontrer quelqu'un. Lancez-vous dans une nouvelle aventure sentimentale ou d'amitié. Nos relations sont nos forces dans les bons comme dans les mauvais moments. Une nouvelle rencontre est une porte qui s'ouvre sur la joie.

Sur le plan de la **santé**, vous rencontrez une personne qui va vous aider dans une situation donnée. La guérison passe par des rencontres souvent avec soi-même, mais aussi avec d'autres personnes capables de nous montrer ce que nous ne savions pas voir en nous. Vous allez vers un nouvel événement propice à votre bien-être.

13

LA FIN

L'énergie 13 en numérologie vient par le 4 lié au travail, à l'œuvre, la construction et la protection, par réduction théosophique. Le nombre13 nous parle de prendre nos responsabilités et de trancher une situation qui n'a plus lieu d'être dans notre vie. La fin de cette situation permet d'en récolter des fruits et d'en construire une nouvelle sur des bases plus saines. Je tranche et je crée le socle de la nouveauté.

La face lugubre de la mort d'une situation n'est qu'apparente et nous hypnotise par son regard luisant dans la nuit vers son ultime dessein.

Lorsque cette carte apparaît ainsi, on vous indique la fin d'une situation qui a pu être complexe dans votre vie. On vous demande peut-être d'arrêter de faire quelque chose qui ne vous était pas ou plus favorable. On laisse l'ancien mourir pour du nouveau en continuant à avancer vers de nouvelles lumières.

Le cercueil renfermant notre passé nous prépare à une terre fertile pour construire notre œuvre nouvelle. La peur présente n'est que résistance de l'ego, qu'il convient de rassurer pour ne pas empêcher de nouvelles graines de germer. La mort n'est rien d'autre qu'un prolongement de la vie dans l'éternelle renaissance.

Si la carte 13 intervient ainsi, l'oracle vous indique qu'une situation prend fin pour votre plus grand bien.

Si la question porte sur le plan du **travail et de l'œuvre**, vous acceptez d'arrêter un travail ou un projet qui n'a plus de sens pour vous et vous passez à autre chose. Cela peut aussi vous indiquer que votre œuvre est terminée et que d'y apporter quoi que ce soit d'autre serait inutile et nuirait peut-être au résultat final. La fin d'un contrat de travail ou un changement important dans celui-ci vous sont annoncés.

Si cela vous parle du domaine **matériel**, vous arrivez à la fin d'une situation pénible sur le plan financier ou matériel.

Vous quittez un lieu ou vendez un bien. Abordez ce changement avec sagesse et le plus sereinement possible. Il se peut qu'un objet arrive au bout de son fonctionnement et doive être changé. Vous terminez un processus, un contrat ou un crédit.

Si la question porte sur le domaine **affectif et amical**, c'est probablement la fin d'une histoire ou d'une situation affective compliquée. Il se peut qu'un dysfonctionnement dans le couple en sonne le glas, qu'une amitié prenne fin ou reparte sur une base plus saine et plus solide.

Sur le plan de la **santé**, vous seriez à la fin d'un supplice et vous pourriez renaître à de nouvelles perspectives sur ce plan. C'est la fin d'une maladie ou d'un mal.

Vous terminez une phase de votre vie et vous allez en commencer une nouvelle.

RÉCOLTER

L'énergie 13 en numérologie vient par le 4 lié au travail, à l'œuvre, la construction et la protection, par réduction théosophique. Le nombre 13 nous parle de prendre nos responsabilités et de trancher une situation qui n'a plus lieu d'être dans notre vie. La fin de cette situation permet d'en récolter des fruits et d'en construire une nouvelle sur des bases plus saines. Je tranche et je crée le socle de la nouveauté.

Le mouvement de la faux tranche les blés mûrs, récoltant la force de vie. Acceptez-en le fruit.

Lorsque cette carte apparaît ainsi, vous êtes appelé à récolter ce que vous avez semé. La notion de positif et de négatif n'est jamais forcément simple à déceler, mais l'acte, lui et l'action se font et vous en obtenez le résultat. Acceptez maintenant les choses telles qu'elles sont et appréciez l'idée que cette fin soit juste et bonne pour vous.

Il y a des décisions dont le timing doit être à leur juste mesure. L'action brutale vous libère d'un travail qu'il convient de faire ou d'accepter. Les défunts et les êtres de tous règnes vous aident à accueillir cette énergie de soin

et l'expression du gain. Les énergies lancées, comme les cultures, doivent être récoltées au bon moment.

Si la carte 13 tombe ainsi, on vous annonce une récolte à effectuer ou à recevoir.

Si la question porte sur le plan du **travail et de l'œuvre**, vous récupérez le fruit d'une action ou d'un travail entrepris. Il se peut que ce soit à la suite d'une erreur de votre part ou d'un excellent retour vous indiquant que ce que vous avez réalisé est apprécié.

Si cela vous parle du domaine **matériel**, il semble que vous ayez fait un choix dont les retombées devraient très rapidement vous revenir. Vous pourriez assez aisément les apprécier et même les réinvestir, si le gain est positif. Si ce retour semble négatif, dites-vous que vous êtes encore dans la course et rebondissez avec philosophie.

Si la question porte sur le domaine **affectif et amical**, vous avez su proposer une bonne énergie sur ce plan ; peut-être qu'une belle situation se concrétise en amour ou qu'une autre vient à vous. Vous pourriez aussi avoir un regain d'amitié à la suite d'une bonne action que vous avez faite auparavant. Vous pourriez aussi – et malheureusement – subir les conséquences d'une action néfaste, mais les choses sont parfois ainsi, et accepter reste le meilleur choix de vie.

Sur le plan de la **santé**, vous récoltez le fruit de certains de vos choix de vie ; vous serez à même de vous adapter à la situation et de modifier au besoin ce qui ne conviendrait plus. Travailler sur soi permet de constamment améliorer son capital santé.

14

LA RUPTURE

L'énergie 14 en numérologie vient, par réduction théosophique, du 5 dont l'archétype est le mouvement, le voyage, la transformation et le soin. Elle nous indique qu'un travail et une action transformante et salvatrice sont menés, peut-être à notre insu ou par accident. Cela permet souvent de remettre du soin ou les choses à plat, et d'y voir plus clair pour la continuité de votre aventure humaine.

Le feu de la passion sépare ce qui n'est plus apte à briller de concert, dans un puissant et soudain maelström énergétique.

Lorsque cette carte frappe ainsi, la séparation s'effectue de manière claire et sans équivoque. Le moment peut prendre des allures de grande délivrance pour l'une des deux parties, mais à l'issue vous savez que tout le monde est aidé et que les choses pourraient bien très vite s'apaiser dans la compréhension et l'équilibre. Les lois de l'Univers s'imposent toujours dans l'équité de ce que l'on souhaite vraiment, même si elles peuvent parfois sembler remuantes.

Le feu et la glace font rarement bon ménage, même si l'on tente souvent de les accorder. Mais les lois de l'équilibre universel imposent leurs énergies répulsives lorsque des prières sincères leur sont adressées, délivrant ainsi les êtres dans la douleur.

Si la carte 14 tombe ainsi, une séparation entre deux ou plusieurs personnes s'impose.

Si la question porte sur le plan du **travail et de l'œuvre**, votre approche dans ce domaine n'est plus en accord avec vos valeurs profondes, et même si vous n'aviez pas encore assez bien pris conscience de la situation, votre réalité se charge de l'installer. Vous pourriez rompre votre contrat de travail et vous diriger vers autre chose. Vibrez à ce que vous souhaitez en cet instant précis pour apaiser les doutes et les peurs.

Si cela vous parle du domaine **matériel**, une action de l'Univers sur le plan de l'abondance ou un trop-plein vous permettent d'évoluer et de changer vos perspectives. Un appareil tombe en panne, vous indiquant un message à interpréter ? Faites le nécessaire, si vous le pouvez, pour le réparer ou le remplacer et prenez la mesure du message.

Si la question porte sur le domaine **affectif et amical**, le message est assez clair et indique une rupture d'état d'esprit entre vous et d'autres personnes : une remise en question est de mise dans cette situation.

Sur le plan de la **santé**, vous pourriez être sujet à de fortes fatigues ou à une baisse de votre niveau d'énergie qui vous mettraient à mal. Prenez du repos. Rupture possible sur le plan physique par surmenage. Faites attention à votre santé, elle est précieuse.

FRAPPER

L'énergie 14 en numérologie vient, par réduction théosophique, du 5 dont l'archétype est le mouvement, le voyage, la transformation et le soin. Elle nous indique qu'un travail et une action transformante et salvatrice sont menés, peut-être à notre insu ou par accident. Cela permet souvent de remettre du soin ou les choses à plat, et d'y voir plus clair pour la continuité de votre aventure humaine.

L'énergie soudaine et venant de plus haut frappe telle la foudre, détruisant ce qui ne sert plus pour l'être.

Lorsque cette carte survient ainsi, une énergie de destruction vient frapper un aspect précis de votre vie et vous remettre ainsi en question. Vous ne pourrez qu'accuser le coup et prendre les mesures afin de remettre les choses en ordre, en changeant votre manière de faire pour ne pas retomber dans les mêmes travers. N'oubliez pas que l'Univers ne vous veut que du bien et que c'est malheureusement parfois de cette manière qu'il vous enseigne les choses. Lorsque vous n'arrivez pas à conscientiser une problématique, votre monde réagit.

La foudre céleste frappe la réalité et détruit une situation trop improbable. La créature n'apparaissant ni bien, ni mal n'est que témoin de constructions bancales qu'il convenait de revoir ou de changer. Un vent nouveau est perceptible déjà, vous soufflant de nouvelles opportunités.

Si la carte 14 frappe ainsi votre esprit, une énergie de renouveau souffle subitement.

Si la question porte sur le plan du **travail et de l'œuvre**, vous pourriez avoir à reprendre une œuvre qui n'était pas à votre niveau d'exigence ou qui ne fonctionnait pas convenablement. Vous pourriez, dans un cas extrême, être sur le point de perdre votre travail ou un client : prenez les bonnes mesures.

Si cela vous parle du domaine **matériel**, vous pourriez perdre gros en restant campé sur des positions dissonantes. Il se peut qu'un accident ou une panne sur l'un de vos biens survienne. Faites le nécessaire et anticipez dès que vous en avez conscience. La carte qui suit vous indique le domaine d'expression.

Si la question porte sur le domaine **affectif et amical**, une amitié ou votre couple peut être en danger et cela nécessite de vous reprendre afin de rééquilibrer la situation. Réfléchissez au bon sens à mettre en œuvre.

Sur le plan de la **santé**, un souci de santé plus ou moins important pourrait advenir à l'un de vos proches ou à vous-même, dont vous avez perçu les premières alertes. Prenez les choses en mains pour ne pas devoir le subir.

Cette carte peut vous prévenir qu'il vous faut réagir avant qu'une situation vienne vous frapper de manière rapide et impromptue.

15

LA MALADIE

L'énergie 15 en numérologie vient, par réduction théosophique, du 6 qui parle d'équilibre, de gestion, d'harmonie. Le 15 vous indique une ré-harmonisation de votre être au niveau du corps ou de l'esprit. La notion de mise en mouvement et de transformation dans votre vie vous permet d'équilibrer et d'aligner votre système : corps, âme et esprit. Et ainsi d'être plus à même de gérer vos problèmes et d'aider les autres.

La vile bête déploie son piège, dans lequel se meurt l'être asservi qui n'est alors plus que créature ignorante et soumise.

Lorsque cette carte est imposée ainsi, elle vous parle d'une maladie dont le sujet concerné par la question serait prisonnier. Servitude involontaire, addiction ou passion mortifère, la difficulté de la maladie est souvent d'en prendre conscience. La carte, par sa présence, peut nous aider dans cette démarche. Une situation de dépendance sûrement inconfortable est révélée.

La vie du quotidien peut être infestée de pièges plus ou moins conscients qu'il conviendrait d'éclairer. Parfois, les maladies sont douces et imperceptibles, parfois flagrantes et inextricables. Pour autant, la perte d'énergie vitale est bien présente, nourrissant les monstres avides. Repérer une maladie, c'est avoir un pied sur le chemin de la guérison.

Si la carte 15 se présente ainsi, on vous parle du domaine de la maladie ou des addictions.

Si la question porte sur le plan du **travail et de l'œuvre**, vous pourriez vous tuer à la tâche, être confronté à une situation ou à des personnalités toxiques contre lesquelles il faudrait vous immuniser. Soit en vous éloignant d'elles si vous le pouvez, soit en leur rappelant que la toxicité nuit, à long terme, à votre tâche et à l'accomplissement de votre œuvre.

Si cela vous parle du domaine **matériel**, vous avez peut-être en votre possession un objet ou un bien qui ne vous convient pas et qui nuit à votre santé. La carte qui précède celle-ci peut être un indicateur pour vous permettre de le déceler.

Si la question porte sur le domaine **affectif et amical**, une personnalité de votre entourage familial ou amical est suffisamment toxique pour votre santé, qu'il convienne à l'oracle de vous en prévenir. Certains de vos amis ou de vos proches seraient malades et auraient besoin de votre aide, mais n'oseraient peut-être pas vous le demander.

Sur le plan de la **santé**, il se peut que l'on vous parle simplement du monde de la maladie ; mais plus vraisemblablement, vous pourriez tomber malade si vous persistez dans une situation anxiogène ou addictive. Le meilleur des remèdes reste une alimentation équilibrée et un bon quota de sommeil. Évitez les excès, du moins pour le moment.

SE SOIGNER

L'énergie15 en numérologie vient, par réduction théosophique, du 6 qui parle d'équilibre, de gestion, d'harmonie. Le 15 vous indique une ré-harmonisation de votre être au niveau du corps ou de l'esprit. La notion de mise en mouvement et de transformation dans votre vie vous permet d'équilibrer et d'aligner votre système : corps, âme et esprit. Et ainsi d'être plus à même de gérer vos problèmes et d'aider les autres.

Le grand chaman en nous peut stopper l'envahisseur dans sa progression, par son pouvoir personnel de guérisseur. Appelons à nous la force et la vigueur retrouvées.

Lorsque cette carte se présente dans ce sens, on vous propose de trouver un outil thérapeutique afin de vous débarrasser de mauvaises habitudes qui, à terme, pourraient nuire à votre santé. Vous avez tout à fait pris conscience d'un problème qui vous perturbe la vie, il ne vous manque plus que la volonté de le régler. Sachez que vous êtes d'ores et déjà entouré de toute une équipe qui est prête à vous aider dans votre quête d'une bonne santé. Pour la mobiliser, il vous suffit de poser une intention et de l'en remercier comme exécuté ou déjà acquis.

Activez la bulle d'énergie comme un cocon protecteur afin de permettre aux multiples rayons de votre magie guérisseuse de détruire ce qui tenterait de vous envahir ou de vous nuire. Par votre conscience, vous êtes votre premier soignant. Faites valoir vos droits à la santé.

Si la carte 15 se propose ainsi, vous prenez conscience que vous devez vous sortir d'une situation toxique.

Si la question porte sur le plan du **travail et de l'œuvre**, vous prenez des mesures pour prendre soin de vous au travail, que ce soit par des moyens de protection, des outils mieux adaptés ou des actions concrètes sur des choses qui ne vous conviennent plus.

Si cela vous parle du domaine **matériel**, vous trouvez des outils et des remèdes pour améliorer votre domaine financier ou de l'abondance. Une nouvelle approche de votre vie vous propose de penser un peu plus à votre confort personnel et de l'améliorer.

Si la question porte sur le domaine **affectif et amical**, vous repérez les personnes qui ne vous conviennent pas et vous vous en éloignez un peu. Vous travaillez sur votre domaine émotionnel afin d'être moins perturbé par les problèmes des autres et de ne plus fonctionner comme une éponge.

Sur le plan de la **santé**, vous trouvez un remède de qualité à un problème récurrent chez vous. Vous allez voir un médecin ou réglez des problèmes de santé qui pouvaient vous sembler mineurs, mais qui, à la longue, vous auraient causé beaucoup de tort. Vous prenez soin de vous et changez des mauvaises habitudes, ou en tout cas vous les minimisez.

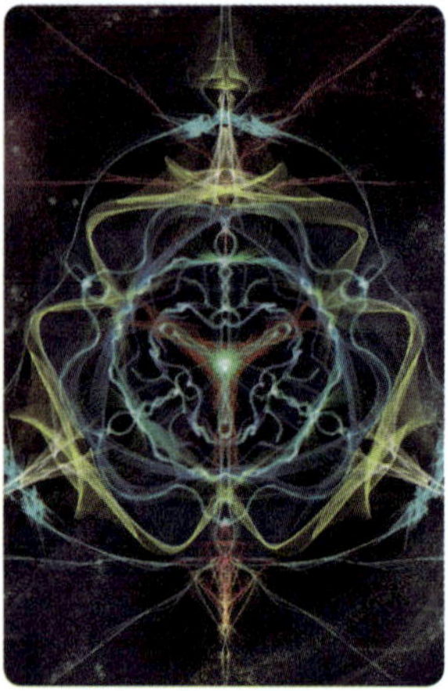

16

LA BOUSSOLE

L'énergie 16 en numérologie vient, par réduction théosophique, du 7 et nous parle d'intelligence et de spiritualité. Le 16 nous indique une recherche d'équilibre et de gestion de nos polarités. Trouver la bonne direction, la voie à suivre et être aligné sur le plan spirituel, c'est trouver le sens de notre vie.

L'axe du monde vous est acquis, ainsi que l'alignement des plus anciennes traditions que doit suivre l'humain pour être complet en terre.

Lorsque cette carte s'aligne devant vous, votre tirage vous indique la bonne direction, et vous savez que vous êtes sur la bonne route. Le chemin se dévoile devant vous et vous comprenez à quel point vous êtes guidé dans la bonne direction. L'alignement est la clé qui vous permet de prendre les décisions les plus justes et les plus sages.

En tant qu'être humain aux multiples corps subtils, vous êtes une antenne et vous pouvez capter les voix de l'Univers. Vous entendez et, intuitivement, vous vous connectez à vos guides, vos ancêtres, votre âme, aux plus hautes parts de vous-même afin de vous diriger sans faille vers votre plus somptueuse destinée. L'énergie spirituelle vous invite à développer votre guidance.

Si la carte 16 s'aligne ainsi, vous trouvez la voie et vous êtes dans la bonne direction.

Si la question porte sur le plan du **travail et de l'œuvre**, vos projets sont en parfait alignement avec qui vous êtes, et vous devez simplement continuer dans ce sens. Vous êtes votre propre protection, et ce que vous construisez est stable et sûr.

Si cela vous parle du domaine **matériel**, ce que vous pensez est juste et vous alignez vos besoins avec vos envies.

Suivez vos intuitions, vous ferez des investissements judicieux et votre avenir sera d'autant plus radieux.

Si la question porte sur le domaine **affectif et amical**, vous captez et ressentez les autres comme s'ils étaient vous-même, et vous comprenez leurs choix et leurs attentes. Vous pouvez être un guide important pour vos proches. Vous avez peut-être fait une rencontre importante pour votre avenir : vous pouvez être rassuré sur la personne à laquelle vous pensez, c'est la bonne.

Sur le plan de la **santé**, vous respirez une énergie d'équilibre et d'harmonie sur le plan spirituel et intellectuel. Restez dans cet alignement corps - âme - esprit.

Vous pourriez être de très bon conseil pour les autres et vos proches ressentiront sûrement le besoin de venir vous demander conseil, soyez-en digne.

SPIRITUALISER

L'énergie 16 en numérologie vient, par réduction théosophique, du 7 et nous parle d'intelligence et de spiritualité. Le 16 nous indique une recherche d'équilibre et de gestion de nos polarités. Trouver la bonne direction, la voie à suivre et être aligné sur le plan spirituel, c'est trouver le sens de notre vie.

Le pendule, dans un alignement juste,
permet de prodiguer la sagesse universelle.

Lorsque cette carte apparaît ainsi devant vous, elle vous encourage à prendre du recul sur les choses qui pourraient vous contraindre, et à partager votre sagesse afin d'aider à équilibrer le monde. La voix de chaque être humain peut être une grande source de savoirs spirituels, soyez-en simplement convaincu, comme l'est l'Univers en vous faisant confiance.

Le noyau lumineux de guérison et d'équilibre propage les connaissances millénaires en vous, ainsi que tous les outils de communication qui vous sont proposés. Tous les êtres vivants de notre monde ont la capacité de proposer l'équilibre et l'harmonie spirituelle, car ils en sont l'es-

sence même. Nous ne sommes qu'une parfaite alchimie d'énergies et d'informations.

Si la carte 16 se présente ainsi, vous apportez au monde un souffle spirituel appréciable.

Si la question porte sur le plan du **travail et de l'œuvre**, vous pourriez transmettre des connaissances spirituelles profondes ainsi qu'une vision très personnelle des savoirs et de la conscience à travers vos talents en la matière. Laissez agir votre esprit créatif et les plus hautes parts de vous s'exprimer.

Si cela vous parle du domaine **matériel**, vous serez responsable et philosophe dans une situation qui aurait sûrement suscité chez vous une réaction complexe. Vous apportez à vos situations ou interlocuteurs dans ce domaine la possibilité de voir en vous une personne humble et sage.

Si la question porte sur le domaine **affectif et amical**, vous avez à cœur de partager avec vos proches et votre entourage une vision réfléchie et tout en sagesse et en humilité. Ici, point de débordement ou de colère, votre approche sera bienveillante et mesurée. Partagez vos savoirs dans ce domaine et échangez en toute simplicité ce que vous pensez pour aider à l'équilibre et à l'harmonie.

Sur le plan de la **santé**, vous prenez du temps pour vous afin de méditer, ce qui est une forme de soin indéniable et une source de bien-être. Partagez autour de vous la science de votre spiritualité afin d'aider des personnes qui se sentiraient malades ou pas très bien.

17

LE SORTILÈGE

L'énergie 17 en numérologie vient, par réduction théosophique, du 8 et nous parle d'abondance, de réussite et de matérialisation. L'énergie 17 est l'enseignement et la réussite par les apprentissages intellectuels et spirituels. Le 17 nous propose d'utiliser l'esprit et l'élévation afin d'obtenir de nouvelles choses.

Les forces et magies de la nature créent de nouveaux horizons de prospérité par les souhaits lancés vers l'Univers. Le sens est à votre charge.

Lorsque cette carte apparaît devant vous, elle vous parle de créer votre magie personnelle par des souhaits formulés afin de vivre l'abondance et la réussite. Elle vous indique une ascension et une force magnétique, qui vous permettent de concrétiser les choses pour vous et vos proches. Votre bonne étoile vous guide vers un autre niveau de conscience et de prospérité. Lancez les énergies car tout vous réussit.

La magie magnétique et les forces d'abondance de la nature illuminent votre chemin de vie par l'extase et le bonheur. Vous progressez par vos acquis et vos démarches d'apprentissage, et vos idées vont payer. La lumière universelle illumine votre route d'une lueur nouvelle et propice à une récolte sur tous les plans. Le bon état d'esprit est un catalyseur au pouvoir inestimable, que chacun a en soi.

Si la carte 17 se présente ainsi, vous vibrez l'abondance et l'expansion en les souhaitant.

Si la question porte sur le plan du **travail et de l'œuvre**, une belle progression ou promotion vous sont acquises d'avance. Vous obtiendrez un nouveau poste ou vous trouverez un travail plus intéressant et valorisant. Vous aurez de nouveaux objectifs, et votre valeur sera reconnue. Tout est possible.

Si cela vous parle du domaine **matériel**, une élévation de votre niveau de vie sera acquise par l'élévation de votre vision de la situation et vos choix mesurés et judicieux d'état d'esprit, et peut-être d'état d'âme. Vous avez l'opportunité de vous offrir quelque chose qui vous fait très plaisir. Vous pourriez aussi faire construire ou faire une excellente récolte. Envoyez vos souhaits à l'Univers pour qu'ils se concrétisent.

Si la question porte sur le domaine **affectif et amical**, vous pourriez attirer à vous des personnes qu'il vous plairait de connaître, il ne tient qu'à vous d'en exprimer le souhait. Devenez le grand magicien de votre vie.

Sur le plan de la **santé**, vos souhaits et vos vœux vous permettent de vous maintenir en forme et votre magie personnelle vous protège. Garantissez-vous une excellente santé pour l'avenir tout en restant en phase avec votre intériorité. Les rituels de bien-être et les pratiques spirituelles telles que le repos mental et la méditation sont très bons pour l'équilibre de votre santé.

ÉLEVER

L'énergie 17 en numérologie vient, par réduction théosophique, du 8 et nous parle d'abondance, de réussite et de matérialisation. L'énergie 17 est l'enseignement et la réussite par les apprentissages intellectuels et spirituels. Le 17 nous propose d'utiliser l'esprit et l'élévation afin d'obtenir de nouvelles choses.

La pyramide tend vers la lumière de notre
bonne étoile pour propulser l'être vers
des sommets de conscience inaltérables.

Lorsque cette carte se présente dans ce sens, il vous est proposé d'enseigner vos savoirs acquis ou innés, et de faire profiter votre monde de vos lumières. Nous ne sommes parfois pas assez confiants dans ce que nous sommes capables d'apporter aux autres, et pourtant nous sommes une mine de savoir par notre approche très personnelle de la vie. Conseillez et prodiguez vos lumières avec bienveillance.

Depuis la nuit des temps, des outils d'élévation nous ont permis d'éveiller l'humanité à son véritable pouvoir, celui de s'harmoniser et de prodiguer l'équilibre autour d'elle. La magie de certains objets tels les cristaux, les

pyramides, les pierres levées et les talismans, vecteurs de toutes sortes d'énergies, nous permettent d'aller beaucoup plus loin que les générations qui nous ont vus naître. Élever sa descendance est un acte de grande sagesse permettant à l'équilibre universel de perdurer.

Si la carte 17 se présente ainsi, vous vous élevez et permettez à l'humanité d'aller plus loin.

Si la question porte sur le plan du **travail et de l'œuvre**, vous apportez votre contribution par la qualité de votre travail et vous la transmettez aux autres par un bel acte d'amour inconditionnel. Vous faites évoluer votre métier, et votre savoir-faire est reconnu et salué. Votre entreprise est florissante ou le devient grâce à vos qualités et à vos compétences.

Si cela vous parle du domaine **matériel**, vous vous élevez socialement ou vous apportez des biens à la communauté, par exemple aux associations et aux groupes d'entraide; vous aidez matériellement les autres par bienveillance.

Si la question porte sur le domaine **affectif et amical**, vous pourriez passer du temps avec votre entourage, votre famille et vos amis. Vous transmettez des valeurs pour l'avenir à vos enfants. Vous aidez votre conjoint à évoluer sur le plan intellectuel ou spirituel, ce qui vous vaut un état de grâce.

Sur le plan de **la santé**, vous augmentez votre bien-être par de nouvelles compétences et des connaissances qui vous apportent, ainsi qu'à votre entourage, des moyens de vivre mieux.

L'élévation intellectuelle et spirituelle est un cadeau inestimable pour le monde.

18

L'INTUITION

L'énergie 18 en numérologie vient, par réduction théosophique, du 9 et nous parle de don de soi, d'éveil et de sagesse acquise et prodiguée. Le 18 en est une approche des plus libres, car elle nous permet de réussir par notre connectivité et notre intuition, et de la prodiguer autour de nous. Nous pouvons transmettre les messages que nous recevons et aider les autres à avancer dans leurs vies.

Au cœur de l'humain est une antenne captant tous les champs de conscience qui lui seraient accessibles dans sa clarté d'être.

Lorsque cette carte vous arrive ainsi, vous recevez les messages détachés de toute peur et de tout doute pour vous, ainsi que pour d'autres. Vous êtes alors guidé par les parts les plus hautes et les plus créatives de vous-même. Tout le monde est capable de se connecter à ses intuitions, il suffit pour cela de se libérer des charges et structures complexes du mental pour suivre des voies plus simples et plus fluides.

La ronde des fréquences et des informations quantiques vous propose de recevoir la vie d'ailleurs. Il n'y a jamais d'échec en vous, et tout n'est qu'apprentissage et aventure. Chaque intention lancée possède sa réponse : saurez-vous entendre le message qui vous est adressé de toutes les parts de vous-même ?

Si la carte 18 se présente ainsi, vous êtes évidemment connecté à votre intuition, et vos ressentis sont très importants pour la situation ou la question.

Si la question porte sur le plan du **travail et de l'œuvre**, vous sentez ce que vous devez faire pour avancer sur le plan professionnel et vous n'avez qu'à appliquer ce que vous percevez. Vos sens créatifs sont bien présents et en phase avec votre situation professionnelle. Vous pouvez tout à fait demander aux plus hautes parts de vous-même de vous transmettre l'information, elles se feront un plaisir de vous aider.

Si cela vous parle du domaine **matériel**, vous ressentez parfaitement ce dont il est question, et tous les manques peuvent être comblés par ce canal intuitif que vous avez développé. Croyez en ce que vous percevez.

Si la question porte sur le domaine **affectif et amical**, vos ressentis sont pertinents envers la personne dont il est question et ce serait dommage de vous en priver. Soyez libre d'explorer les communications intérieures qui vous viennent, en accord avec ce qui se présente à vous, cela comblera des frustrations inutiles.

Sur le plan de la **santé**, vous recevez les messages qui vous permettent de prendre les meilleures décisions pour votre bien-être ; soyez simplement juste avec ce qui vous vient. Votre corps vous parle, écoutez-le avec amour et attention, il a besoin de vous.

CONNECTER

L'énergie 18 en numérologie vient, par réduction théosophique, du 9 et nous parle de don de soi, d'éveil et de sagesse acquise et prodiguée. Le 18 en est une approche des plus libres, car elle nous permet de réussir par notre connectivité et notre intuition, et de la prodiguer autour de nous. Nous pouvons transmettre les messages que nous recevons et aider les autres à avancer dans leurs vies.

Les deux esprits unifiés et synchronisés créent
la connexion consciente. Ainsi, les voies de tous
les autres règnes vous sont-elles ouvertes.

Lorsque cette carte vous apparaît ainsi, vous pouvez éveiller les personnes autour de vous aux solutions les plus élevées afin de monter le niveau de conscience. Vous êtes une aide bienveillante pour votre entourage et les autres, et vous pouvez prodiguer beaucoup de conseils et d'écoute le plus humblement du monde. Votre soutien intellectuel et spirituel est apprécié et reconnu par toutes les personnes de votre cercle d'influence, et bien plus encore.

La connaissance et la sagesse sont comme des cercles d'énergies informationnelles qu'il convient de faire vibrer

avec sincérité, humilité et talent. N'oubliez pas que dans la transmission des lois de l'Univers, vous n'êtes pas seul. Vous pouvez vous connecter à tout un monde invisible bien plus vaste que vous ne pouvez l'imaginer, et qui serait enchanté de vous aider à répandre les plus grandes philosophies de vie.

Si la carte 18 se présente ainsi, on vous propose d'éveiller les autres grâce à votre sagesse et votre grand cœur.

Si la question porte sur le plan du **travail et de l'œuvre**, vous apportez, par vos compétences personnelles et les qualités dont vous faites preuve dans votre métier, énormément de sagesse apte à régler bon nombre de problèmes dans la vie des autres.

Si cela vous parle du domaine **matériel**, vous aidez les autres à trouver des solutions afin de régler des soucis d'ordre pratique et leur permettez d'avoir accès à leur propre abondance. Vous savez comment aider les personnes à mieux jouir de la vie et à créer leur propre monde.

Si la question porte sur le domaine **affectif et amical**, vous offrez un support attentif et bienveillant à votre entourage, afin qu'il puisse évoluer et s'éveiller à la grâce et à la beauté du monde. C'est l'un des grands moyens pour vous d'envisager l'amour et la vie sous un jour nouveau.

Sur le plan de la **santé**, vous offrez à ceux qui vous entourent une influence positive dans leur bien-être afin qu'ils puissent envisager la vie plus sainement et gagner en compétence pour prendre soin d'eux-mêmes.

Éveiller peut être très simple, par exemple en sachant offrir de l'attention pour que s'élargissent les cercles de sagesse et d'humanité.

19

LE MIROIR

L'énergie 19 en numérologie vient, par réduction théosophique, du 1 et nous parle de développement personnel, de démarrage et de lancer les énergies. Le 19 nous parle plus précisément de prise de conscience, d'accéder à notre propre vérité et d'évoluer. C'est un outil d'éveil à soi-même majeur, l'opportunité de régler ses propres conflits intérieurs.

Le reflet de ma propre lumière n'est qu'une vérité,
un état d'être dans le temps et l'espace.

Lorsque cette carte vous apparaît, c'est pour vous proposer votre propre vérité. Elle vous confronte à vos doutes et à l'amour que vous portez sur votre être. Toutes nos parts d'ombre sont révélées à cet instant, et il convient de les comprendre ou du moins d'en faire l'analyse. Que voyez-vous à cet instant dans votre miroir ? Aimez-vous avant toute chose, car le monde qui vous entoure n'est que le reflet le plus simple de toute votre complexité.

Les strass et les ornements ne sont que les couches égotiques que nous avons décidé de nous ajouter, masquant notre être véritable. Les rigueurs personnelles ne seront que vulnérabilité ici, et l'amour de soi par toutes ses facettes est l'unique moyen de nous accepter comme l'être entier et séduisant que nous sommes.

Si la carte 19 se présente ainsi, on vous demande de faire face à votre vérité et d'accepter qui vous êtes à cet instant.

Si la question porte sur le plan du **travail et de l'œuvre**, il semble que votre milieu professionnel vous ait renvoyé à votre vérité et qu'il vous faille accepter simplement qui vous êtes, avec vos lacunes et vos compétences. Celles-ci ne sont jamais figées dans le temps, et dès que vous décidez de les explorer, vous pouvez tout à fait déplacer les curseurs afin d'en améliorer et homogénéiser l'ensemble.

Si cela vous parle du domaine **matériel**, on vous confronte à vos limites sur ce plan, mais vous pouvez tout à fait les faire évoluer à partir du moment où vous prenez confiance en vous et en votre potentiel.

Si la question porte sur le domaine **affectif et amical**, un proche vous a permis de voir vos parts d'ombre du moment, que vous ne souhaitiez pas explorer auparavant. Mais dès que vous les conscientisez, vous vous permettez de les aimer et de les faire évoluer peut-être plus sereinement.

Sur le plan de la **santé**, vous prenez conscience de votre problématique dans ce domaine. Par cette prise de conscience, vous vous permettez de mettre en place une hygiène de vie plus saine et d'aller voir des personnes compétentes qui peuvent vous aider à recouvrer la santé. L'équilibre de votre hygiène de vie est le plus simple des outils pour rester en forme. Respecter son corps sur tous les plans énergétiques est un vrai acte d'amour de soi.

ÉVOLUER

L'énergie 19 en numérologie vient, par réduction théosophique, du 1 et nous parle de développement personnel, de démarrage et de lancer les énergies. Le 19 nous parle plus précisément de prise de conscience, d'accéder à notre propre vérité et d'évoluer. C'est un outil d'éveil à soi-même majeur, l'opportunité de régler ses propres conflits intérieurs.

Les ornements les plus fastes et les structures
les plus luxueuses ne pourraient résoudre
le fabuleux sentiment de devoir aller vers soi.

Lorsque cette carte vous apparaît, vous venez de dépasser un stade dans votre évolution personnelle et intérieure. Être n'est qu'un cheminement qui mène à la conscience de soi, et bien que nos souhaits les plus profonds soient de réussir, il n'y a rien à y gagner. Le principe d'évolution repose le plus simplement du monde sur l'humilité de n'avoir qu'un unique but dans la vie, qui est celui d'être.

Le bonheur ruisselle simplement sur nous, sur les marches parfois trop visibles de nos ambitions égotiques et fières de notre devenir. Évoluer, c'est d'abord aimer ce

que l'on est, assez pour déterminer le chemin noble de notre amour de nous-mêmes. Soyez heureux de qui vous êtes, et acceptez cela comme le plus beau des cadeaux. La vie vous honore et vous rend grâce.

Si la carte 19 se dévoile ainsi, on vous propose de vous faire évoluer par une situation qui se présente à vous.

Si la question porte sur le plan du **travail et de l'œuvre**, on vous annonce que vous avez franchi une nouvelle étape dans vos projets de vie : soyez-en fier, mais n'oubliez jamais que faire ce que l'on aime dans la vie est le chemin le plus important.

Si cela vous parle du domaine **matériel**, vous franchissez un palier significatif sur le plan de l'abondance et vous pouvez déjà jouir de ce joli fruit mûr. N'oubliez pas d'exprimer la gratitude d'en être arrivé là à présent.

Si la question porte sur le domaine **affectif et amical**, vous êtes dans une étape de bien-être et d'aboutissement dans vos relations tant avec les autres qu'avec vous-même. Les autres, et peut-être une personne en particulier, aiment qui vous êtes et vous le font comprendre de manière explicite. La chose la plus importante dans votre vie est l'amour que vous vous portez à vous-même. Il se reflétera dans le regard des autres par une gracieuse image de vous.

Sur le plan de la **santé**, cela va mieux : les choses s'améliorent, vous permettant de profiter de ce simple bonheur d'être. Faites ce que vous aimez faire, sortez et prenez du temps pour vous et ceux que vous aimez, cela vous permettra de vous sentir encore mieux.

20

LA FEMME

L'énergie 20 en numérologie vient, par réduction théosophique, du 2 et nous parle d'union, d'association et d'amour. Le 20 porte en lui la grande puissance du féminin sacré incarné. C'est l'énergie d'union, de groupe et d'équipe afin d'accueillir les autres et soi-même. Elle met du lien et transforme le monde par la grande puissance de cet amour inconditionnel qu'elle sait incarner avec bienveillance.

Une reine des émotions se présente à nous, offrant au monde l'alignement du totem énergétique et la douce fleur prodiguant l'amour.

Lorsque cette carte s'invite dans votre tirage, on vous parle d'une femme, d'une mère, d'une reine, de l'esprit du féminin sacré. Celle-ci vous accueillera tel que vous êtes et vous protégera dans ses bras pleins d'amour. Et si c'est vous cette féminité, alors vous incarnerez parfaitement ce que vous êtes : un être digne d'être aimé, honoré et chéri, comme la déesse que vous incarnez aux yeux du monde. Celle qui porte la vie.

Toutes les reines s'incarnent en une femme, et il convient de les honorer et de les chérir pour voir à jamais leur audace nous enivrer de douces senteurs de joie. La féminité est respectée dans toutes les traditions les plus anciennes, car elle rend plus facilement grâce à notre mère la Terre, dont elle est le symbole.

Si la carte 20 se présente ainsi, on vous annonce l'énergie féminine.

Si la question porte sur le plan du **travail et de l'œuvre**, on vous parle d'une personne dans cette énergie d'amour et de sentiment qui influence votre domaine d'activité. On pourrait vous dire d'arrondir les angles et de prendre les choses de manière plus émotionnelle.

Si cela vous parle du domaine **matériel**, vous serez sous influence d'une femme ou d'une sensibilité plus féminine dans ce domaine. Vous pourriez avoir envie d'embellir les choses et de créer une ambiance plus féconde et plus gracieuse, d'apporter des nouveautés qui soient moins utiles, mais plus sensuelles et chaleureuses, plus charnelles.

Si la question porte sur le domaine **affectif et amical**, une femme entre dans votre vie ou influence ce domaine. Si vous êtes une femme, ce peut être une amie, une mère ou une autre femme qui vous apporte de l'énergie.

Si c'est sur le plan de la **santé**, vous devriez être plus tendre et plus prévenant envers vous-même. Cela améliorerait votre bien-être. Une femme pourrait venir mettre de l'ordre dans votre modèle de santé. Vous pourriez être plus sensible, et ressentir votre corps plus facilement que d'habitude en accueillant cette énergie de féminité en vous.

ACCUEILLIR

L'énergie 20 en numérologie vient, par réduction théosophique, du 2 et nous parle d'union, d'association et d'amour. Le 20 porte en lui la grande puissance du féminin sacré incarné. C'est l'énergie d'union, de groupe et d'équipe afin d'accueillir les autres et soi-même. Elle met du lien et transforme le monde par la grande puissance de cet amour inconditionnel qu'elle sait incarner avec bienveillance.

La coupe reçoit en son sein toute la vie représentant notre majesté la Terre. Chaque être ici est honoré et chéri.

Lorsque cette carte s'invite dans votre tirage, on vous demande d'être accueillant. Vous y gagnerez énormément par ce geste de bienveillance et d'amour. Parfois, les choses que l'on accepte sont bonnes à nos yeux, et parfois elles le sont moins, mais n'oubliez pas que la vie ne vous veut que du bien, et l'acceptation en fait partie. C'est par la gratitude de l'accueil que l'on peut proposer l'amour universel.

La fleur aux douces effluves accueille le papillon, tout comme la forêt enchante l'oiseau et toute créature animale à s'y réfugier. Accueillir est l'acte de foi le plus noble qui soit et ne demande que d'ouvrir ses bras à l'ombre

comme à la lumière. La nature nous a acceptés dans un acte d'amour, il convient que nous l'honorions en retour en vénérant sa magie.

Si la carte 20 se présente ainsi, on vous propose d'accepter et d'accueillir ce qui vient à vous, en mal comme en bien.

Si la question porte sur le plan du **travail et de l'œuvre**, il semble que des choses viennent à vous, de nouveaux projets ou des œuvres à honorer, qu'il vous faut accepter. La carte qui suit indique de quoi il retourne. Soyez dans cet esprit de réception, et honorez ce qui vient à vous quel que soit le sujet.

Si cela vous parle du domaine **matériel**, vous recevez quelque chose, peut-être des nouvelles que vous ne pourrez refuser. Acceptez les offrandes comme un gage sincère d'amour et de respect.

Si la question porte sur le domaine **affectif et amical**, on vous propose d'accueillir une personne qui vient à vous. Elle a sûrement besoin de vous pour trouver du réconfort et elle sait qu'elle peut compter sur vous. Un ami peut frapper à votre porte pour vous proposer quelque chose : ne soyez pas fermé. Sachez accueillir une rupture ou l'amour quand ils se présentent.

Sur le plan de la **santé**, accueillir une mauvaise nouvelle sur ce plan permet de préparer une stratégie assumée qui pourrait être l'assurance d'une issue positive. Si on vous annonce une bonne nouvelle, vous ne pouvez que jouir du plaisir d'être en forme et en compagnie de vos proches. La bienveillance, en tout cas, est de mise dans votre approche de la santé.

21

L'ART

L'énergie 21 en numérologie vient, par réduction théosophique, du 3 de la créativité et de la communication. Le 21, plus particulièrement, nous parle d'unir des personnes pour un événement, une création. Il s'agit aussi de fêter et de célébrer la création et la vie. C'est l'énergie d'un nouveau projet qui nous met en joie.

Les muses de la créativité s'incarnent en toutes choses, portant le monde vers des sphères nouvelles de beauté et de joies, soignant le monde.

Lorsque cette carte explicite s'invite dans votre tirage, on vous demande de mettre de l'art dans votre vie. Il n'est pas besoin que les choses soient parfaites dans ce domaine, il faut simplement imaginer et créer. Laissez l'art entrer dans votre vie et y mettre la joie de l'expression. Créez une œuvre qui vous ressemble en cet instant précis. Recevez le message des muses inspiratrices.

Les lumières, les couleurs, tout brille dans ces moments pour faire naître dans le cœur des hommes et des femmes la joie immense de créer et d'échanger. L'art lie les cœurs et permet à toutes les relations entre l'esprit et la matière de devenir une célébration de la vie. L'expression est un outil précieux de connexion des cœurs.

Si la carte 21 se présente ainsi, une touche d'art arrive dans votre vie.

Si la question porte sur le plan du **travail et de l'œuvre**, vous intégrez un aspect artistique dans votre vie professionnelle par une mise en place harmonieuse de votre poste, de votre comportement professionnel ou dans ce que vous faites de manière générale. Cela vous permet de vivre les choses de manière plus créative et ça fait du bien.

Si cela vous parle du domaine **matériel**, vous pourriez très prochainement vous offrir un objet d'art ou profiter d'une sortie pour faire le plein de belles choses dans votre esprit, ce qui vous permettra de vous évader mentalement et de nourrir votre esprit créatif.

Si la question porte sur le domaine **affectif et amical**, intégrer de l'art dans vos relations avec les autres est vraiment très important et vous allez être très créatif sur ce plan. Soyez inventif et ne planifiez rien, laissez votre cerveau droit de la créativité prendre les commandes dans votre relation avec les autres. Cela va changer votre vie durant cette période. Vous réinventez votre relation à l'autre et vous pourriez le surprendre. L'art est à l'œuvre à ce moment-là de votre quotidien.

Sur le plan de la **santé**, allez vous ressourcer dans des lieux artistiques ou faites des choses créatives et audacieuses dans ce domaine. Vous allez placer votre taux vibratoire au plus haut et influencer fortement votre bien-être. L'art est dans toute chose, alors lâchez-vous et créez.

FÊTER

L'énergie 21 en numérologie vient, par réduction théosophique, du 3 de la créativité et de la communication. Le 21, plus particulièrement, nous parle d'unir des personnes pour un événement, une création. Il s'agit aussi de fêter et de célébrer la création et la vie. C'est l'énergie d'un nouveau projet qui nous met en joie.

Le masque de carnaval ne laisse transparaître que la joie par la beauté récréative. Les artifices propres à l'union créative et festive sont présents.

Lorsque cette carte explicite s'invite dans votre tirage, la joie des festivités est à l'honneur. Vous ne pouvez refuser une si belle occasion de célébrer la force de vie et des interactions. C'est le lieu privilégié des êtres qui aiment se rencontrer afin de partager leur joie de vivre. Un très bon moment ou une excellente nouvelle vous attendent très bientôt dans votre vie.

Les lumières, les couleurs, tout brille dans ces moments pour faire naître dans le cœur des hommes et des femmes la joie immense de se rencontrer et d'échanger autour d'un verre ou d'un merveilleux repas. La fête lie les cœurs

et permet à toutes les relations de devenir sûrement une célébration de la vie. C'est la fête !

Si la carte 21 se présente ainsi, on vous propose de faire la fête et d'organiser une soirée ou un événement qui vous permettra d'égayer votre vie.

Si la question porte sur le plan du **travail et de l'œuvre**, il semble qu'une situation soit propice à être fêtée : peut-être un nouveau contrat, un nouveau poste, une manifestation de bonheur dans votre domaine professionnel. Savourez ces instants qui sont souvent marquants dans votre œuvre. Une fête pourrait être importante pour vous. Organisez-la, pas besoin de voir les choses en grand, fêtez simplement l'événement.

Si cela vous parle du domaine **matériel**, vous pourriez très bientôt être de la fête. Un bon moment dans votre vie s'annonce, qui se doit d'être fêté dignement.

Si la question porte sur le domaine **affectif et amical**, il est évidemment question d'un rendez-vous festif. Il se peut que cela s'incarne par une bonne nouvelle que vous recevez, et qui vous pousse à marquer le coup en invitant une personne, des amis ou ceux que vous aimeriez avoir autour de vous. Parfois, il n'y a pas non plus besoin d'une raison pour faire la fête, mais simplement de l'envie d'être bien entouré et de jouir du moment.

Sur le plan de la **santé**, une bonne nouvelle vous incite à créer un événement. Votre corps crie votre joie de vivre et vous apporte de belles choses. Profitez aussi de ce temps de répit festif pour faire monter vos énergies de vie et vous galvaniser de celles des autres.

22

LA SYNERGIE

L'énergie 22 en numérologie vient, par réduction théosophique, du 4 du travail, de la construction et de la protection, mais nous informe d'une énergie un peu plus complexe qui intègre des énergies associatives et contributives. L'énergie22 ne se réduisant pas dans le calcul d'un chemin de vie en numérologie classique, elle est plus particulièrement propice à créer des synergies et des accords énergétiques afin de construire des projets concrets.

L'être universel se meut dans l'espace-temps par le déploiement et le parfait alignement de ses corps énergétiques et subtils.

Lorsque cette carte s'aligne dans votre tirage, on vous parle de synergie et de super-connexions avec une ou plusieurs personnes. Vous pourriez être en phase avec un projet. Vous êtes totalement en accord avec les choses importantes autour de vous, et principalement dans le domaine de la construction à deux ou en équipe. C'est un état d'esprit parfait pour concevoir votre avenir en vision de groupe et d'ensemble.

Lorsque chaque sphère et objet unique trouve sa meilleure place, cela offre une combinaison parfaite qui réduit toute dissipation d'efforts et d'énergies. L'ensemble conçoit l'accord qu'il a besoin de l'un pour l'autre afin de mieux exister. Il incarne un état temporaire proche de la perfection.

Si la carte 22 se positionne ainsi, on vous annonce un équilibre parfait des personnes et des choses en présence.

Si la question porte sur le plan du **travail et de l'œuvre**, vous intégrez parfaitement un groupe ou une structure afin de collaborer. L'équipe qui vous entoure est en accord parfait. Vous êtes en phase avec votre milieu professionnel ou votre travail vous convient très bien, n'en changez pas. Tout est absolument parfait dans les énergies du moment.

Si cela vous parle du domaine **matériel**, vous pourriez trouver l'objet ou la maison de vos rêves. Vous avez à cœur de maintenir la situation d'abondance dont vous jouissez actuellement. Le flot de l'abondance et de la réussite est parfaitement aligné.

Si la question porte sur le domaine **affectif et amical**, l'équilibre est très bon au sein de votre couple et vous le ressentez bien. Vous aspirez, au mieux, à maintenir ces forces qui vous permettent de concevoir l'avenir que vous souhaitez avec votre partenaire. Votre rapport d'amitié avec la personne à laquelle vous pensez est idéal.

Sur le plan de la **santé**, c'est l'accord parfait et vous vous sentez très bien tel que vous êtes. Continuez à maintenir cette énergie.

Acceptez simplement ces états de grâce et construisez au mieux votre avenir collectif et associatif.

ACCORDER

L'énergie 22 en numérologie vient, par réduction théosophique, du 4 du travail, de la construction et de la protection, mais nous informe d'une énergie un peu plus complexe qui intègre des énergies associatives et contributives. L'énergie22 ne se réduisant pas dans le calcul d'un chemin de vie en numérologie classique, elle est plus particulièrement propice à créer des synergies et des accords énergétiques afin de construire des projets concrets.

Les sphères célestes proposent une symphonie musicale perceptible dans tout l'Univers. Elles proposent de maintenir l'accord parfait de l'être absolu.

Lorsque cette carte s'aligne dans votre tirage, on vous demande de vous accorder avec les autres afin de mieux concrétiser les choses autour de vous. Une approche collaborative des personnes et des choses est souhaitée dans votre vie, pour votre propre bien. Le ressenti est que le feeling est très important dans cette période ou pour l'approche proposée par le tirage de cartes. Vous pourriez aussi accorder une faveur à une personne, par affection ou parce que l'idée de le faire pourrait vous plaire.

Accorder les énergies est un gage de très bonne santé émotionnelle et de pragmatisme. Cela vous permet d'aller beaucoup plus loin dans la construction de votre vie. Les bonnes personnes sont de votre côté, quand vous savez les réunir et les faire fonctionner entre elles. Il en est de même avec les choses autour de vous. Soyez visionnaire.

Si la carte 22 se positionne ainsi, on vous demande d'accorder les choses et les personnes autour de vous.

Si la question porte sur le plan du **travail et de l'œuvre**, vous devez vous accorder avec les personnes qui travaillent avec vous, et regarder ce qui fonctionne bien et ce qu'il faut changer. Regardez ce qui ne va plus dans votre approche professionnelle, et changez ou adaptez-le, pour le bien de votre entreprise ou de votre métier.

Si cela vous parle du domaine **matériel**, accordez les choses ensemble et n'essayez pas d'adapter ce qui ne peut l'être. Vous en êtes parfaitement capable. On peut aussi parler d'accorder un prêt ou de signer un contrat, pour vous ou quelqu'un d'autre. Vous réglez au mieux la situation.

Si la question porte sur le domaine **affectif et amical**, accordez une nouvelle chance à votre partenaire ou à un ami, même si au premier abord cela peut jouer en sa défaveur. Accordez-vous avec la personne à laquelle vous pensez à cet instant, c'est important pour la suite de vos aventures.

Sur le plan de la **santé**, il est question de vous accorder ou d'adapter des choses pour améliorer votre bien-être et de faire un petit effort pour que cela se passe au mieux. Faites au mieux en fonction de votre situation.

23

LE CHAMAN

L'énergie 23 en numérologie vient, par réduction théosophique, du 5 et nous parle du mouvement, du voyage, de transformation et de soin. Le 23 nous propose une union, une association par la communication et la créativité dans le changement, le mouvement et le soin. L'approche du chaman et de la guérison résonne très bien avec cette énergie 23.

Le corbeau voit, le scorpion pique et le venin soigne par les savoirs chamaniques ancestraux inscrits sur le grand totem de la nature.

Lorsque cette carte s'invite dans votre tirage, on vous propose de trouver des remèdes pour soigner le monde. Tel le chaman, vous êtes l'outil de guérison, la potion ou celui qui la concocte. Trouvez et concoctez les moyens de changer les autres, faites-les bouger afin de les remettre dans l'équilibre.

Dès que la nature a pris forme dans le vivant, elle s'est attelée à faire évoluer les règnes, en trouvant les meilleurs outils et remèdes, et à transmettre l'énergie de vie. Du Moai de Rapa-Nui à la piqûre de la science médicale, les outils thérapeutiques se succèdent efficacement afin de permettre au règne du vivant de perdurer et d'évoluer au-delà du temps et de l'espace. Vous en êtes digne en cet instant.

Si la carte 23 se présente ainsi, on vous demande d'être un vecteur de soin pour les autres.

Si la question porte sur le plan du **travail et de l'œuvre**, vous pourriez très prochainement aider une ou plusieurs personnes à prendre soin d'elles dans votre milieu professionnel. Vous pourriez aussi développer des outils ou des moyens thérapeutiques de toutes sortes. Il n'est pas besoin que ce soit dans le domaine médical, du moment que cela fasse du bien et améliore la vie.

Si cela vous parle du domaine **matériel**, vous obtenez des objets, des outils ou des moyens qui vous seront utiles sur le plan du soin. Vous réussissez par vos moyens personnels à régler des problèmes d'abondance ou de prospérité sur tous les plans.

Si la question porte sur le domaine **affectif et amical**, vous êtes le responsable de vos soucis de cœur : explorez en vous et vous trouverez les solutions. Vous pourriez aussi aider votre conjoint, des proches et des amis à redynamiser leur vie et leur apporter du bien-être.

Sur le plan de la **santé**, vous savez soigner et guérir ; il vous faut prendre votre pouvoir en mains et l'exercer auprès des autres ainsi que pour vous-même. Utilisez toutes vos connaissances afin d'être un chaman autour de vous. De tout temps, la sagesse et le calme intérieur ont été les meilleurs outils pour guérir les maux. Apprenez à maîtriser qui vous êtes en tant que guérisseur.

GUÉRIR

L'énergie 23 en numérologie vient, par réduction théosophique, du 5 et nous parle du mouvement, du voyage, de transformation et de soin. Le 23 nous propose une union, une association par la communication et la créativité dans le changement, le mouvement et le soin. L'approche du chaman et de la guérison résonne très bien avec cette énergie 23.

Créatures célestes et de terre incarnant l'âme,
agit d'un pouvoir guérissant dans un cycle
universel de vie et de mort.

Lorsque cette carte s'invite dans votre tirage, on vous demande de guérir. Que ce soit vous-même ou les autres, vous devez incarner cette guérison souhaitée et vous dévouer à cette énergie que vous portez en vous à présent. L'acte de guérison s'entend ici au sens large et ne se limite pas à trouver et acheter des bienfaits et des moyens, mais propose d'incarner une énergie de changement dans la vie afin de recréer un équilibre.

Les esprits de notre terre, par la nature, accompagnent tous les êtres au quotidien, leur donnant les moyens de guérir. La souffrance n'est qu'une alarme qu'il convient d'entendre, et guérir ne consiste pas à faire taire le

hurlement par quelques soins palliatifs qui ne font qu'atténuer la douleur. Trouvez le moyen de régler le problème pour que plus jamais il ne réapparaisse dans votre vie.

Si la carte 23 se présente ainsi, on vous demande de guérir et de prendre soin de vous ou des autres.

Si la question porte sur le plan du **travail et de l'œuvre**, vous avez les moyens de régler un problème important dans le domaine professionnel, et c'est ce que vous devez faire. Une problématique dont vous avez les moyens de résolution demande à être guérie. Ce peut être au sein de votre entreprise, de votre poste, de votre approche du travail ou de vos relations professionnelles.

Si cela vous parle du domaine **matériel**, vous avez laissé perdurer une situation néfaste sur le plan de l'abondance, peut-être des dettes ou un souci concernant votre logement, un objet important pour vous et vos proches, et vous avez l'opportunité de régler cette problématique aujourd'hui. Ne laissez plus traîner cette situation.

Si la question porte sur le domaine **affectif et amical**, vous devez dépasser les peines de cœur ou les querelles d'amitié, car elles nuisent à votre bien-être émotionnel et spirituel. Guérir une situation sur le plan des affections est souvent peu de chose, même si on s'en fait une montagne. Dépassez votre appréhension et reprenez contact avec la personne à laquelle vous pensez.

Sur le plan de **la santé**, la guérison est attendue et tout est prêt pour qu'elle ait lieu. Elle ne dépend maintenant que de vous et de votre volonté à imposer votre pouvoir personnel sur vous-même. Guérissez le monde, vous le pouvez !

24

LA LOI

L'énergie 24 en numérologie vient, par réduction théosophique, du 6 et nous parle d'harmonie, d'équilibre et de gestion. Le 24 nous propose la réunion par la droiture et la rigueur pour harmoniser et gérer autour de nous. La loi et l'ordonnancement sont en accord énergétique parfait avec l'idée de gestion et de rigueur, afin de protéger et construire.

Le joyau de la sage droiture domine sur un neutre visage, et l'aigle de l'ordre universel aux ailes déployées nous rappelle à la justice.

Lorsque cette carte s'invite dans votre tirage, on vous rappelle à l'ordre et à la droiture. L'Univers a besoin de vous autant que vous avez besoin de lui, alors soyez juste et responsable, pour votre bien et celui de l'ensemble. La loi est la garante de votre protection. Vous ne pouvez pas faire n'importe quoi sans qu'il y ait des conséquences. Envisagez d'arranger les choses dans les règles.

La structure est importante car elle implique l'égalité véritable pour l'ensemble. L'ordre n'est juste que lorsqu'il instaure la loi, et le pouvoir n'est juste que lorsqu'il installe la morale autant que l'éthique. L'abeille au cœur de l'étoile butine et œuvre pour que la nature propose le fruit.

Si la carte 24 se présente ainsi, on vous parle de mettre de l'ordre dans votre vie et de vous plier aux règles.

Si la question porte sur le plan du **travail et de l'œuvre**, il est important d'intégrer certaines règles de sécurité ou de fonctionnement qui vous permettent de travailler le plus sainement possible. Vous aurez besoin de mettre en conformité certains aspects de votre entreprise ou de revoir certains contrats ou situations au sein de votre structure ou de votre équipe. Revoyez vos priorités.

Si cela vous parle du domaine **matériel** et de la vie personnelle, vous pourriez avoir à clarifier une situation auprès d'une structure ou d'une administration et à effectuer des démarches importantes

Si la question porte sur le domaine **affectif et amical**, la gestion et l'harmonisation de votre vie de couple et de famille seraient judicieuses et même attendues. Des reproches ou des accusations possibles pourraient nécessiter votre attention.

Sur le plan de la **santé**, un petit rappel à l'ordre de votre corps vous demande de prendre la mesure de la situation. Ce peut être des douleurs récurrentes ou des maux qu'il faudrait gérer ou traiter. N'oubliez pas que c'est essentiellement pour vous faire part d'un souci que les alertes se produisent.

Vous pourriez avoir affaire à une structure hospitalière ou médicale afin de régler un problème ou celui d'un proche.

ORDONNER

L'énergie 24 en numérologie vient, par réduction théosophique, du 6 et nous parle d'harmonie, d'équilibre et de gestion. Le 24 nous propose la réunion par la droiture et la rigueur pour harmoniser et gérer autour de nous. La loi et l'ordonnancement sont en accord énergétique parfait avec l'idée de gestion et de rigueur afin de protéger et construire.

Le vaisseau amiral, par son commandement visionnaire et entendu, prend essor et stable chemin par la mesure des choix et des actes.

Lorsque cette carte s'impose dans votre tirage, on vous demande de prendre vos responsabilités, et au besoin de faire des demandes très concrètes auprès de structures, d'organismes ou de votre entourage. Sachez que la bienveillance et la cordialité sont de mise lorsque l'on soumet des doléances ou que l'on dirige d'autres personnes.

L'ordre est à l'image de toute personne en responsabilité et en maîtrise de ses actes et choix. Ordonner, c'est protéger et offrir aux autres la promesse de les guider et de montrer votre adhésion à des règles qui vous sont

chères et que vous souhaitez appliquer. Soyez la personne de la situation pour le bien commun.

Si la carte 24 se présente ainsi, on vous invite à diriger vos choix.

Si la question porte sur le plan du **travail et de l'œuvre**, vous devez énoncer clairement vos souhaits et votre vision afin que les personnes de votre entourage professionnel comprennent ce que vous voulez et puissent aller dans le même sens que vous. Harmoniser en prenant ses responsabilités et en dirigeant est un acte d'une grande maturité qui vous permettra d'avancer dans ce domaine.

Si cela vous parle du domaine **matériel**, vous pourriez avoir à effectuer des démarches autour de vous afin que l'on améliore votre domaine de l'abondance, que ce soit auprès d'un entrepreneur pour des travaux chez vous ou d'un organisme que vous sollicitez afin de récupérer un dû. Organisez votre domaine de vie quotidienne pour l'améliorer en prenant des décisions justes mais fermes.

Si la question porte sur le domaine **affectif et amical**, il se pourrait que vous ayez besoin de faire des demandes insistantes auprès de proches afin de vous faire entendre et obéir. On pourrait vous suggérer de prendre des gants pour que les personnes en question ne soient pas trop déstabilisées et ne vous en veuillent pas, et de demander les choses avec gentillesse et bienveillance. Savoir dire les choses avec tact est un signe de sagesse.

Sur le plan de la **santé**, il se peut que des personnes autour de vous aient besoin qu'on les dirige afin de prendre les bonnes décisions pour leur bien-être. Vous pourriez aussi demander à une institution hospitalière de revoir des choses qui ne vous conviendraient pas concernant votre propre santé ou celle d'un proche.

Il est important, à cet instant, de dire clairement ce que vous voulez et de vous faire obéir sans trop de discussions.

25

LA QUÊTE

L'énergie 25 en numérologie vient, par réduction théosophique, du 7 de la créativité et de la communication. Le 25, plus particulièrement, nous parle d'unir les personnes et les sujets par le mouvement et le voyage dans la pensée, l'intelligence et la spiritualité. Le 25 nous parle donc de chemin intellectuel et spirituel, et de quête de sens.

Les flux se croisent et s'organisent afin de voir s'exprimer les chemins. Dans les couloirs du temps, nulle destinée ne semble être inscrite. Et pourtant !

Lorsque cette carte s'invite dans votre tirage, on vous propose un cheminement intérieur et une quête spirituelle. Celle-ci peut s'incarner à travers des idées, des pensées et des réflexions. Un questionnement peut entraver votre route, qu'il faudrait démêler. Ici rien ne presse, tout est juste.

Les chemins spirituels offrent cette opportunité de vous faire prendre conscience que de nouvelles choses, de nouvelles idées se présentent à vous. Il serait judicieux de vous arrêter quelques instants et de philosopher sur la situation que vous traversez. Il n'y a pas vraiment de blocage, juste un choix de conscience à faire afin de trouver une direction. Peut-être celle du cœur ?

Si la carte 25 se présente ainsi, on vous incite à réfléchir et à partir en quête de vous-même afin de faire le choix qui anime votre cœur.

Si la question porte sur le plan du **travail et de l'œuvre**, on vous indique un ou plusieurs choix professionnels à faire et des directions à prendre ; toutes sont justes, mais cela vous demande de partir en quête émotionnelle et spirituelle afin de vous lancer pleinement dans votre œuvre. Recherchez la nouveauté dans votre domaine professionnel.

Si cela vous parle du domaine **matériel**, vous serez confronté à des choix entre plusieurs choses, objets, achats ou possibilités, dont vous devrez faire l'acquisition ou vous séparer. Ce moment est plutôt lié à de l'émotionnel et pourrait vous inciter à un questionnement intérieur, voire spirituel. Accordez-vous le temps de la réflexion, cela ne presse sûrement pas.

Si la question porte sur le domaine **affectif et amical**, les quêtes d'amour ou d'amitié n'ont de sens que si l'on ne considère pas l'autre comme sien ou pire, sa chose. La notion de détachement et d'amour inconditionnel est très importante dans cette quête intérieure. Les désirs charnels ou les habitudes de vie peuvent parfois nuire à nos relations et à nos décisions. Cherchez la voie du cœur.

Sur le plan de la **santé**, on vous propose de prendre conscience de la situation dans sa globalité afin de pouvoir prendre une décision plus juste et plus saine dans ce domaine du bien-être. Partez en quête de nouveauté dans ce domaine, et accordez-vous d'être agréablement surpris par des choses que vous ne connaissiez pas.

CHEMINER

L'énergie 25 en numérologie vient, par réduction théosophique, du 7 de la créativité et de la communication. Le 25, plus particulièrement, nous parle d'unir les personnes et les sujets par le mouvement et le voyage dans la pensée, l'intelligence et la spiritualité. Le 25 nous parle donc de chemin intellectuel et spirituel, et de quête de sens.

Un couloir spatiotemporel est formé
de multitudes et d'aspirations. Chaque voie
est un nouvel oiseau bleu célébrant l'esprit.

Lorsque cette carte s'invite dans votre tirage, on vous demande de partir à l'aventure vers des contrées inconnues et nouvelles. Laissez-vous bercer par les voix de la nouveauté et de l'inconnu. La peur n'est pas de mise ici, il faut juste profiter de la route.

À cœur vaillant rien d'impossible, et tous les chemins ne sont que possibilités de faire de belles rencontres et d'égayer l'être qui ne souhaite que cela. Qui connaît l'Univers et ses questions tant qu'il ne les a pas explorés par son propre cheminement ? Entendre est vain, et vivre est fabuleusement mieux.

Si la carte 25 se présente ainsi, on vous propose de partir à l'aventure dans votre vie.

Si la question porte sur le plan du **travail et de l'œuvre**, des voies nouvelles vous invitent à vivre de nouvelles et belles expériences inconnues sur votre parcours professionnel. Trouvez de nouveaux challenges et des manières différentes de faire ce que vous savez déjà faire. Vous acquerrez sûrement de nouvelles compétences.

Si cela vous parle du domaine **matériel**, on pourrait vous demander de quitter une situation qui était sûrement confortable mais ennuyeuse pour vous aventurer vers des lieux et des environnements nouveaux. Changez les choses autour de vous et offrez-vous de nouveaux objets, troquez, revendez et rafraîchissez votre environnement.

Si la question porte sur le domaine **affectif et amical**, il semble que vous deviez partir vers de nouvelles aventures sentimentales, ou qu'une quête de nouveauté au sein de votre couple vienne remettre de la magie dans votre vie amoureuse. L'ennui est l'ennemi du couple, alors cheminez vers de nouvelles connaissances qui feront bouger votre quotidien. Trouvez-vous de nouveaux amis, de belles révélations vous attendent.

Sur le plan de la **santé**, vous devez changer votre façon de fonctionner et aller voir ce qui se fait de nouveau sur ce plan. Vous avez trop longtemps fait stagner vos énergies, qui se sont sclérosées et influencent négativement votre état d'être. Soyez courageux et trouvez de nouveaux remèdes à vos problèmes, qu'ils soient physiques ou émotionnels. Embarquez d'autres personnes pour qu'elles vous aident.

26

LA CHANCE

L'énergie 26 en numérologie vient, par réduction théosophique, du 8 de la créativité et de la communication. Le 26, plus particulièrement, nous parle d'unir et d'associer par l'harmonie et la gestion, afin de vivre la réussite et l'abondance sur tous les plans. Cette énergie est tout à fait appropriée à l'énergie de chance et de gain qui est le propre du chemin de vie 8.

Les confluences universelles génèrent la manifestation de tous nos souhaits dans une magnifique fleur d'abondance.

Lorsque cette carte s'invite dans votre tirage, on ne vous fait pas de dessin : OUI, c'est une merveilleuse période de chance qui s'ouvre devant vous, alors surfez sur cette vague de bonheur et d'amour avec gratitude envers l'Univers.

Les forces magnétiques et universelles de l'abondance, par la loi de manifestation, s'installent dans la vie de ceux qui ont l'audace de lui formuler des souhaits. Tout peut réussir, quand on y croit profondément et que l'on décide d'y mettre toutes nos pensées d'amour et de joie. Vous incarnez les voies de la chance en ce moment.

Si la carte 26 se présente ainsi, vous êtes en veine et vous pouvez aisément en profiter.

Si la question porte sur le plan du **travail et de l'œuvre**, vous pouvez lancer les énergies de nouvelles choses et la manifestation pour de nouveaux projets, c'est le moment. Pensez à tout ce que vous pouvez souhaiter sur le plan professionnel, et pensez que vous y œuvrez déjà.

Si cela vous parle du domaine **matériel**, c'est un grand moment car vous avez la chance pour vous. Vous pouvez créer l'abondance autour de vous, et l'outil numéro 1 de cette formidable puissance créatrice, c'est la visualisation. Formulez des souhaits à l'Univers et surtout ne soyez pas sceptique ou pessimiste, car vous attirerez ce pour quoi vous vibrerez. Incarnez la personne chanceuse qui vit en vous.

Si la question porte sur le domaine **affectif et amical**, vous pourriez rencontrer par le plus grand des hasards la personne de vos rêves, votre âme sœur ou tout ce qui pourrait la représenter. Vous voyez entrer dans votre vie les personnes les plus favorables à votre évolution amoureuse. Votre conjoint ou votre ami vous fait une merveilleuse surprise, qui vous remplira de bonheur et de joie.

Sur le plan de la **santé**, vous jouissez d'une chance insolente qui vous permettra de vivre beaucoup mieux cette période qui semblait défavorable à première vue. Profitez de cette magnifique situation pour vivre profondément le bien-être et la joie de vivre. Gardez cette carte près de vous pour attirer la magie magnétique de la chance.

GAGNER

L'énergie 26 en numérologie vient, par réduction théosophique, du 8 de la créativité et de la communication. Le 26, plus particulièrement, nous parle d'unir et d'associer par l'harmonie et la gestion, afin de vivre la réussite et l'abondance sur tous les plans. Cette énergie est tout à fait appropriée à l'énergie de chance et de gain qui est le propre du chemin de vie 8.

Encadrées de magie, les divinités célestes comblent
les êtres dont la foi en elles est indéfectible.
Gagner n'est qu'un moment, sachons les en remercier.

Lorsque cette carte s'invite dans votre tirage, on vous indique que vous avez obtenu quelque chose. Un gain, un lot, une victoire personnelle ou d'équipe vous sont offerts, alors profitez de l'instant et soyez satisfait afin de provoquer d'autres situations du même ordre. Allez récupérer votre dû sans attendre.

Lorsque l'on est lancé dans le grand tunnel de la magie créatrice, tout peut être obtenu, et c'est effectivement le cas pour vous. Une force de vie d'une insolence folle virevolte et tournoie autour de vous. Vous avez réussi ou réuni

toutes les chances en votre faveur et vous obtenez ce que vous avez souhaité. Les lumières de la magie illuminent votre audace.

Si la carte 26 apparaît ainsi, on vous indique que vous êtes gagnant dans une situation.

Si la question porte sur le plan du **travail et de l'œuvre**, vous avez remporté un contrat ou vous décrochez un job. Vous étiez dans une belle période de réussite et vous avez été le meilleur dans votre domaine.

Si c'est sur le plan **matériel**, vous avez remporté un gain ou un objet que vous désiriez obtenir. Vous avez peut-être eu beaucoup de chance, ou avez tout mis de votre côté, peu importe, le résultat est là et le mérite vous en revient.

Si la question porte sur le domaine **affectif et amical**, c'est vous qu'il ou elle a choisi ; soyez-en heureux et vivez l'instant présent avec votre bien-aimé. De nouvelles rencontres ou de nouveaux amis sont venus à vous pour votre plus grande joie. Des fiançailles, une demande en mariage, tout ça est bon pour vous ou vous est acquis. Du plus profond de votre âme, vous le méritez.

Sur le plan de la **santé**, vous avez gagné une bataille, voire la guerre. Restez dans le meilleur état d'esprit possible et sublimez votre être pour que la vie désire y régner en maîtresse.

Vous avez la pleine maîtrise des éléments qui font de vous la personne apte à convaincre et à gagner sur tous les plans. Les prières et la gratitude sont des outils très précieux dans ces moments-là afin de prolonger l'énergie présente avec vous.

27

LA SAGESSE

L'énergie 27 en numérologie vient, par réduction théosophique, du 9 et de l'archétype du don de soi, de l'aide et de l'éveil. Le 27 nous propose plus précisément d'unir et de rassembler par l'intelligence, la spiritualité et la conscience, dans le but d'éveiller et d'aider autour de soi.

La prêtresse en coiffe rouge et or apporte sa douce bienveillance et sa connexion universelle, notre cœur connaît le sens de nos voies spirituelles.

Lorsque cette carte s'installe dans votre tirage, on vous offre la sagesse des autres dans votre vie. Toutes les voies de guérison vous seront acquises, et vous pourrez recevoir la sagesse et l'indulgence de ceux qui vous entourent. Vous êtes d'ores et déjà digne de leur loyauté et de leur respect.

La vie se charge à chaque instant de vous remercier par son acceptation et sa sagesse. Les directions que vous avez prises sont acceptées par les autres en toute conscience. Dans sa sagesse, le monde vous offre son amour et sa compréhension, soyez-en digne et transmettez cette sagesse à tous ceux qui vous entourent avec humilité et bienveillance. Ainsi naît la paix universelle.

Si la carte 27 apparaît ainsi, on vous octroie la sagesse et la compréhension des autres.

Si la question porte sur le plan du **travail et de l'œuvre**, vous avez peut-être fait des erreurs ou causé du tort à des personnes dans votre milieu professionnel. Sachez qu'on ne vous en tient pas rigueur, et soyez humble devant cette indulgence et grandeur d'âme. Malgré certains dysfonctionnements de votre part au sein de votre entreprise, les choses semblent s'arranger au mieux.

Si cela vous parle du domaine **matériel**, les choses se règlent par une grande simplicité et une compréhension de vos interlocuteurs sur le plan de l'abondance et de la réussite. Vous vous sortez d'une situation compliquée grâce à l'aide et à la bienveillance des autres.

Si la question porte sur le domaine **affectif et amical**, vos amis vous acceptent tel que vous êtes et vous pardonnent, malgré des situations qui semblaient peu propices à cela. Vous vivrez des moments d'acceptation et de grandeur d'âme de la part de votre conjoint ou de vos proches. L'amour guérit tout, soyez-en certain.

Sur le plan de **la santé**, afin de vous aider dans vos difficultés liées à une maladie ou à une addiction, votre entourage vous offre toute sa sagesse et sa bienveillance pour vous aider à surmonter cela.

Sachez accepter en toute quiétude la sagesse qui vous est offerte maintenant.

PARDONNER

L'énergie 27 en numérologie vient, par réduction théosophique, du 9 et de l'archétype du don de soi, de l'aide et de l'éveil. Le 27 nous propose plus précisément d'unir et de rassembler par l'intelligence, la spiritualité et la conscience dans le but d'éveiller et d'aider autour de soi.

Le masque du mental délivre un message peu avenant, déposez-le et écoutez les doléances de ceux qui souhaitent votre pardon.

Lorsque cette carte se présente dans votre tirage, on vous demande de pardonner à ceux qui vous auraient fait du mal ou du tort. On pardonne avant tout pour sa paix d'esprit et son amour-propre, sans pour autant oublier ce que nous ont fait les autres. Cela nous permet d'avancer sans que ces résidus de chagrin nous ramènent encore vers des énergies peu propices à l'harmonie.

Le pardon est souvent un sentiment mal compris, et nous confronte à nos propres parts d'ombre ou peu explorées. Soyez toujours humble dans le pardon, car cela vous laissera plus de temps pour construire votre bien-être et votre sérénité d'esprit. Baissez les flèches et les piques

de la rancune, et libérez votre cœur pour aimer à nouveau en toute confiance.

Si la carte 27 se présente ainsi, on vous demande de pardonner autour de vous.

Si la question porte sur le plan du **travail et de l'œuvre**, il semblerait que vous ayez eu du mal à accepter une situation contraignante ou une trahison dans votre milieu professionnel. Vous devriez passer l'éponge pour cette fois et dépasser la situation, pour le bon fonctionnement de votre entreprise ou de votre service.

Si cela vous parle du domaine **matériel**, les querelles et les histoires au sujet de l'abondance ne sont pas les plus difficiles à accepter. Dépassez les problèmes liés aux biens ou à l'argent et acceptez les excuses qui vous auraient été faites. Et même si elles n'ont pas été présentées, remettre les choses à plat et pardonner reste la meilleure chose à faire dans le cas de figure proposé.

Si la question porte sur le domaine **affectif et amical**, acceptez de pardonner l'offense qui vous a été faite par vos proches ou amis, la vie est trop courte pour se laisser envahir par des tracas sans véritable importance.

Sur le plan de la **santé**, l'erreur est humaine, et il n'y a pas de dégâts puisque vous êtes toujours là pour pardonner. Soyez indulgent envers des personnes qui ont probablement fait de leur mieux pour vous aider, mais qui n'ont peut-être pas été à la hauteur de la tâche.

Le pardon permet à l'humain d'évoluer, et c'est beaucoup mieux que de rester dans des querelles intestines. Pensez à tous ces malheurs qui ont eu lieu dans le passé par manque de pardon, et développez votre sagesse et votre grandeur d'âme.

28

LA FOI

L'énergie 28 en numérologie vient, par réduction théosophique, du 1 par le 10 et nous parle de nouveauté, de démarrage et de développement de projet. Le 28 nous parle plus précisément de réunir les atouts, les forces et la confiance en soi, afin de se développer personnellement.

La flamme vit pour l'espoir d'une réussite déjà assurée. Gardé en nous, cet être porte notre toute-puissance en nos cœurs.

Lorsque cette carte illumine notre tirage, on vous propose d'intégrer la foi en vous et de rester en phase avec vos aspirations et votre joie intérieure. Certains moments peuvent être parfois complexes en apparence, et c'est souvent le regard que l'on porte sur nous-mêmes et les autres qui vient nous déstabiliser. Croire en un jour nouveau toujours plus beau, c'est rester dans la foi.

La force de la volonté fait tout ce que l'on est au plus profond de nous. Nous sommes, par notre propre lumière, celles et ceux qui peuvent changer le monde pour le rendre meilleur. Guidez votre vie par votre propre flamme intérieure, et ne faites pas trop cas de ce que pourraient vous exposer les autres. Ils ne représentent souvent que des peurs projetées afin de tester votre foi en vous-même.

Si la carte 28 se présente ainsi, on invoque la foi en vous.

Si la question porte sur le plan du **travail et de l'œuvre**, vous pourriez avoir l'impression que le sort s'acharne et que votre situation professionnelle est enlisée. Les solutions vont s'offrir à vous si vous restez en accord avec votre cœur.

Si cela vous parle du domaine **matériel**, un moment compliqué sur le plan financier ou d'abondance dans tous les domaines sera solutionné, si vous gardez la foi en l'avenir et en vous-même. Respirez profondément à plusieurs reprises afin de dépasser la peur qui pourrait vous saisir et restez confiant, la solution arrive.

Si la question porte sur le domaine **affectif et amical**, la situation ne semble pas à votre aisance avec un ami ou votre conjoint, et il serait faux de penser que le mal d'amour qui vous ronge puisse persister indéfiniment. Restez confiant et calmez le jeu avec la personne concernée. Une solution va se présenter.

Sur le plan de la **santé**, il semble qu'une situation liée à votre bien-être ou un mal se présentent à vous. Cela indique souvent qu'une information doit être intégrée. Faites le nécessaire en allant consulter la personne qui vous semble appropriée, vous allez dépasser ce problème avec force et foi.

Les soucis insolubles ne le sont qu'en apparence, et vous pouvez avoir la certitude que vous êtes aidé par les plus hautes parts de vous-même afin de faire évoluer la situation. Cherchez la solution qui vous semble la plus adaptée et gardez confiance en vous.

PERSÉVÉRER

L'énergie 28 en numérologie vient, par réduction théosophique, du 1 par le 10 et nous parle de nouveauté, de démarrage et de développement de projet. Le 28 nous parle plus précisément de réunir les atouts, les forces et la confiance en soi, afin de se développer personnellement.

L'étoile naît de la foi en l'explosion divine de vie.
La concentration des énergies se fait sur le but
à atteindre. Le héros forme sa légende personnelle.

Lorsque cette carte s'installe dans votre tirage, on vous propose la persévérance et la croyance que ce que vous faites est bon pour vous. Continuez sur votre lancée et stabilisez ce que vous avez déjà assuré. Soyez surtout en confiance pour l'avenir et indulgent avec vous-même. Tout vient à point à qui sait attendre, comme le dit le proverbe.

L'audace n'est pas déraison, et la force est de savoir, au fond, que les choses que l'on souhaite nous sont acquises par avance. Restez dans cette disposition, à planter votre piolet sur votre chemin de pierre et à vivre vos rêves en capitalisant sur vos choix assumés et votre audacieux

pèlerinage ; quel que soit ce qu'il puisse être, il est juste pour vous.

Si la carte 28 se positionne ainsi, on vous demande de persévérer sur la voie que vous avez prise.

Si la question porte sur le plan du **travail et de l'œuvre**, vous arrivez au terme de votre labeur, et le moment n'est pas venu de lâcher prise, mais de vous accrocher et de finir ce que vous avez entrepris. Vous gardez courage en vous et cela va bientôt payer. La période rime avec volonté de puissance. Vous avez probablement beaucoup étudié et votre stratégie est la bonne, les choses arrivent.

Si cela vous parle du domaine **matériel**, vous avez sûrement investi dans un projet qui va bientôt porter ses fruits. Vous êtes assuré de vos gains. La force, dans ces domaines de la matérialisation et de la réussite, est dans la motivation et le courage de continuer. Vous y êtes presque, et vous en récolterez bientôt tous les lauriers.

Si la question porte sur le domaine **affectif et amical**, l'intérêt que vous portez à cette personne est réciproque, croyez en vous et en cette relation, elle va bientôt déboucher sur quelque chose de concret. Dans le domaine de l'amour, montrer sa persévérance est un signe très fort pour l'autre, et si vous souhaitiez reconquérir votre partenaire, cela fonctionne. Croyez en vous, vous êtes sur la bonne voie.

Sur le plan de la **santé**, vous avez dû dépasser énormément de difficultés pour en arriver là aujourd'hui. Ne craquez pas maintenant car vous voyez le bout du tunnel. Combattre un problème sur ce plan est souvent une aventure, mais on vous indique que vous y êtes presque arrivé.

29

LE CONSEIL

L'énergie 29 en numérologie vient, par réduction théosophique, du 2 par le 11 et parle d'union, d'association et d'amour dans la notion de guide et de muse inspiratrice. Le 29 nous apporte la précision d'unir dans l'aide et l'altruisme, pour l'éveil et la conscience, le fait de guider et de diriger pour une cause juste et noble.

Les chemins de la lumière trouvent un moyen de nous éclairer, et ainsi le scarabée doré dévoile ses synchronicités par messages divins.

Lorsque la carte vient à vous, elle vous indique que vous recevez un conseil. Celui-ci peut venir d'une personne possédant les réponses à vos questions, ou des plus hautes parts de vous-même par la magie des synchronicités et des hasards heureux. Ceci vous aidera à trouver la meilleure décision à prendre et à régler un dilemme avec sagesse. Tirer une carte d'oracle est souvent le gage d'une bonne approche dans la résolution d'un souci. Soyez humble et mesuré, en votre âme et conscience, vis-à-vis de l'interprétation qui en sera faite.

La lumière divine de nos parts les plus éveillées fraye ses nombreux chemins en nous, délivrant des messages que nous ne saurions tous traiter. Déployons nos ailes encore pliées, mais néanmoins prêtes à l'envol, en captant les ondes et les informations subtiles de l'infini savoir universel. Écoutez le sage coléoptère, il a un message à transmettre.

Si la carte 29 se présente ainsi, un sage conseil est attendu pour la suite de votre aventure.

Si la question porte sur le plan du **travail et de l'œuvre**, il serait intéressant de vous faire conseiller sur vos projets d'œuvres et certaines problématiques qui pourraient trouver solution à l'extérieur. On ne peut pas tout savoir, et changer d'angle est toujours favorable à notre évolution.

Si cela vous parle du domaine **matériel**, il convient de vous faire aider par quelqu'un d'avisé qui saura vous aider à faire face à ces imprévus survenus subitement ou sur une nouvelle vision et opportunité. Votre guidance intérieure peut vous aider aussi à travers la magie de la vie, qui vous aidera dans vos décisions.

Si la question porte sur le domaine **affectif et amical**, les difficultés sur le plan émotionnel peuvent nécessiter d'aller demander conseil à une amie en qui vous avez parfaitement confiance, ou à un proche qui peut connaître votre situation et mieux la cerner que vous. Ce tirage peut être le conseil que vous attendez s'il semble clair pour vous.

Sur le plan de la **santé**, un diagnostic éclairé est judicieux dans cette situation. Prenez conseil auprès des personnes que vous pensez compétentes. Vous serez éclairé et sûrement rassuré par des synchronicités.

Plumes, nombres triples, heures miroirs ou messages clairs vous parviennent.

GUIDER

L'énergie 29 en numérologie vient, par réduction théosophique, du 2 par le 11 et parle d'union, d'association et d'amour dans la notion de guide et de muse inspiratrice. Le 29 nous apporte la précision d'unir dans l'aide et l'altruisme, pour l'éveil et la conscience, le fait de guider et de diriger pour une cause juste et noble.

Le temple des savoirs les plus anciens en nous offre un couloir aux multiples chemins dont vous êtes le guide.

Lorsque cette carte apparaît ainsi, il vous est demandé de guider et d'offrir vos savoirs aux autres. Il semblerait que vous soyez de bon conseil pour d'autres personnes, et qu'elles aient besoin de vos lumières. Accueillez-les avec sagesse et bienveillance, et écoutez-les. Les réponses à leurs soucis vous viendront très simplement et de manière intuitive. Croyez en vos compétences en la matière et aidez les autres à y voir plus juste et plus clair. Vous êtes un guide de lumière.

Dans nos champs de conscience s'exprime la sagesse de nos guides, de bien des façons. Devenons l'aide que les autres attendent de nous dans ce dédale, afin de les diriger vers cette porte d'amour et de bienveillance. Les

synchronicités et les hasards heureux sont les richesses de notre monde intuitif et créatif. Ils servent les autres autant que nous-mêmes.

Si la carte 29 s'affiche ainsi, vous guidez vos proches sur leur chemin.

Si la question porte sur le plan du **travail et de l'œuvre**, vous pourriez incarner une aide importante pour faire évoluer des personnes sur ce plan ou dans votre milieu professionnel. Vous pourriez peut-être même l'incarner profondément dans votre œuvre personnelle en conseillant vos clients.

Si cela vous parle du domaine **matériel**, aidez une personne à prendre une décision importante pour son avenir ou à résoudre ses difficultés dans le domaine de l'abondance et de la matérialisation. Vous avez la richesse du savoir en vous ou vous pourriez être un canal de déblocage et de réussite pour les autres.

Si la question porte sur le domaine **affectif et amical**, vos conseils sur le plan de l'amour sont précieux pour les autres, et distribuer du conseil c'est offrir de l'attention, qui n'est rien de moins que de l'amour. Aidez une personne à s'y retrouver dans ses aventures de cœur.

Sur le plan de la **santé**, votre savoir en la matière est considéré par les autres comme précieux, mais soyez humble et, si vous ne savez pas, alors abstenez-vous ou restez centré sur la question : c'est aussi cela guider. Néanmoins, si un sujet vous parle sur ce plan, alors offrez vos messages avec discernement, écoute et partage. Nos vécus de santé sont nos guides pour la vie.

L'empathie est souvent un guide précieux et permet les ressentis.

30

L'ENFANT

L'énergie 30 en numérologie vient, par réduction théosophique, du 3 de la créativité et de la communication. Le nombre 30, plus particulièrement, nous parle de grand projet créatif et communicatif et ainsi de proposer une œuvre artistique ou d'exprimer l'art des autres par conviction. L'enfant qui vit et exprime ses émotions de manière intense et claire incarne bien cette expression, de même que jouer la partition d'un autre viendrait de cette énergie artistique.

Derrière le masque de l'Indien, l'être incarne l'énergie et la vitalité de l'instant présent, dans une vraie bulle de joie et d'amour.

Lorsque cette carte brille dans votre tirage, on vous parle d'enfant ou de projet. C'est une énergie de joie de vivre qui vous est apportée ainsi, et la promesse qu'un événement important prend place dans votre vie. L'enfant parle de futur, de joie de vivre et de moments très intenses qu'il faut accepter en ouvrant totalement son cœur. On pourrait aussi vous parler d'un spectacle à jouer.

Une énergie bleue intense déborde de joie et d'insouciance. C'est la magie créative de la vie qui s'insuffle dans tout le vivant pour illuminer le monde par ses projets et ses idées fécondes. Tout est parfait lorsqu'on laisse transparaître l'enfant intérieur en nous. Rien n'est plus important que d'être dans cet instant présent et cette force communicative.

Si la carte 30 se présente ainsi, on vous parle de projets créatifs et d'enfants.

Si la question porte sur le plan du **travail et de l'œuvre**, il semblerait que vous soyez sur le point de commencer un nouveau projet professionnel ou qu'on veuille vous parler de quelque chose de nouveau qui arrive dans le domaine de l'œuvre. Vous pourriez lancer de nouvelles énergies et remettre de la vie dans votre métier.

Si cela vous parle du domaine **matériel**, vous pourriez voir l'arrivée d'un nouveau projet de vie très intéressant. Quelque chose de créatif, un spectacle ou des expositions seraient dans vos centres d'intérêt très prochainement. Peut-être est-ce vous qui allez exposer vos créations au monde ?

Si la question porte sur le domaine **affectif et amical**, il se peut qu'un enfant entre dans votre vie et vienne y créer une immense joie. Vous pourriez aussi concrétiser des projets importants à deux ou avec des amis. Une autre énergie propre à l'enfant serait de proposer à votre partenaire ou à vos amis l'expression claire de vos besoins et pensées.

Sur le plan de la **santé**, cela peut vous parler d'une nouvelle énergie qui vient à vous et d'une force de vie qui peut vous permettre de dépasser des moments difficiles, qui sont maintenant derrière vous. Respirez cette joie de vivre pour parfaitement l'incarner et l'intégrer dans votre réalité de tous les jours. La spontanéité de vos envies prend place ici.

JOUER

L'énergie 30 en numérologie vient, par réduction théosophique, du 3 de la créativité et de la communication. Le nombre 30, plus particulièrement, nous parle de grand projet créatif et communicatif et ainsi de proposer une œuvre artistique ou d'exprimer l'art des autres par conviction. L'enfant qui vit et exprime ses émotions de manière intense et claire incarne bien cette expression, de même que jouer la partition d'un autre viendrait de cette énergie artistique.

Le joli jouet propulse son corps bleu
dans nos cœurs. Il communique la joie intense
chez tous les enfants, tels que vous.

Lorsque cette carte brille dans votre tirage, on vous demande de prendre la vie par le jeu. Rien n'est véritablement sérieux à moins que l'on veuille qu'il le soit. Prendre la vie avec légèreté et insouciance permet de dépasser les épreuves en n'y laissant que peu de plumes. Jouez avec la vie plutôt que contre elle.

La poupée ou le petit robot ne connaissent pas la souffrance et la peine, car ils ne souhaitent qu'insuffler le bonheur et la joie dans le cœur des personnes avec

lesquelles ils jouent. Leur lumière bleue illumine votre journée en une explosion concrète de nouvelles idées et de nouveaux spectacles à vivre. Et si c'était simplement cela, la vie ? Un coup on perd, un coup on gagne, mais ce n'est qu'une simple partie de jeu à vivre.

Si la carte 30 se présente ainsi, on vous propose de jouer et de vous amuser.

Si la question porte sur le plan du **travail et de l'œuvre**, sachez qu'on avance beaucoup mieux dans ses occupations lorsqu'on les pratique en s'amusant. Mettez du jeu dans votre vie professionnelle et acceptez de parfois perdre ou de laisser gagner les autres afin de les garder en confiance.

Si cela vous parle du domaine **matériel**, vous pourriez jouer à des jeux et peut-être gagner quelque chose. Vous retrouvez votre âme d'enfant afin de vivre votre vie plus simplement et avec bien plus de plaisir. Le jeu en vaut toujours la chandelle.

Si la question porte sur le domaine **affectif et amical**, vous êtes appelé à créer de petits jeux avec votre partenaire de vie, et peut-être que cela ravivera la flamme des premiers instants. Faites plaisir à votre partenaire en l'intégrant dans un nouveau jeu ou dans de nouvelles idées ludiques. Vous pourriez proposer un jeu à vos amis afin d'égayer les soirées.

Sur le plan de la **santé**, vous êtes appelé à mettre du jeu ou peut-être de nouvelles activités ludiques dans votre vie afin de vous maintenir en forme. Comprendre que la vie n'est qu'un jeu permet souvent de grandes prises de conscience qui influencent positivement votre réalité.

N'oubliez pas que la vie n'est qu'une grande partie de jeu vidéo grandeur nature.

31

L'ARTISTE

L'énergie 31 en numérologie vient, par réduction théosophique, du 4 qui nous parle de travail, de construction et de protection. Le 31 peut tout à fait porter cette énergie de communication et de créativité personnelle propre aux artistes et artisans qui proposent leurs talents créatifs pour aider et embellir le monde. Tout ce qui est produit par l'humain naît de la créativité et de l'ingéniosité des esprits connectés à la force universelle de vie.

L'œuvre de l'artiste est un miroir qui ne saurait pour autant tromper l'être qui se regarde. Il nous montre ce qu'il est profondément, dans un spectacle merveilleux et inspiré.

Lorsque cette carte intervient dans votre tirage, on vous propose d'incarner l'artiste de votre vie, d'être au cœur de votre histoire. Vous pourriez concrétiser votre œuvre et préparer soigneusement et avec intuition votre monde afin de peut-être pouvoir, à un moment, le présenter. Vous aurez à cœur de bien préparer les choses et de trouver l'inspiration par votre vécu et vos envies de créer.

Les êtres créatifs ont un grand pouvoir entre leurs mains, qu'il convient de magnifier avec talent. Ils sont aujourd'hui le véritable moteur de notre société et doivent cultiver la maîtrise de leur savoir, car l'avenir du monde et des autres en dépend. Sans eux, rien ne peut véritablement bien fonctionner et souvent cette notion de responsabilité dans l'expression n'est pas bien comprise. Soyez digne de vos prédécesseurs qui ont su, par leurs œuvres, façonner le monde.

Si la carte 31 se présente ainsi, on vous offre une grande opportunité de créer une œuvre personnelle et d'être sur le devant de la scène.

Si la question porte sur le plan du **travail et de l'œuvre**, vous allez, dans votre activité, proposer vos propres idées et votre art dans tous les domaines qui vous sont chers. Lâchez-vous, car c'est ce que l'on souhaite connaître de vous.

Si cela vous parle du domaine **matériel**, vous serez dans une forme de maîtrise des choses et cela peut vous attirer de belles réussites si vous vous engagez avec audace dans ce rôle tant convoité par d'autres. Créez votre plan matériel sans restrictions.

Si la question porte sur le domaine **affectif et amical**, vous aurez à cœur d'incarner l'amour et les relations comme un virtuose, et vos compétences intuitives vous serviront dans le domaine relationnel et des échanges.

Sur le plan de la **santé**, vous saurez concocter les meilleurs remèdes afin de garder une santé de fer et vous pourrez avoir de belles idées concernant les problématiques de vos proches dans ce domaine. Acceptez d'être l'incarnation du meilleur soignant du monde. Néanmoins, restez un peu humble face à certaines de vos limites, que vous saurez déceler.

MONTRER

L'énergie 31 en numérologie vient, par réduction théosophique, du 4 qui nous parle de travail, de construction et de protection. Le 31 peut tout à fait porter cette énergie de communication et de créativité personnelle propre aux artistes et artisans qui proposent leurs talents créatifs pour aider et embellir le monde. Tout ce qui est produit par l'humain naît de la créativité et de l'ingéniosité des esprits connectés à la force universelle de vie.

L'œuvre parfaitement achevée à vos yeux ne saurait rester cachée et devrait être mise en valeur sous les ailes d'Hermès, le grand communicant.

Lorsque cette carte s'invite dans votre tirage, on vous invite à proposer votre œuvre aux yeux du monde. Nous avons tous des choses à exprimer, et si on le fait de la meilleure manière et sous le meilleur angle, soyons sûrs qu'elles seront entendues ou vues. Vous pouvez parfois avoir peur de vous exprimer, mais soyez confiant, car c'est vraiment le moment de le faire.

De tout temps, les œuvres créées ont trouvé leur audience et leur place pour que les autres puissent s'émerveiller et s'en inspirer afin de changer le monde à leur tour. Le cube en est la parfaite expression, qui sublima les édifices, de la pyramide jusqu'aux œuvres architecturales symbolisant la créativité et l'intelligence collective. Vous pouvez montrer et exprimer ce que vous faites, car tout ce qui est créé avec amour est digne d'intérêt.

Si la carte 31 se présente ainsi, on vous demande de montrer qui vous êtes.

Si la question porte sur le plan du **travail et de l'œuvre**, vous devez montrer votre œuvre, votre travail personnel ou vous exprimer sur ce que vous avez préparé dans votre activité. Si c'est de vos études dont il est question, on vous demande de montrer ce que vous avez appris.

Si cela vous parle du domaine **matériel**, les choses que vous possédez se doivent d'être présentées aux autres, car elles sont dignes d'intérêt et vous pourriez même en obtenir un certain profit.

Si la question porte sur le domaine **affectif et amical**, vous gagnerez à dévoiler à votre partenaire ou à vos amis vos sentiments ou ce que vous pensez de votre relation avec eux. Soyez sûr d'être écouté.

Sur le plan de la **santé**, vous devez dévoiler une problématique qui pourrait vous inquiéter à ce sujet. Ce n'est peut-être pas grand-chose, donc autant en faire part assez vite pour lever le doute. Montrez aux autres que vous êtes en forme et que tout va bien pour vous, afin qu'ils ne s'inquiètent pas. Exprimez-vous sans contraintes, vous serez entendu. Montrer les choses est un grand acte de foi envers la vie et le monde, ne soyez pas timide.

32

LE RÊVE

L'énergie 32 en numérologie vient, par réduction théosophique, du 5 et nous parle de mouvement, de changement, de voyage et de soin. Le 32, plus particulièrement, est la notion de communiquer et de créer à deux ou en groupe pour le voyage, le soin. On peut nous parler d'aventures dans le monde, ainsi qu'à l'intérieur de soi et dans nos aventures oniriques.

Tel un ballon étrange au-dessus de notre tête, flotte l'esprit au-delà des frontières matérielles et de la réalité tangible.

Lorsque cette carte s'invite dans votre tirage, on vous invite à rêver votre monde afin qu'il soit bien plus beau. Le rêve n'a de limites que les frontières de votre imaginaire. Ne limitez pas vos champs sensoriels et créatifs, et voyez toujours plus grand.

Le sommeil n'est pas le seul moment où se dévoilent nos rêves, et si l'on souhaite voir sa vie se dévoiler à de nouvelles consciences, il faut la connecter à ce nuage étrange qu'est l'inconscient. Sa part individuelle puisera dans l'inconscient collectif afin de mettre dans nos univers des idées plus riches et bien plus belles, qui pourraient n'avoir jamais existé encore. L'imaginaire est notre allié, il n'y a d'ailleurs rien d'autre.

Si la carte 32 se présente ainsi, on vous propose de rêver votre vie.

Si la question porte sur le plan du **travail et de l'œuvre**, vous devriez accepter ce temps onirique qui vous apportera des idées plus fraîches. Celles-ci pourront contribuer dignement à valoriser votre travail. Rêver votre vie professionnelle vous permettra de vivre une vie plus riche d'expériences et plus en accord avec vos aspirations profondes. N'ayez pas peur de voir les choses en grand et de rêver plus haut.

Si cela vous parle du domaine **matériel**, vos aspirations et vos rêves vous permettent d'attirer à vous ce que vous souhaitez. Ce sont des éléments essentiels que votre monde intérieur vous permet d'entrevoir afin de les intégrer dans votre réalité. Vos rêves de réussite s'invitent dans votre vie.

Si la question porte sur le domaine **affectif et amical**, il semble que la personne de vos rêves pourrait pointer le bout de son nez dans votre vie. Votre situation de couple ou en amitié entre, pour vous, dans une belle période d'espérance et de modèle rêvé. Profitez de ces instants qui viennent à vous.

Sur le plan de la **santé**, tout est parfait dans le domaine du bien-être et vous n'avez rien d'autre à faire que de profiter du moment.

Écrivez vos rêves au réveil, ils ont un message important à vous transmettre.

VOYAGER

L'énergie 32 en numérologie vient, par réduction théosophique, du 5 et nous parle de mouvement, de changement, de voyage et de soin. Le 32, plus particulièrement, est la notion de communiquer et de créer à deux ou en groupe pour le voyage, le soin. On peut nous parler d'aventures dans le monde ainsi qu'à l'intérieur de soi et dans nos aventures oniriques.

La goélette suit l'oiseau bleu et les merveilleuses destinées, propositions de notre magie universelle, et nous tend des directions dans un meilleur chemin.

Lorsque cette carte s'invite dans votre tirage, on vous invite à voyager et à explorer de nouvelles contrées peut-être encore inconnues pour vous. Le monde regorge de milliards de choses qu'une vie entière ne pourrait explorer. Partez à l'aventure car, dans cet inconnu, vous pourriez bien trouver le trésor le plus important pour votre vie : le bonheur.

Le monde ne vous veut que du bien. Soyez-en convaincu et suivez ces flèches et ces étoiles à bord de votre voilier intérieur. Il vous conduira jusqu'au bout de vos rêves et vous n'en serez jamais déçu. Prenez un sac à dos le plus

léger possible et sortez explorer les univers magiques de l'inconnu en vous. Vous vous rendrez compte, tel Socrate, que ce que vous savez c'est que vous ne savez rien.

Si la carte 32 se présente ainsi, on vous demande de voyager et de vivre de nouvelles aventures.

Si la question porte sur le plan du **travail et de l'œuvre**, vous avez besoin de recul et de vacances pendant lesquelles vous pourrez totalement vous déconnecter de votre vie professionnelle. C'est urgent de le faire tout de suite et maintenant. Explorez de nouvelles disciplines dans votre œuvre, cela vous ressourcera et vous permettra d'envisager le travail autrement.

Si cela vous parle du domaine **matériel**, intégrez un petit budget voyages et partez changer d'air. Explorez le monde à la recherche de choses et d'objets nouveaux afin d'égayer votre univers et votre intérieur. Trouvez d'autres pistes de réflexion pour envisager votre vie autrement.

Si la question porte sur le domaine **affectif et amical**, partez avec votre chéri·e, vos amis ou votre famille afin de vivre de nouvelles aventures. Partir seul, c'est chouette, mais envisager les voyages à deux ou plusieurs, c'est bien plus attrayant.

Sur le plan de la **santé**, les voies de la guérison passent par le changement d'air et le dépaysement. Partez en voyage afin de vous aider dans votre démarche de bien-être. La méditation peut être un très bon voyage pour vous.

Le voyage, c'est la vie, et il n'est pas besoin de partir très loin. Vous pourriez même pratiquer les voyages intérieurs.

33
LA CONNAISSANCE

L'énergie 33 ne se réduisant pas dans le calcul d'un chemin de vie en numérologie classique, on peut y voir la grande capacité à apprendre et à transmettre la connaissance de ce chemin de vie. La notion très importante se situe bien sûr dans son aspect créatif et communiquant. Le concept de grand conseiller et de guide de connaissance, puisqu'il est multiple de 11, on le retrouve dans sa dimension artistique, comme un spécialiste de ce domaine proposant des savoirs innés et un sens aigu du domaine du 3.

Tel le flot d'une cascade, mère Nature propage ses lumières au fil des eaux, nourrissant le grand moulin des connaissances universelles.

Lorsque cette carte s'invite dans votre tirage, on vous octroie le sens de la communication et de l'appréhension de la connaissance. Vous comprendrez et garderez facilement l'information et les savoirs transmis. Les lois de la nature et de l'Univers vous sont acquises. À vous d'en faire bon usage.

Au cœur de la planète règnent l'harmonie constructive et la connaissance universelle. La nature de la vie est abondance, savoir et information. Dès que vous vous y connectez et que vous y mettez de l'attention, vous créez de l'amour. Vous changez votre vision globale et jalonnez de lumière votre monde afin d'en améliorer les conditions, ainsi que votre bien-être et celui des autres. La conscience naît de la connaissance.

Si la carte 33 se présente ainsi, on vous offre la connaissance.

Si la question porte sur le plan du **travail et de l'œuvre**, vous obtenez des informations essentielles à votre activité ou comprenez quelque chose d'important, qui vous permet de faire évoluer les choses, d'utiliser autrement vos outils et d'élaborer de nouvelles stratégies de fonctionnement. La connaissance bien appréhendée et intégrée à votre œuvre peut créer des miracles. Vous pouvez vous tourner vers une formation afin d'évoluer ou innover.

Si cela vous parle du domaine **matériel**, une information importante vous permet d'augmenter votre abondance sur tous les plans possibles. Vous vous formez dans un domaine qui vous permettra à terme d'obtenir de nouveaux biens ou de créer de nouvelles opportunités.

Si la question porte sur le domaine **affectif et amical**, vous pourriez apprendre quelque chose d'important qui peut vous permettre d'améliorer votre vie familiale et amoureuse. Vous savez maintenant vers qui vous tourner pour votre bien-être émotionnel.

Sur le plan de la **santé**, vous prenez connaissance de moyens différents ou de nouveaux outils afin d'améliorer votre bien-être et votre santé. Vous apprenez une bonne nouvelle qui peut considérablement modifier l'approche que vous aviez d'un problème. Des solutions s'offrent à vous.

TRANSMETTRE

L'énergie 33 ne se réduisant pas dans le calcul d'un chemin de vie en numérologie classique, on peut y voir la grande capacité à apprendre et à transmettre la connaissance de ce chemin de vie. La notion très importante se situe bien sûr dans son aspect créatif et communiquant. Le concept de grand conseiller et de guide de connaissance, puisqu'il est multiple de 11, on le retrouve dans sa dimension artistique, comme un spécialiste de ce domaine proposant des savoirs innés et un sens aigu du domaine du 3.

La tête, telle l'ampoule, renferme toutes les lumières des sachants. La partager, c'est transmettre de l'amour qui préserve la vie.

Lorsque cette carte s'invite dans votre tirage, on vous demande de transmettre de l'information ou des savoirs. Vous aurez l'opportunité d'apporter une information, une idée ou une pensée qui pourra égayer la vie des personnes concernées ainsi que la vôtre, car lorsqu'on transmet aux autres des choses même les plus infimes, on offre de l'amour inconditionnel.

Depuis des millénaires, l'information se transmet de génération en génération afin de faire perdurer les

connaissances comme on préserve la lumière, en la passant de main en main. Les traditions les plus anciennes de notre espèce humaine ont toujours apporté leur savoir aux plus jeunes afin de perdurer dans l'Univers. À vous de suivre cette voie et d'offrir votre temps disponible ainsi que de l'amour à votre descendance.

Si la carte 33 se présente ainsi, on vous demande de transmettre.

Si la question porte sur le plan du **travail et de l'œuvre**, vous serez à même d'offrir des savoirs ou du moins une information qui aidera à la réalisation de vos projets professionnels ou de ceux de vos collaborateurs. Vous aussi allez devenir un canal de transmission pour les autres, et allez œuvrer à apporter de la connaissance ou à enseigner aux autres.

Si cela vous parle du domaine **matériel**, vous donnez quelque chose, un objet, un bien ou un livre, des informations à une personne qui en aurait besoin. Vous n'avez plus l'utilité d'un bien que vous décidez de céder ou de vendre.

Si la question porte sur le domaine **affectif et amical**, vous pourriez donner à vos proches et à vos amis des choses ou une information importantes pour eux. Vous aurez à cœur de répondre à vos enfants ou de les aider à appréhender des savoirs que vous avez.

Sur le plan de la **santé**, vous pourriez avoir à transmettre des documents concernant ce domaine. Vous auriez aussi la possibilité de donner des cours ou de transmettre des savoirs en matière de bien-être ou de l'énergie sous forme de soin.

La carte qui suit donne une bonne information sur la teneur de ce que vous aurez à partager.

34

LE BLOCAGE

L'énergie 34 en numérologie vient, par réduction théosophique, du 7 et nous parle d'intelligence, de conscience et de spiritualité. Le 34, plus particulièrement, nous parle d'être créatif et communicatif dans l'idée de construire et d'œuvrer pour l'intelligence. La perception de blocage d'une situation et de barrage peut nécessiter une étude qui permettra de trouver la stratégie pour libérer cette énergie.

L'étoile universelle emprisonnée dans la coque du mental ne peut offrir sa brillante joie, mais proche est sa libération.

Lorsque cette carte s'impose dans votre tirage, on vous indique un blocage de votre situation. Il est important de revoir vos priorités et votre approche du quotidien afin de vous permettre de la débloquer. Des synchronicités et des messages de votre subconscient vous sont délivrés en ce moment pour vous permettre de ne pas rester dans cette situation. Connectez-vous à vos intuitions. La carte qui suit est un message vous aidant à solutionner cette phase.

La roue évolutive semble contrainte, et une réflexion ou un changement de cap s'imposent pour du mieux sur votre chemin de vie. Une pause est souvent salvatrice, car elle offre un moment de recul et de compréhension de la situation dans son ensemble. Votre énergie ne demande qu'à s'échapper de la sphère et à briller de nouveau dans votre univers. La respiration est la première étape de la libération.

Si la carte 34 intervient ainsi, on vous annonce un blocage.

Si la question porte sur le plan du **travail et de l'œuvre**, une étape nécessaire d'introspection vous est demandée afin de revoir votre projet ou d'éviter un surmenage extrême. Un refus de vos clients ou de votre hiérarchie est souvent temporaire, le temps de reconsidérer la situation présente. Changer d'angle est souvent la meilleure stratégie.

Si cela vous parle du domaine **matériel**, votre abondance peut être temporairement coupée durant cette période, nécessitant de revoir votre approche et de trouver une solution plus harmonieuse.

Si la question porte sur le domaine **affectif et amical**, il semble qu'une situation amoureuse ou avec un proche soit fortement ralentie ou au point mort. Ce n'est que passager afin de vous permettre l'introspection nécessaire. Parfois, ne rien faire et laisser les choses évoluer seules peut être la meilleure solution que vous puissiez avoir.

Sur le plan de la **santé**, vous avez peut-être mis votre corps en surmenage et il va vous l'indiquer très prochainement, si ce n'est pas déjà le cas. Soyez conciliant et laissez-lui un moment de répit avant de vouloir repartir de plus belle. La détente et la méditation pourraient être de précieuses alliées.

ÉTUDIER

L'énergie 34 en numérologie vient, par réduction théosophique, du 7 et nous parle d'intelligence, de conscience et de spiritualité. Le 34, plus particulièrement, nous parle d'être créatif et communicatif dans l'idée de construire et d'œuvrer pour l'intelligence. La perception de blocage d'une situation et de barrage peut nécessiter une étude qui permettra de trouver la stratégie pour libérer cette énergie.

La concentration des énergies se prépare sous l'influence mentale et spirituelle, libération inexorable de la pensée vers des consciences élevées.

Lorsque cette carte s'invite dans votre tirage, on vous demande d'étudier et de réévaluer la situation. Votre approche n'est pas optimale, et vous ne pourrez résoudre en l'état la situation qui se présente. Changez d'angle et trouvez une stratégie plus propice et viable afin d'avancer plus sereinement dans votre vie.

Les lumières de l'esprit percent la fine membrane dans plusieurs directions. Ce sont les solutions proposées après étude de la situation. La véritable réponse se

trouve dans votre cœur flamboyant, éclairant peu à peu les brouillards opaques de la déraison. Étudier permet de libérer le savoir et de l'offrir ensuite au monde. Apprendre est le propre de l'humain, puisse-t-il le faire dans la joie.

Si la carte 34 intervient ainsi, on vous invite à étudier.

Si la question porte sur le plan du **travail et de l'œuvre**, il y a un temps pour créer et mettre les choses dans la matière, et un autre pour préparer et élaborer sur le papier. Cela évite souvent des erreurs malencontreuses. Étudiez ce que vous allez proposer ensuite à vos collaborateurs ou à vos clients, ainsi vous pourrez créer et construire plus sereinement. On pourrait aussi vous indiquer de vous former ou de retourner sur les bancs de l'école afin de préparer au mieux vos connaissances.

Si cela vous parle du domaine **matériel**, vous devez étudier avant de vous lancer dans un nouveau projet de changement et d'évolution de votre vie. Que ce soit une modification de votre habitat, une demande de financement ou une implication dans des domaines liés à votre abondance, l'étude permet de prendre les choses dans le bon sens.

Si la question porte sur le domaine **affectif et amical**, une situation peut être bloquée entre vous et des proches, et on vous demande de revoir votre point de vue et de vous remettre en question. Trouvez de nouvelles idées afin d'égayer votre milieu familial et amoureux.

Sur le plan de la **santé**, vous pourriez être bloqué dans une situation inconfortable, mais dont les solutions sont à votre portée. Revoyez votre mode de fonctionnement sur le plan du bien-être et de votre hygiène de vie.

35

L'ÉNERGIE

L'énergie 35 en numérologie vient, par réduction théosophique, du 8 et nous parle de matérialisation, de réussite et d'abondance. Le 35, plus particulièrement, nous propose de communiquer et de créer le changement et le mouvement afin d'obtenir des choses. Le concept d'énergie et de faveur est totalement en adéquation avec cette énergie 35.

De tout temps, la concentration des énergies célestes au cœur du cristal offrait une lumière bienfaisante, propulsant le monde vers sa destinée.

Lorsque cette carte illumine votre tirage, on vous offre l'énergie, la force et la vitalité. C'est un grand moment et un grand pouvoir qui vous sont apportés par cette carte. C'est comme un grand « oui » vous permettant de dynamiser votre vie. Vous avez actuellement tout en vous pour réussir, rien ne peut vous atteindre.

Les puissances universelles nourrissent les êtres de leurs informations quantiques, leur offrant la vie et leur permettant de briller et d'illuminer le monde. C'est le grand principe énergétique de l'être, caractérisé par le cristal. En recevant cette énergie, nous devenons des phares dans la nuit illuminant les mondes célestes et partageons cette force entre nous. Donner et recevoir l'énergie ne doit être perçu que comme un échange afin d'équilibrer l'ensemble.

Si la carte 35 flamboie ainsi pour vous, on vous offre un regain important d'énergie.

Si la question porte sur le plan du **travail et de l'œuvre**, vous avez tout ce qu'il faut pour aller au-delà de votre œuvre, et vous brillez de mille feux. Le courage est en vous, et rien ni personne ne peut véritablement vous stopper dans votre ascension professionnelle. Donnez-vous les moyens de vos ambitions.

Si cela vous parle du domaine **matériel**, vous avez tout ce qu'il faut pour prospérer et développer vos biens et vos acquis. On dit souvent que l'argent est une énergie, qu'en ferez-vous maintenant que cela arrive pour vous ? Utilisez à bon escient cette force d'abondance qui vient à vous.

Si la question porte sur le domaine **affectif et amical**, vous allez, grâce à ce regain d'énergie, être certainement le moteur de votre groupe d'amis ou de votre couple. Votre alignement avec l'Univers vous permet toutes les audaces sur le plan amoureux.

Sur le plan de la **santé**, pas besoin de vous faire un dessin, vous êtes en pleine forme et vous pouvez tout tenter, tout dépasser et soulever des montagnes. Tâchez de rester dans la limite du raisonnable. Et puis non ! Profitez de ce grand moment pour battre des records !

La carte qui suit celle-ci peut indiquer dans quel domaine de vie votre énergie s'installe avec force.

35

FAVORISER

L'énergie 35 en numérologie vient, par réduction théosophique, du 8 et nous parle de matérialisation, de réussite et d'abondance. Le 35, plus particulièrement, nous propose de communiquer et de créer le changement et le mouvement afin d'obtenir des choses. Le concept d'énergie et de faveur est totalement en adéquation avec cette énergie 35.

La fusée prend son envol pour aller aussi loin qu'elle le peut. La direction sera de toute noblesse, libérant sa lumière divine aux yeux du monde prospère.

Lorsque cette carte s'invite dans votre tirage, on vous propose de favoriser la réussite et l'abondance. La vôtre étant tout aussi importante que celle des autres, il est primordial de bien se recharger soi-même avant de pouvoir distribuer au monde. Vous aurez la tâche essentielle de favoriser l'expansion dans le domaine souhaité par le tirage ; aussi les cartes qui entourent celle-ci sont-elles importantes dans cette lecture. Propulsez-vous avec le monde.

La magie magnétique de la grande force universelle qu'est l'amour permet tellement de progrès dans l'abondance en favorisant sa lumière. Une tour s'élève et œuvre pour le destin du monde, et tous en profiteront, tout comme la flèche d'une cathédrale donne la direction entre la terre et le ciel. Accordez votre bienveillance.

Si la carte 35 se présente ainsi, on vous propose de favoriser autour de vous.

Si la question porte sur le plan du **travail et de l'œuvre**, vous vous êtes beaucoup donné professionnellement et par votre travail, les biens et les outils que vous créez, vous allez contribuer à offrir énormément. Votre expansion professionnelle profite à votre service et à votre entreprise, et vous sentez que vous pouvez être utile.

Si cela vous parle du domaine **matériel**, lorsque nous avons plus que ce dont nous avons besoin et que nos conditions sont très bonnes, il est judicieux de favoriser et d'aider son prochain.

Si la question porte sur le domaine **affectif et amical**, vous allez contribuer à une entente entre des personnes, des amis, au sein de la famille. Le bon fonctionnement des choses va passer par vous et votre approche particulière. Votre énergie naturelle est propice à aider dans les échanges et le partage de bons moments.

Sur le plan de la **santé**, vous serez la personne qui va apporter de l'énergie autour de vous et permettre aux autres de se sentir bien ou mieux. Le monde saura qu'il peut compter sur vous comme un soutien de qualité. Prenez conscience du fait que tout ce que vous offrez d'un côté, vous le recevez d'un autre. Tout dépend d'où vous vous placez pour conscientiser ce modèle énergétique et ce que vous souhaitez favoriser.

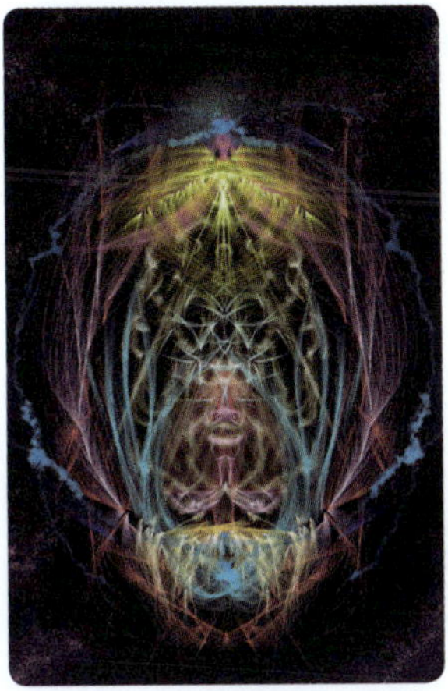

36

LE SOUVENIR

L'énergie 36 en numérologie vient, par réduction théosophique, du 9 et nous parle d'éveil, de don de soi et de soutien. Le 36 évoque la communication et la transmission dans l'harmonie, la gestion et l'équilibre pour la sagesse. Cela nous parle des anciens, du souvenir et de ce que peut nous apporter le passé afin de concevoir notre futur.

L'être cher courbé tend encore ses sages mains qui ont bercé l'enfant, offrant le souvenir par sa présence, avant un dernier envol.

Lorsque cette carte se présente dans votre tirage, on vous parle du souvenir et des ancêtres. Ce que l'on sait par notre construction et par tout ce qu'ont pu apporter nos anciens nous permet de nous diriger vers de nouvelles directions. On nous parle là de nos grands-parents ou de personnes qui ont atteint la sagesse de l'âge. La carte peut aussi nous parler de nos défunts qui sont encore présents dans nos esprits afin de nous guider.

La lumière appelle ceux qui ont déjà tout offert, leur amour, leur présence et tant de bienveillance que nous ne pouvons oublier. Nos grands-parents sont là pour nous rappeler d'où on vient et vers où nous nous dirigeons. Écoutez leur sagesse qui peut parfois nous sembler désuète, mais ne l'est pas. Car ils sont le socle sur lequel nous pouvons faire naître nos nouvelles aventures.

Si la carte 36 s'invite ainsi, on vous parle des anciens et du souvenir.

Si la question porte sur le plan du **travail et de l'œuvre**, on pourrait vous rappeler ce que nos ancêtres et nos grands-parents faisaient pour régler un problème professionnel. Le monde du travail évolue continuellement, mais la sagesse de l'expérience peut souvent nous permettre de trouver une solution à certains problèmes. Le souvenir est un socle qui nous sert d'appui devant certaines difficultés.

Si cela vous parle du domaine **matériel**, cela peut concerner un patrimoine ou des objets anciens qui pourraient revenir sur le devant de la scène. Cela peut aussi vous parler d'héritage et de legs, ou de traditions familiales.

Si la question porte sur le domaine **affectif et amical**, vous aurez sûrement la visite d'une personne âgée dans votre vie ou l'apport d'un sage conseil de quelqu'un d'expérimenté. Vous pourriez aussi avoir des réminiscences de personnes du passé, peut-être défuntes.

Sur le plan de la **santé**, on pourrait vous suggérer d'aller chercher des conseils de bien-être et de santé auprès de personnes d'expérience, de sages ou des « remèdes de grand-mère ».

Se remémorer certains souvenirs permet souvent de trouver des solutions viables à un problème, même actuel.

VEILLER

L'énergie 36 en numérologie vient, par réduction théosophique, du 9 et nous parle d'éveil, de don de soi et de soutien. Le 36 évoque la communication et la transmission dans l'harmonie, la gestion et l'équilibre pour la sagesse. Cela nous parle des anciens, du souvenir et de ce que peut nous apporter le passé afin de concevoir notre futur.

Au-delà de la dernière lumière, les grands
et sages ancêtres témoignent de leur
bienveillance par leur sollicitude priée.

Lorsque cette carte s'invite dans votre tirage, on vous demande de veiller sur les autres et si vous pensez que ce rôle ne vous revient pas, sachez que la force d'une civilisation moderne réside dans la veille de nos proches. De tout temps, les communautés se protégeaient en s'occupant les uns des autres, et ainsi pouvait perdurer le cycle de la vie. Avoir une approche bienveillante dans la vie, c'est ne jamais rester seul face aux problèmes que l'on rencontre.

Le roi ou la reine assuraient la subsistance de leurs sujets et permettaient ainsi que ceux-ci les protègent et les suivent. Un jour enfant turbulent, ensuite parent

réconfortant et plus tard ancien bienveillant, nous aurons toujours une part de veille et de soutien dans notre vie, et la reconnaissance d'être là pour l'autre.

Si la carte 36 se propose ainsi, on vous demande de veiller sur les autres.

Si la question porte sur le plan du **travail et de l'œuvre**, vous avez sûrement assez d'expérience pour pouvoir veiller et vous occuper d'une problématique qui se présente dans votre équipe, votre service ou votre entreprise. Veiller à la bonne marche de votre milieu professionnel est un acte sain et une très belle approche de vie.

Si cela vous parle du domaine **matériel**, veillez à ce qu'une chose importante se réalise ou qu'un problème d'ordre financier, administratif, ou d'ordre domestique et de l'abondance se règle. Soyez présent pour que la réussite dans le processus d'apprentissage se passe bien.

Si la question porte sur le domaine **affectif et amical**, il y a sûrement une situation qui se présente et vous demande de veiller sur vos proches et votre famille. Votre conjoint ou un ami aura besoin de votre bienveillance et peut-être de votre écoute. Soyez cette présence indispensable pour les autres.

Sur le plan de la **santé**, vous serez peut-être appelé au chevet de quelqu'un ou devrez vous occuper d'une personne proche. Veillez aussi à vous occuper de votre propre santé. On ne peut pas aider les autres si on n'est pas bien portant.

Veiller à ce que tout ce passe pour le mieux permet de vivre dans un monde bien meilleur pour nous-mêmes.

37

LA CIBLE

L'énergie 37 en numérologie vient, par réduction théosophique, du 1 par le 10 et nous parle de démarrage et de développement personnel ou de projet. Le 37 porte l'énergie pour atteindre son but et développer son être dans une notion liée au modèle intellectuel et spirituel, et dans l'équilibre de la conscience. Toucher la grâce d'être, c'est communiquer et créer la conscience de soi-même.

Assurément, le lumineux chemin guide la flèche dans le mille, qui sans faillir ni douter, atteint sa cible.

Lorsque cette carte se présente dans votre tirage, on vous indique votre but et la cible à atteindre. La vie est un jeu et l'important n'est pas forcément de gagner, même si c'est très plaisant, mais de participer. Gardez vos objectifs en vue et jouez votre partie. Le résultat sera à la hauteur de vos aspirations.

Tout ici respire déjà la victoire: votre but ne sera atteint que si vous intégrez d'être gagnant. Tendez l'arc et, par votre dextérité et votre foi démesurée en vous, assurez-vous que le plaisir de tenter dépasse largement la joie de toucher la cible. Et dans un souffle coupé, ça y est, elle est dans le mille. Savoir où on va détermine notre destinée.

Si la carte 37 s'installe ainsi, on vous propose une cible.

Si la question porte sur le plan du **travail et de l'œuvre**, vous savez où vous souhaitez aller et quoi faire. Votre projet est devant vous et les obstacles peuvent se dresser, pour autant cela ne vous empêchera pas de faire ce qu'il faut pour tenter d'atteindre ce but. Il se peut qu'un poste qui vous intéresse se libère, indiquant votre cible. Il ne vous reste plus qu'à vous mettre en ordre de marche et à avoir la motivation pour l'obtenir.

Si cela vous parle du domaine **matériel**, vous convoitez quelque chose, un objet, un but de vie, et cela vous donne l'audace et la force de mettre tout en œuvre afin de l'obtenir. Le vouloir est un très bon début. La motivation est le premier critère quand la cible se présente.

Si la question porte sur le domaine **affectif et amical**, cela pourrait être très réducteur ; mais si vous souhaitez être avec cette personne ou cet ami, donnez-vous en simplement les moyens et lancez les énergies. Il semble que cela soit propice.

Sur le plan de la **santé**, vous avez probablement l'objectif de la recouvrer ou d'être dans une meilleure forme. Soyez digne de votre motivation, et gagnez la partie contre la maladie ou le petit problème d'addiction. Il se pourrait que cela vous parle d'un but dans un sport, ou d'un record à battre. Préparez-vous au mieux et n'oubliez pas de vivre intensément le moment. Cela pourrait vous permettre de réussir.

ÊTRE

L'énergie 37 en numérologie vient, par réduction théosophique, du 1 par le 10 et nous parle de démarrage et de développement personnel ou de projet. Le 37 porte l'énergie pour atteindre son but et développer son être dans une notion liée au modèle intellectuel et spirituel, et dans l'équilibre de la conscience. Toucher la grâce d'être, c'est communiquer et créer la conscience de soi-même.

Lorsque la lumière du centre nous est acquise, l'être en équilibre danse sa joie. Alors commence le véritable jeu.

Lorsque cette carte honore votre tirage, on vous invite à être. C'est un concept qui n'est pas forcément très orthodoxe dans notre monde en perpétuel mouvement, mais être est le véritable sens de votre vie. Et en cela, vous pouvez alors être ce que vous souhaitez. La vie se chargera de vous présenter les différents rôles que vous voudrez vivre. Soyez parfaitement dans le moment présent et acceptez les choses comme elles viennent.

Les rondes colorées des énergies de vie tournoient autour de vous dans un ballet effréné et parfois étourdissant. Vivre le moment est très important, mais y être

embarqué comme dans un frénétique manège pourrait vous donner le tournis. Ne pas subir la vie, c'est souvent réussir à être observateur afin d'aller là où on veut et ne pas faire ce que l'on ne souhaite pas ou plus. Vivre en accord avec ses choix, c'est être libre.

Si la carte 37 s'invite ainsi, on vous demande d'être.

Si la question porte sur le plan du **travail et de l'œuvre**, vous aurez à cœur de vous impliquer dans ce que vous souhaitez véritablement faire et de ne pas vous contraindre à faire ce qui n'est pas vous. On pourrait vous proposer d'œuvrer sur un projet ou une idée. N'acceptez de le faire que si c'est en accord avec vos propres envies et laissez aux autres ce que vous ne voulez pas ou plus faire.

Si cela vous parle du domaine **matériel**, votre abondance sur tous les plans dépend de votre capacité à être dans un état de plaisir et de bonheur le plus souvent possible dans votre vie. Entourez-vous de ce que vous aimez ou voulez, et débarrassez-vous de ce qui ne vous plaît pas ou de ce que vous ne voulez plus.

Si la question porte sur le domaine **affectif et amical**, dites aux autres et surtout à vos proches ce que vous pensez ou souhaitez, tout en restant courtois et bienveillant. Gardez une intégrité de vie qui attire ceux qui sont en accord avec vous.

Sur le plan de la **santé**, il se peut que vous soyez souffrant parce que vous ne vous êtes pas assez écouté et qu'il soit nécessaire de vous concentrer sur vous-même. On pense souvent à tort qu'on est obligé de faire en fonction du regard des autres, qui nous rend malades ou nous plonge dans un mal-être. Revenez à vous et peut-être aux choix que dicte votre âme.

38

LE PACTE

L'énergie 38 en numérologie vient, par réduction théosophique, du 2 par le 11 et parle d'union, d'association et d'amour. Le 38 peut nous parler de communiquer par la réussite pour unir. La notion de marquer l'instant, de créer l'événement ou le spectacle convient très bien à cette énergie issue du 11 de la muse.

Les alliances scellent les parties dans un présage de réussite et d'abondance. Le sage hibou vous offre sa bénédiction.

Lorsque cette carte s'invite dans votre tirage, on vous parle d'un pacte scellé entre deux parties pour un futur glorieux et abondant. On vous propose de vous unir à d'autres pour un succès sur tous les plans. Allez vers l'autre en confiance pour vivre intensément cet acte protégé.

Le choix est fait devant l'Univers, qui vous propose l'accord vers mille éclats et joies. Il n'y a jamais vraiment de mauvais choix et tout contribue à l'expérience, et avoir confiance en ses propres guides permet de ne jamais être dans la confrontation, car tout est amour et bonheur.

Si la carte 38 se présente ainsi, on vous propose de signer un pacte important dans votre vie.

Si la question porte sur le plan du **travail et de l'œuvre**, il se pourrait que vienne à vous un contrat de travail ou un accord d'échange équitable. Vous pouvez voir par cette carte que ce que vous allez accepter va probablement changer votre avenir professionnel.

Si cela vous parle du domaine **matériel**, vous signez une offre ou un nouveau contrat qui peut vous proposer plus d'abondance. Vous pourriez aussi peut-être faire l'acquisition d'un objet ou de quelque chose que vous souhaitiez profondément posséder. Soyez-en digne.

Si la question porte sur le domaine **affectif et amical**, il est question évidemment d'un grand événement qui se scelle à deux, ou à plusieurs personnes dont les liens sont forts. Une amitié marquée ou un mariage entre dans votre vie. Une communion ou un accord sur le plan émotionnel et spirituel sera créé très bientôt entre vous et un être.

Sur le plan de la **santé**, vous pourriez faire un choix de vie très important susceptible d'influencer grandement, en bien, ce domaine. Signez un accord ou un protocole de soin. Vous pourriez créer un rituel qui vous permettra de quitter une dépendance ou d'être en meilleure, voire en excellente santé.

Ce pacte peut revêtir un aspect solennel envers vous-même en vous connectant profondément à de plus hautes parts de vous-même, votre sagesse peut-être.

CÉLÉBRER

L'énergie 38 en numérologie vient, par réduction théosophique, du 2 par le 11 et parle d'union, d'association et d'amour. Le 38 peut nous parler de communiquer par la réussite pour unir. La notion de marquer l'instant, de créer l'événement ou le spectacle convient très bien à cette énergie issue du 11 de la muse.

Le symbole du bonheur et de la prospérité s'invite par la lumière du lotus. L'événement brille de mille éclats et de belles promesses.

Lorsque cette carte s'invite dans votre tirage, on vous propose de célébrer et d'officialiser un événement important de votre vie. Ce peut être un acte spirituel que l'on souhaite présenter à l'Univers afin qu'il vous accorde sa bénédiction. L'union par un acte consacré est sur votre chemin, faites-la vibrer comme il se doit.

La communion des sens et des sentiments forme un bouquet et les bijoux en indiquent la pureté. Ici, l'énergie est solennelle et respectueuse. Marquer les moments importants de la vie et s'inviter sous son plus bel aspect est un engagement de réussite et de

prospérité. La beauté des rassemblements les scelle dans l'histoire.

Si la carte 38 vous honore ainsi de sa présence, c'est pour vous proposer de vivre une belle célébration devant témoins.

Si la question porte sur le plan du **travail et de l'œuvre**, vous pourriez célébrer un acte important sur le plan professionnel, un accord qui pourrait susciter une belle image pour la suite. Fêtez un contrat ou marquez solennellement une nouvelle situation qui vous lie aux autres.

Si cela vous parle du domaine **matériel**, vous serez sollicité pour célébrer une union importante autour de l'aspect financier ou autour de biens que vous acceptez dans votre vie. Un contrat sur le plan intellectuel ou spirituel pourrait se voir acté et confirmé.

Si la question porte sur le domaine **affectif et amical**, le mariage, des fiançailles ou toutes expressions solennelles sont célébrés dans votre vie. Fêter des retrouvailles ou la joie d'être entre amis et en famille est un bon présage pour l'avenir et témoigne de votre affection pour eux. Voyez dans cette carte le témoignage d'une belle expression festive.

Sur le plan de la **santé**, vous pouvez célébrer la fin d'une maladie longue ou dont vous avez eu du mal à venir à bout. Ce peut être une grande délivrance sur le domaine de la santé, ou la marque de jours radieux à venir.

39

LA FOLIE

L'énergie 39 en numérologie vient, par réduction théosophique, du 3 par le 12 et nous parle de créativité, de communication et d'œuvres d'art. Le 39, plus particulièrement, nous propose de mettre notre sagesse en retrait afin de vivre une grande folie créative. Il nous permet de dépasser nos limites.

L'être suprême élève la flamme verte incandescente du soin vers la grâce. C'est un aboutissement artistique dont le clown est roi.

Lorsque cette carte arrive dans votre tirage, on vous invite à la folie créative et à vous lâcher. Vous êtes certainement en manque d'inspiration, et vous en remettre à votre part créative et intuitive est le meilleur moyen d'y remédier. Nous sommes souvent totalement gouvernés par notre mental et cela nous force à rester dans les cases, de peur de paraître excentriques ou marginaux. Un petit ou un gros grain de folie permet de nous sentir vivants.

La vie ne vaut d'être vécue que par nos connexions intérieures et ce qui serait perçu par d'autres comme nos grains de folie. Développer sa part créative et intuitive est un excellent moyen de vivre ses rêves. Se lancer à corps perdu dans une impulsion divinement instinctive, inspirer la passion de nos muses et de nos exaltantes joies du moment, c'est ressentir la vie comme un enfant. Rien n'est plus juste que ces moments-là.

Si la carte 39 se présente ainsi, on vous propose de la folie dans votre vie.

Si la question porte sur le plan du **travail et de l'œuvre**, écoutez votre très forte envie d'œuvrer sur quelque chose qui sort de votre routine ou de lâcher ce que vous êtes en train de faire pour vous lancer dans ce qui vous appelle à cet instant. Vous pourriez avoir une fulgurance, une belle intuition qui vous pousse à proposer à votre cercle professionnel quelque chose de nouveau ou de différent de ce que vous faites habituellement. Faites-le.

Si cela vous parle du domaine **matériel**, vous avez envie de faire bouger les choses autour de vous. Bougez les meubles, changez une habitude qui ne vous sied plus. Offrez-vous quelque chose qui vous mettra en joie, ou offrez un cadeau à la personne que vous avez en tête à cet instant. Dites oui à la vie !

Si la question porte sur le domaine **affectif et amical**, vous pourriez avoir envie de changer d'entourage et d'aller à la rencontre de nouvelles personnes, de vous faire de nouveaux amis. Allez-y ! Laissez-vous tenter par cette grâce qui fait palpiter votre cœur ! Vivez les choses qui comptent plus que les habitudes.

Sur le plan de la **santé**, un souffle nouveau règne sur votre bien-être et vous pourriez aller vers des choses que vous ne connaissiez pas. La vie vous appelle à vous libérer des anciens schémas intégrés à votre corps pour vivre de nouvelles sensations.

EXCELLER

L'énergie 39 en numérologie vient, par réduction théosophique, du 3 par le 12 et nous parle de créativité, de communication et d'œuvres d'art. Le 39, plus particulièrement, nous propose de mettre notre sagesse en retrait afin de vivre une grande folie créative. Il nous permet de dépasser nos limites.

Un être magique – une fée, un dragon – déployant ses ailes de gloire et de sa bulle énergétique repousse les limites du possible.

Lorsque cette carte s'invite dans votre tirage, on vous invite à exceller et à dépasser vos limites du moment. À chaque instant qui passe, nous ne sommes déjà plus les mêmes que l'instant précédent, et évoluer se fait souvent à côtoyer la grâce de repousser ses limites. Vous pouvez être ce que vous voulez, et pour cela, vous devez avoir la conscience de ne pas avoir de limites. Le meilleur moyen de repousser les frontières du possible, c'est de toujours faire de votre mieux.

L'être suprême en nous a trop longtemps été enfermé dans un cocon de complaisance et d'acceptation de valeurs qui n'étaient pas les nôtres, mais ce que voulaient

notre entourage et la société. Il est temps de déborder du petit être dans lequel nous nous sommes définis par allégeance et de repousser nos limites. Notre nature divine le demande maintenant.

Si la carte 39 se présente ainsi, on vous incite à l'excellence.

Si la question porte sur le plan du **travail et de l'œuvre**, vous savez qu'à cet instant vous pouvez aller au bout des choses et peut-être dépasser ce que vous croyez être vos limites. Faites-le, car cette situation professionnelle demande d'incarner l'être sublime qui est en vous. Vous pouvez à cet instant prouver votre valeur pour vous-même.

Si cela vous parle du domaine **matériel**, exceller c'est être conscient et jouir intensément de votre capacité d'abondance. Pour cela, il n'y a qu'une solution. C'est celle de croire en votre potentiel de réussite. Faites ce qui vous semble juste, et appréciez chaque instant comme une richesse inégalable. Il n'y a rien que vous ne puissiez faire ou obtenir. Mettez-y toute votre ambition et ne pensez pas à la place des autres à votre sujet. Soyez juste vous-même et osez.

Si la question porte sur le domaine **affectif et amical**, vos proches vous aiment, n'en doutez surtout pas et appréciez les moments simples comme les plus intenses que vous puissiez vivre avec eux. L'amour de soi est une très belle aventure quand vous pouvez la partager avec les autres.

Sur le plan de la **santé**, vous devez être convaincu et même complètement sûr que vous êtes en bonne santé et que rien ne pourrait vous arriver. Appréciez cette vie en acceptant les messages de votre corps et suivez ses conseils. Il se mettra au diapason de vos envies.

40

LA MAISON

L'énergie 40 en numérologie vient, par réduction théosophique, du 4 et nous parle de structure, de travail et de protection. Le 40, tout particulièrement, par la puissance du zéro qui agit comme un grand catalyseur d'énergie, nous parle d'une grande œuvre construite, d'une structure complexe et d'un aboutissement dans notre travail. La maison incarne très bien cette idée, ainsi que l'entreprise, que l'on bâtit pour l'ensemble.

L'abeille, d'un nectar doré, dévoile ainsi la géométrie secrète des bâtisseurs de tous âges. Son art demeure la somptueuse construction jamais égalée.

Lorsque cette carte s'installe dans votre tirage, on vous parle de la maison et de sa qualité de protection et d'expansion. Dès l'aube des temps, les humains ont aspiré à construire et à bâtir afin de se préserver des intempéries de la vie. La maison nous parle de là d'où l'on vient et de ces structures communes qui permettent de faire naître des civilisations. L'entreprise aussi est une maison dans laquelle les humains s'unissent pour le bien commun.

De la forme la plus simple comme de la plus complexe naît la structure, et la technique s'envole vers des cieux toujours plus accessibles. Au cœur de sa rosace, l'être motivé affiche ses ambitions d'élever toujours plus haut son courage en sa bâtisse. Ainsi, puisse la maison veiller à ce que tout le monde reçoive la protection qui lui est due par le simple fait d'être un frère ou une sœur de notre humanité.

Si la carte 40 se présente ainsi, on vous parle de la maison.

Si la question porte sur le plan du **travail et de l'œuvre**, on vous invite à considérer ce lieu comme l'endroit où tout commence et où peut-être tout finit. La maison, ici, c'est votre propre entreprise et vous offrez ainsi, par votre œuvre, une structure pour vos employés ou une protection à vos proches et à votre famille.

Si cela vous parle du domaine **matériel**, on veut vous parler de ce lieu comme de l'objet important qu'il incarne et du respect que l'on peut lui devoir à ce titre. La maison, c'est chez vous et par ce fait on vous parle peut-être d'en acheter une, de la faire construire ou de l'entretenir, de financer ou d'aider à la création d'une entreprise afin que ce patrimoine de protection et de créativité perdure dans le temps.

Si la question porte sur le domaine **affectif et amical**, on peut considérer cette carte comme votre foyer familial et l'incarnation de votre famille.

Sur le plan de la **santé**, on souhaite vous parler de vous ou de ce lieu de repli qui vous permettra de vous protéger et de vous soigner si besoin.

La maison, en substance, peut vous parler de l'endroit d'où vous venez et où vous êtes né. Cela évoque aussi votre pays ou votre planète suivant la question qui est posée.

PROTÉGER

L'énergie 40 en numérologie vient, par réduction théosophique, du 4 et nous parle de structure, de travail et de protection. Le 40, tout particulièrement, par la puissance du zéro qui agit comme un grand catalyseur d'énergie, nous parle d'une grande œuvre construite, d'une structure complexe et d'un aboutissement dans notre travail. La maison incarne très bien cette idée de la structure bâtie, ainsi que l'entreprise, et peut-être la cathédrale qui est une œuvre énergétique construite pour l'ensemble.

La cathédrale en son sommet inspire à toutes
les puissances universelles. L'être suprême ainsi soit,
en ses protections, construit pour des siècles.

Lorsque cette carte s'installe dans votre tirage, on vous propose de protéger et d'abriter les êtres autour de vous. Le valeureux chevalier a de tout temps proposé son esprit et sa puissance afin de garder sains et saufs ceux qui l'entourent, sans restriction. Cette protection se propose sur le plan de l'esprit aussi bien que du corps, et vous aurez à cœur de mettre votre courage dans l'action. Bon sens et intelligence vous permettent d'offrir votre grande force protectrice.

Les motifs géométriques les plus simples, lorsqu'ils sont convenablement associés, sont empreints d'une magie complexe qui a toujours permis d'activer un système de protection en nous. Utilisons, au besoin, la magie de ces talismans et des formes géométriques sacrées, comme le firent nos ancêtres dans des temps où les pyramides et les cathédrales, entre autres constructions, offraient une énergie protectrice d'une grande puissance.

Si la carte 40 se présente ainsi, on vous propose de protéger.

Si la question porte sur le plan du **travail et de l'œuvre**, vous pourriez, sur votre lieu de travail, régler ponctuellement une situation où quelqu'un court un danger pour sa santé ou même sa vie.

Si cela vous parle du domaine **matériel**, vous pourriez sortir une personne des affres d'un besoin vital ou être présent sur le plan purement matériel pour lui permettre de ne pas subir une situation qu'elle aurait du mal à dépasser sans votre intervention.

Si la question porte sur le domaine **affectif et amical**, vous aurez à cœur, par votre courage et votre ingéniosité, de protéger contre une ou plusieurs personnes dangereuses un être cher ou bien même une personne rencontrée au hasard de la vie.

Sur le plan de la **santé**, il serait judicieux pour vous de protéger une personne par une action très concrète, qui porte directement sur le corps et le physique. Nous pouvons tous, à un moment précis, faire les bons gestes de prévention ou de secours si cela est dans nos compétences.

41

LE PAPILLON

L'énergie 41 en numérologie vient, par réduction théosophique, du 5 et nous parle de mouvement, de changement, de transformation et de voyage. Le 41 peut nous parler de se construire soi-même par la transformation, et on devine assez vite comment ce nombre pourrait être incarné par le papillon qui évolue pour son nouveau voyage.

Mes ailes multicolores déployées, je prends l'air au-dessus du monde que j'illumine et fertilise de ma divinité intérieure toute déployée.

Lorsque cette carte s'invite dans votre tirage, on vous parle de vous envoler et de voyager avec insouciance et en papillonnant de lieu en lieu. Vous avez quitté votre cocon, peut-être familial ou au sein d'une structure, qui vous a servi de base afin de vous permettre de décoller. Soyez toujours reconnaissant et ayez beaucoup de gratitude pour ceux qui vous ont permis de devenir ce que vous êtes aujourd'hui.

Les heures sombres et peu glorieuses sont maintenant loin derrière, et à peine sa transformation accomplie, l'être d'une beauté unique s'élève suffisamment pour montrer aux yeux du monde les prémices de sa brillante destinée. Être libre est une faveur que l'Univers offre maintenant dans cette gracieuse danse de la vie. Butiner la vie est tout ce que l'on souhaite au papillon.

Si la carte 41 s'expose ainsi, on vous propose d'être comme le papillon.

Si la question porte sur le plan du **travail et de l'œuvre**, on vous invite à apporter dans votre vie professionnelle un vent de fraîcheur et de simplicité afin de faire évoluer son approche. Vous pouvez vous essayer à une activité, mais ne vous attardez pas trop sur les détails, car d'autres choses encore plus belles vous attendent d'ici peu.

Si cela vous parle du domaine **matériel**, vous ne vous poserez que pour vous reposer et à peine faire des provisions pour votre prochain voyage. Soyez libre de vos faits et gestes comme l'est le papillon.

Si la question porte sur le domaine **affectif et amical**, vous êtes assez difficile à cerner, mais on ne vous en veut pas forcément car on sait que vous allez rebondir. Vous rencontrerez peut-être une personne, mais pour le moment, vivez simplement l'instant présent car vous ne saurez pas comment cela évoluera. De nouvelles rencontres pourraient venir sur le plan de l'amitié et vous permettront de vivre de belles aventures.

Sur le plan de la **santé**, vous vous sentez très bien et vous avez envie de tester du nouveau dans le bien-être et la spiritualité. Profitez de ce moment intense pour cultiver la joie de vivre.

ÉVOLUER

L'énergie 41 en numérologie vient, par réduction théosophique, du 5 et nous parle de mouvement, de changement, de transformation et de voyage. Le 41 peut nous parler de se construire soi-même par la transformation, et on devine assez vite comment ce nombre pourrait être incarné par le papillon qui évolue pour son nouveau voyage.

Le masque étrange de mes êtres déjà habités et
le nouveau personnage libéré flamboient comme
l'esprit libre et fertile des choix de l'âme.

Lorsque cette carte s'invite dans votre tirage, on vous propose d'évoluer et de quitter une situation stagnante et avec laquelle vous ne seriez plus en phase. Votre personnalité change et vous devez faire évoluer votre situation ou intégrer une réalité nouvelle qui va vous faire grandir. Comme un papillon quitte sa chrysalide, vous devez quitter une situation d'enfermement.

L'étrange personnage au visage souriant sait déjà ce qui l'attend en quittant ses anciennes peaux pour de nouvelles. Son âme sait déjà à quel point il sera libre dès qu'il aura effectué les changements qu'elle a prévus pour

lui. Seule demeure la peur de la nouveauté d'un mental égoïste.

Si la carte 41 s'invite ainsi, on vous demande d'évoluer.

Si la question porte sur le plan du **travail et de l'œuvre**, votre situation ne vous convient plus mais vous avez encore quelques doutes qui pourraient vous convaincre de ne pas quitter cette situation professionnelle devenue toxique. Mettez-vous en quête d'un nouveau job. Revoyez votre méthode de travail qui n'est plus conforme à la réalité du marché dans lequel vous évoluez.

Si cela vous parle du domaine **matériel**, votre situation est devenue néfaste à une vie stable. Changez de perspective sur le plan financier ou de l'abondance. Vous ne pourrez pas tenir très longtemps ainsi. Si vous lancez de nouvelles énergies, l'Univers y répondra par des opportunités ou des aides afin de faire évoluer votre qualité de vie.

Si la question porte sur le domaine **affectif et amical**, vous pourriez avoir besoin de quitter une vie amoureuse qui ne vous convient plus ou de changer des choses. Essayez d'abord de dialoguer avec votre partenaire avant de prendre des mesures qui ne seraient peut-être pas les plus judicieuses. Vous vous confrontez à une situation d'amitié qui doit évoluer et peut-être vous méprenez-vous sur la situation qui pourrait déboucher vers un lien plus profond et un rapprochement concret.

Sur le plan de la **santé**, vous allez changer des choses pour votre bien-être et votre qualité de vie, peut-être intégrer du sport ou plus de balades dans la nature. Vous pourriez d'ailleurs voir évoluer votre niveau sportif. Il se peut aussi qu'un traitement puisse vous apporter du mieux.

42

L'ENNEMI

L'énergie 42 en numérologie vient, par réduction théosophique, du 6 et nous parle d'harmonie, d'équilibre et de gestion. Le 42, plus particulièrement, nous propose de travailler et de construire ensemble, à plusieurs dans l'harmonie. La valeur inversée de cette situation propose des ennemis et la notion de tempérance pour équilibrer l'atmosphère et rendre les relations plus favorables.

Le masque belliqueux et offensant impose une séparation déjà actée, le cœur vif écartelé s'étire aux quatre coins du monde.

Lorsque cette carte s'impose dans votre tirage, on vous parle d'ennemi. Une personne pourrait vous en vouloir et s'oppose à vous. Un jour séparés, le lendemain réunis, les ennemis le sont souvent pas manque de communication et notamment d'écoute de l'autre. Souvent l'ennemi demeure parce qu'il est présent en nous. Dès que l'on ne cherche plus à en avoir, ceux-ci disparaissent instantanément de notre vie. Le sage n'a pas d'ennemi, mais de futurs alliés.

Le monstre n'est présent qu'en apparence et dès que l'on a su défricher ce qui recouvre son cœur battant, il sait se rapprocher du nôtre. Ainsi les piliers des temples sont-ils opposés tout en soutenant la demeure. Soyez un support flexible pour votre prochain et vous n'aurez jamais d'ennemis.

Si la carte 42 s'invite ainsi, on vous parle d'un ennemi.

Si la question porte sur le plan du **travail et de l'œuvre**, vous pourriez avoir eu querelle avec une personne dans votre domaine professionnel et ne pas en avoir conscience. Revoyez les situations conflictuelles qui vous ont exposé ainsi à quelqu'un qui vous en veut, et prenez des mesures pour ne pas trop en pâtir. La confrontation n'est pas forcément de mise à cet instant.

Si cela vous parle du domaine **matériel**, vous aurez à vous méfier d'une personne qui en veut à votre patrimoine, à un bien ou à votre personne. Identifiez-la afin de trouver un moyen de régler la situation. Plusieurs possibilités pourraient être proposées et la carte qui précède celle de l'ennemi est une indication importante sur cette personne.

Si la question porte sur le domaine **affectif et amical**, un ami peut se retrouver assez vite dans un camp adverse quand l'incompréhension domine une situation. La jalousie crée parfois de l'inimitié dans les cercles proches. Avec un peu de perspicacité, on peut déceler un ennemi dans une amitié. Avant de vous en éloigner, et si vous le pouvez, tentez de discuter avec la personne que vous identifiez comme votre ennemi. Vous pourriez peut-être facilement améliorer la situation.

Sur le plan de la **santé**, l'ennemi est souvent la maladie, que l'on pourrait écrire « mal a dit ». Mesurer ce que l'on dit de soi au quotidien peut éviter des maux dans notre corps. Quelque chose ou quelqu'un de néfaste pour vous pourrait vous rendre malade. Restez vigilant.

TEMPÉRER

L'énergie 42 en numérologie vient, par réduction théosophique, du 6 et nous parle d'harmonie, d'équilibre et de gestion. Le 42, plus particulièrement, nous propose de travailler et de construire ensemble, à plusieurs dans l'harmonie. La valeur inversée de cette situation propose des ennemis et la notion de tempérance pour équilibrer l'atmosphère et rendre les relations plus favorables.

Sous la coiffe de paille règne l'ancestrale
sagesse, bienveillante, qui calme les cœurs
vaillants troublés d'incertitudes.

Lorsque cette carte s'installe dans votre tirage, on vous propose de tempérer une situation et de prendre du recul. Parfois, des situations s'enveniment et deviennent néfastes voire invivables. Calmer le jeu et baisser le niveau d'énergie de la situation permet de régler les choses plus sereinement par la suite. Soyez le sage qu'on attend que vous soyez.

Il est de convenance que la compréhension puisse venir par la tempérance. Dès que l'on intègre l'équilibre et le calme, la clarté admet sa présence et l'on peut envisager que deux choses totalement opposées se rapprochent. Croyez en votre pouvoir de persuasion, et pour autant admettez que vous puissiez ne pas avoir raison. C'est aussi accepter la vision de l'autre que de tempérer.

Si la carte 42 se présente ainsi, on vous demande de tempérer.

Si la question porte sur le plan du **travail et de l'œuvre**, vous pourriez régler un litige ou une situation compliquée sur votre lieu de travail. Tâchez d'écouter les doléances des deux parties et si c'est vous qui êtes l'une des parties, gardez l'esprit ouvert afin que les choses se calment. Vous n'avez pas forcément à accepter le choix de l'autre, juste l'écouter est déjà une preuve de tempérance.

Si cela vous parle du domaine **matériel**, vous pourriez avoir besoin de tempérer une situation liée à des biens, un objet ou un gain. Protéger les parties l'une de l'autre est déjà une première avancée ; vous pourriez ensuite vous poser en arbitre conciliant et responsable. Proposer un arrangement qui puisse convenir aux deux parties serait l'idéal.

Si la question porte sur le domaine **affectif et amical**, les querelles sont fréquentes en amour ou en amitié, et on pourrait même dire inévitables. Ce qui peut être néfaste dans une querelle affective, c'est lorsque les mots dépassent nos pensées. Maîtriser ses dires est la première approche pour tempérer la situation. L'écoute et l'échange dans le calme sont ce qu'il y a de miraculeux.

Sur le plan de la **santé**, vous auriez fait quelques excès et votre corps vous l'indique par certains maux. Il serait judicieux de ne pas en rajouter et de revenir au raisonnable. Parfois même un petit jeûne d'une journée peut être une très bonne solution.

43

LA LUMIÈRE

L'énergie 43 en numérologie vient, par réduction théosophique, du 7 et nous parle d'intelligence, de spiritualité et de conscience. Le 43, plus particulièrement, nous évoque le travail et la construction par la communication, l'expression et l'art. Le fait d'éclairer et de comprendre une situation par un travail intellectuel et spirituel de communication s'accorde assez bien avec l'idée proposée par la carte 43.

La lanterne propose tant de voies que nous ne savions attendre auparavant. Ce lumineux chemin active le feu de connaissance sur le monde.

Lorsque cette carte s'invite dans votre tirage, on vous propose de faire la lumière sur une situation, ou bien on vous informe d'un nouvel éclairage. Vous pourriez apprendre une chose importante qui vous permettra de prendre une décision ou de suivre un chemin. La lumière peut nous parler d'une voie spirituelle à suivre, ou que vous allez suivre, et d'un travail intérieur important.

Les liens lumineux tissent les toiles complexes de la connaissance universelle. La lanterne magique porte la compréhension du monde au fil du temps ou des acquis spirituels. Quand nous nous connectons à la source par l'art de communiquer et de transmettre, nous reprenons le pouvoir sur notre vie.

Si la carte 43 illumine ainsi votre tirage, on vous parle de lumière et d'éclairage.

Si la question porte sur le plan du **travail et de l'œuvre**, vous avez une vision nouvelle et une idée lumineuse dans votre domaine professionnel. Cela va vous permettre d'apporter du nouveau ou de revoir votre copie pour faire de votre œuvre un succès. Vous apprenez une nouvelle importante. Vous développez de nouvelles compétences et vous en ferez bon usage.

Si cela vous parle du domaine **matériel**, lumière est faite sur une problématique qui libère une situation d'abondance et de prospérité. Vous allez améliorer significativement votre vie de tous les jours grâce à ce nouveau savoir. Une compétence que vous développez vous permet une économie significative.

Si la question porte sur le domaine **affectif et amical**, une personne lumineuse arrive dans votre vie et vous éclaire d'un jour nouveau. Vous allez vivre des moments lumineux entre amis ou en famille. Une nouvelle connaissance améliore votre domaine amoureux.

Sur le plan de la **santé**, vous vivrez un grand moment d'éclairage sur le plan du bien-être et vous allez pouvoir améliorer une situation qui vous paraissait peu probable. Vous acquerrez de nouvelles connaissances et compétences qui vous permettront de vous soigner ou de trouver une solution plus souple pour votre santé.

Une nouvelle arrive, qui va changer la donne.

COMPRENDRE

L'énergie 43 en numérologie vient, par réduction théosophique, du 7 et nous parle d'intelligence, de spiritualité et de conscience. Le 43, plus particulièrement, nous évoque le travail et la construction par la communication, l'expression et l'art. Le fait d'éclairer et de comprendre une situation par un travail intellectuel et spirituel de communication s'accorde assez bien avec l'idée proposée par la carte 43.

Savoirs et découvertes permettent à la fusée son envol vers les mondes inconnus, par la conscience de ses acquis et intégrations.

Lorsque cette carte s'invite dans votre tirage, on vous propose de comprendre une situation qui vous paraissait un peu ou même complètement floue. C'est lorsque nous mettons de la lumière sur les choses et soulevons le voile des incertitudes et des questionnements que nous pouvons avancer dans ce monde d'un pas juste et stable. Comprendre, c'est se permettre de choisir la voie la plus adaptée à notre vie et agir avec sagesse et peut-être respect des autres.

Une porte s'ouvre et le destin du monde arpente, à présent, le couloir vers la connaissance universelle que l'humanité doit acquérir. L'ampoule, après la bougie, se verra supplantée, sûrement par une nouvelle technique restant à maîtriser. La compréhension de tout élève les êtres vers de plus beaux avenirs, vers la conscience et l'espérance.

Si la carte 43 se profile ainsi, on vous propose de comprendre.

Si la question porte sur le plan du **travail et de l'œuvre**, vous allez prendre conscience de quelque chose d'important pour votre environnement professionnel et vous pourrez résoudre une problématique que vous n'aviez auparavant pas perçue. Apprenez à comprendre le travail des autres afin de pouvoir évoluer au mieux avec ces personnes qui font votre quotidien. Vous comprendrez les doléances et les idées de vos clients ou de vos collègues.

Si cela vous parle du domaine **matériel**, vous allez comprendre un principe qui vous permettra d'améliorer votre petit monde personnel et quotidien. Un savoir nouveau vous est acquis : peut-être vous permettra-t-il de valider un savoir ou un diplôme ? En tout cas, c'est toujours une réussite de comprendre ce qui nous échappait. Vous allez faire quelque chose de nouveau.

Si la question porte sur le domaine **affectif et amical**, vous allez comprendre la vision d'un proche ou d'un ami, et cette nouvelle perspective pourrait faire du bien à votre relation avec les autres. Soyez réceptif, il y a une chose à faire évoluer en vous.

Sur le plan de la **santé**, vous comprendrez un problème et cela vous permettra de régler des choses sur le plan de la maladie. Soyez ouvert à de nouvelles idées sur le bien-être, cela vous permettra de vivre mieux, en tout cas plus sereinement.

44

LE MONDE

L'énergie 44 ne se réduisant pas dans le calcul d'un chemin de vie en numérologie « Pythagraphe », on y voit une forte énergie à matérialiser pour créer ses propres réussites et abondances chères au 8, mais aussi la force de l'incarner pour les autres, le pouvoir de bâtir un monde nouveau plus prospère et bien plus équilibré dans la richesse. On retrouve le conseil du 11 multiplié par le 4, ce qui nous offre ce nombre double bien particulier.

L'insouciance du voyage vogue vers la maison élevée en sage tipi, sur les eaux calmes et douces d'un monde serein.

Lorsque cette carte s'invite dans votre tirage, on vous parle d'un monde, d'un aboutissement et d'un point d'arrivée. Ici, tout est parfait et synonyme de joie et de bonheur. Vous vous sentez bien et vous jouissez d'une prospérité et d'une connexion avec les lois universelles de notre planète, notre Terre mère. Profitez du moment et de cette période de calme et de relaxation probablement méritée. Laissez-vous bercer par le plaisir de la vie. Que vouloir de plus ?

Le ciel et la terre se sont connectés à travers votre monde intérieur pour vous en proposer la grâce. Ici, point de réflexion ni de tracas. Amusez-vous ou détendez-vous, car tout est parfait. Une douce chaleur de soin règne dans votre foyer, et les êtres de toutes les énergies vous rejoignent pour profiter avec vous de doux moments de paix et d'amour inconditionnel.

Si la carte 44 se présente ainsi, on vous annonce la paix du monde.

Si la question porte sur le plan du **travail et de l'œuvre**, vous arrivez à un aboutissement dans votre œuvre et vous présentez ce qui est certainement la version la plus aboutie de ce que vous pouvez offrir. Profitez de ce moment pour remercier et féliciter votre équipe et vos collègues, et présenter toute votre gratitude aux personnes qui interviennent dans votre vie professionnelle.

Si cela vous parle du domaine **matériel**, vous pourriez vivre un grand moment de paix et d'abondance sur tous les plans. La réussite est présente par votre force de confiance en vous. Vous êtes privilégié, alors faites-vous plaisir.

Si la question porte sur le domaine **affectif et amical**, la personne de vos rêves est là avec vous, et rien ne peut être plus plaisant que ce moment que vous vivez ensemble. Vos amis vous entourent et vous savez apprécier ce moment de complicité inégalée. Dites à vos proches que vous les aimez et savourez cet instant de grâce.

Sur le plan de la **santé**, vous êtes guéri et dans le bien-être absolu. La vie vous montre à quel point on peut se sentir bien dans son corps.

La vie est belle... Mmmhhh, quel bonheur !

PROSPÉRER

L'énergie 44 ne se réduisant pas dans le calcul d'un chemin de vie en numérologie « Pythagraphe », on y voit une forte énergie à matérialiser pour créer ses propres réussites et abondances chères au 8, mais aussi la force de l'incarner pour les autres, le pouvoir de bâtir un monde nouveau plus prospère et bien plus équilibré dans la richesse. On retrouve le conseil du 11 multiplié par le 4, ce qui nous offre ce nombre double bien particulier.

La coupe est prête et la lumière y coule d'un flot débordant des richesses du corps, du cœur et de l'esprit. Nul feu n'est plus intense que celui qui nous anime.

Lorsque cette carte s'invite dans votre tirage, on vous parle de prospérer et de maintenir votre vie dans cette position d'abondance et de réussite. Vous avez tout mis en place pour que cela fonctionne à merveille et vous avez prié vos guides afin d'obtenir leurs gracieux bienfaits. Considérez le monde avec gratitude et acceptez cette prospérité qui vient à vous.

Un vent de magie magnétique souffle en vous les moyens de vous accomplir. Les feux sont allumés aux

quatre directions et vous êtes dans l'axe du monde. Voyez la vie vous combler et plus encore, et n'oubliez pas de partager et de rendre grâce. Tous vos souhaits seront déposés à vos pieds.

Si la carte 44 s'installe ainsi, on vous propose la prospérité.

Si la question porte sur le plan du **travail et de l'œuvre**, vous êtes déjà dans une situation des plus favorables, et vous et vos équipiers avez déjà reçu beaucoup ; mais ce n'était qu'un début, et ce que vous mettez en place actuellement dans votre entreprise ou au sein de votre structure de travail est un gage de bon fonctionnement. Vous continuez à recevoir du travail.

Si cela vous parle du domaine **matériel**, les choses vont très bien et vous êtes dans des énergies d'abondance soutenues. Gardez cet état d'esprit et remerciez la vie pour ces belles choses qu'elle vous offre. Il y a de la magie dans l'air.

Si la question porte sur le domaine **affectif et amical**, un vent de bonne entente souffle au sein de votre couple ou de votre groupe d'amis. Vous pourriez recevoir des nouvelles d'un heureux événement chez vous ou parmi vos proches. La vie va continuer à vous combler sur le plan amoureux.

Sur le plan de la **santé**, tout se passe à merveille, et vous maintenez un très bon niveau de bien-être ; gardez les bonnes méthodes et une bonne hygiène de vie si vous voulez que cela continue, mais il n'y a pas de raison pour que cela s'arrête en si bon chemin. Votre niveau sportif peut être en progression si vous maintenez le cap.

REMERCIEMENTS

Ce projet a vu le jour au début du premier confinement de 2020, et il a vécu plusieurs étapes dans sa réalisation. Un nombre incroyable de circonstances a fait que j'en suis venu à le réaliser pour vous. Certains appelleraient cela des synchronicités, des hasards ou des rencontres heureuses. Alors je ne vais pas énumérer toutes les personnes qui ont été influentes dans son élaboration, elles se reconnaîtront sans aucun doute, et je veux les en remercier très chaleureusement : ma famille proche et moins proche, mes amis, les rencontres fortuites mais « utiles » qui m'ont soutenu ou qui ont réalisé à quel point mon cheminement spirituel est étroitement lié à cet outil que je souhaite leur dédier.

Je souhaite aussi remercier ceux qui ne sont plus là sur ce plan terrestre et qui pourtant m'ont énormément aidé en m'inspirant des mots, des messages, et dont j'ai senti véritablement l'amour m'envelopper dans leur énergie à chaque instant.

Je remercie toutes les personnes qui ont cru en moi et qui ont eu le courage ou l'intuition de me suivre. Je veux les rassurer en leur disant que les choses ne font que commencer pour moi dans ce domaine et même si j'ai toujours, et depuis tout petit, été un créatif dans et par l'âme, je prends conscience maintenant de ce chemin de vie qui m'a été révélé, par la numérologie, et je l'embrasse infiniment.

À PROPOS DE L'AUTEUR

Christophe Barrachin est un artiste numérique et propose des peintures et créations digitales sous le pseudo : Le rectifieur. Il est passionné de connaissance et adore explorer les disciplines comme la métaphysique et la philosophie, aussi bien que les aspects techniques et technologiques de notre évolution humaine. En 2013 il tombe dans la numérologie qui lui permet de comprendre la réalité sous l'angle des chiffres et des nombres.

Il s'installe en tant que numérologue en 2019 par la création des « Pythagraphes », qui sont des œuvres énergétiques créées à partir de la date de naissance des personnes. Il développe l'approche globale de l'être (AGE), sa propre méthode de numérologie qui lui permet d'aider ses clients dans leurs évolutions et projets de vies.

pca
cmb
édition pré-presse
livres numériques

44400 Rezé